JN105370

ACADEMIA
SOCIETY 杉田 米行 監修

NO.**18**

国境の時代

宮脇 昇・樋口恵佳・浦部浩之 編著

大学教育出版

は　し　が　き

　日本の国境を知ることで、日本の国土を知る。日本や世界の国土の外的・内的側面を多角的に検討し、空間の歴史的変遷を認識することで、境界線についての戦略的思考のバックグラウンドを培うことが本書の目的の一つである。

　日本の大学で国境を冠する講義がいかに少ないことか。そこには、国境問題をタブーとした戦後政治と、島国の地理的特性が反映されている。

　相互依存といわれて半世紀、ベルリンの壁崩壊を経て冷戦後は国境が低くなったと感じられた。しかし21世紀に入り、移民・難民をめぐる緊張によって再び国境が高くなった。2020年からのコロナ・パンデミックは、国境の存在を人々に突き付けた。一方で国境が人の移動を遮断し、物流を直撃した。他方で感染症は国境をいかに速く飛び越えたか。ここに国境は新しい時代を迎えた。

　こうした問題意識に基づき本書を編集した。本書は、国境研究の学術的深淵に読者をいざなうと同時に、多くの読者を対象とする一般的教養書でもある。第1部は、国境を考える道具として、国境研究（ボーダー・スタディーズ）、国際法、国際機構論の観点を紹介・整理する。第2部は、日本の国境の過去と現在と題し、戦前の沖縄と台湾、樺太と千島、そして戦後日本が抱える領土・境界問題を概観する。第3部では、世界にあまたある国境問題から、ドイツ周辺、南米、コーカサスの事例を紹介し、進化する戦争と国境について考察する。

　国際法学、地域研究、国際政治学の3つの観点から国境問題を俯瞰する本書が、日本の国境研究の裾野を拡げる一助になれば幸いである。同時に、本書は日本周辺の諸問題や世界の国境紛争の事例を網羅するよりも、個々の事例の深層に迫ることを重視した。その点について、読者諸氏のご理解を賜りたい。

　2022年3月

編　者

国境の時代

目　次

はしがき …………………………………………………………………………… *i*

[第1部　国境を考える道具]

第1章　国境の問い ……………………………………………宮脇　昇　*2*
　　1．はじめに──国境を越える人・物・情報の性質の変化　*2*
　　2．国境の変更可能性　*3*
　　3．国境と国土　*7*
　　4．可視化される国境　*11*
　　5．民族紛争と国境紛争　*15*
　　6．民族紛争にかかわる領土問題の3つの処方箋　*17*
　　7．おわりに──新しい国境の時代　*22*

第2章　ボーダースタディーズから読み解く国際関係 ………岩下明裕　*26*
　　1．はじめに──ビリヤードとチェスの呪縛　*26*
　　2．ボーダースタディーズから観る冷戦とポスト冷戦　*28*
　　3．冷戦後の境界変動──NATOとEUの拡大　*36*
　　4．おわりに──地政治という考え方　*41*

第3章　国境紛争と国際法 …………………………………樋口恵佳　*46*
　　1．はじめに──国境とは何か　*46*
　　2．国境は何によって定められるか　*48*
　　3．我々は国境をどのようにして確認できるか　*54*
　　4．国境紛争とその紛争解決の手法　*55*
　　5．おわりに　*59*

第4章　国際機構と国境
　　　──欧州におけるナショナル・マイノリティと国境地域──…玉井雅隆　*69*
　　1．はじめに　*69*
　　2．欧州におけるマイノリティと「国境」　*70*
　　3．CSCEプロセスとマイノリティ　*73*
　　4．欧州における国境線の現状
　　　　──少数民族高等弁務官と「国境」　*75*
　　5．おわりに　*77*

　　コラム　中立地帯 ……………………………………………宮脇　昇　*85*

［ 第2部　日本の国境の過去と現在 ］

第5章　戦前の沖縄と台湾 …………………………………松永　歩　88
　　1．はじめに　88
　　2．沖縄と台湾の日本への編入過程　89
　　3．沖縄と台湾その境界の揺らぎ　92
　　4．おわりに　96

第6章　戦前のクリル諸島とサハリン島 …………………兎内勇津流　104
　　1．はじめに　104
　　2．クリル諸島とサハリン島の地理　105
　　3．近世の蝦夷地とクリル諸島、サハリン島　106
　　4．幕末のサハリン島と国境画定問題　110
　　5．ペテルブルク条約（樺太千島交換条約）とサハリン、クリル諸島　112
　　6．日露戦争による北緯50度線国境の設定と日本の樺太統治　115
　　7．ロシア領北サハリンの展開　118
　　8．シベリア出兵と北サハリン占領　119
　　9．日ソ戦争までのクリル諸島とサハリン島　121
　　10．日ソ戦争とその後のクリル諸島・サハリン島　124
　　11．おわりに　127

第7章　戦後日本が抱える領土および海洋境界画定問題 …本田悠介　132
　　1．はじめに　132
　　2．北方領土　134
　　3．竹島　139
　　4．尖閣諸島　146
　　5．おわりに　152

　　コラム　変化する日本の領土・境界 ……………………本田悠介　160

［ 第3部　世界の国境問題 ］

第8章　欧州における国境／境界問題 ……………………中川洋一　164
　　1．はじめに　164
　　2．ドイツの国境問題　165
　　3．欧州統合と境界　180

　　4．おわりに　*184*

第9章　ラテンアメリカの国境問題
　　──チリ・ボリビア・ペルー三国間の長い軋轢の歴史──…浦部浩之　*191*
　　1．はじめに　*191*
　　2．三国間の国境問題の発生　*192*
　　3．チリとボリビアの国交断絶　*196*
　　4．1990年代の地域国際秩序の転換と三国間関係　*200*
　　5．21世紀以降の三国間関係　*202*
　　6．おわりに　*207*

第10章　コーカサスの国境問題　……………………………内田　州　*212*
　　1．はじめに　*212*
　　2．本章の枠組み及び用語の定義　*214*
　　3．アブハジア、南オセチアの歴史的背景とその長引く紛争　*215*
　　4．アブハジア・南オセチアに対するモスクワの政治的態度と
　　　　ロシア内政　*224*
　　5．おわりに　*226*

　　コラム　「うっかり」で動かされた国境　…………………本田悠介　*232*

第11章　「ハイブリッド戦争」と領域　……………………吉村拓人　*235*
　　1．はじめに　*235*
　　2．戦争形態の推移　*236*
　　3．ハイブリッド戦争の分析　*249*
　　4．おわりに　*252*

　　コラム　コロナで注目された検疫　…………………………樋口恵佳　*258*

あとがき　………………………………………………………………*263*

執筆者紹介　……………………………………………………………*265*

第1部　国境を考える道具

第1章

国境の問い

1．はじめに——国境を越える人・物・情報の性質の変化

「国境」と名の付くバス停が日本にはいくつかある[1]。三国峠、三国ケ丘、四国、中国、など日本の地名に見られる旧「国」は、かつての国境管理、現代風に言えば関税を課し出入国管理を厳しく行う政治・行政単位であった。

しかし現代の日本では、海外という表現が多いにもかかわらず、国外へ行く、あるいは「国境」を越えるという表現はあまりない。越境の空間的可視化が日本には乏しい。海上国境しかない現在の日本では、国境は可視化されにくい境界である。宗谷岬でも与那国島でも、国境（未画定を含む）の先にあるサハリンや台湾を快晴時には遠望できる。日本のように陸上国境（戦前は「陸接国境」）がない純粋な島国は、太平洋やカリブ海を中心に世界で38にのぼる[2]。むろん島国にも、孤島の国を除けば、海上国境が隣国との間にある。実際に英仏間のドーバー海峡（カレー海峡）のユーロトンネルは境界を越える。

国境は、国際法的には主権国家間の境界であり、主権国家と公海等との境界である（→第3章）。主権国家の国内管轄権（地的管轄）は、国境を越えると効力を失う。海外渡航は、日本（出発国）の国内法制から原則として離脱し、外国の法制に服することを意味する。ただし主権国家の人的管轄が「越境」する場合もあり、例えば日本の刑法の一部の条項は海外でも適用される。

人に限らず、モノや情報でさえ、主権国家同士の地的管轄の違いから逃れることはできない。モンゴルから中国に輸出される石炭は、モンゴル国内では無蓋貨車での輸送が可能であるが、中国国内では環境法制のため有蓋貨車でなけ

ればならない[3]。情報も国境を越えると変質する。1980年代後半にゴルバチョフソ連共産党書記長の写真を載せた西側の雑誌が、ソ連入国時に検閲で雑誌ごと没収されたのは有名な話である。ソ連国内では書記長の写真が修整されて流通していたためである。貨幣もまた国境を越えると価値を失う。目的国で両替ができればよいが、公式の両替所が扱う外貨は限られている。そもそも外国人による通貨の持ち出し自体を禁止する国もあり、例えばソ連を訪問した日本人がモスクワの空港で帰国便に搭乗する前に多額のルーブルを捨てざるを得なかった光景も見られた。現在でも外貨あるいは自国通貨の持ち出しの総量規制をかけている国は多い。情報面・経済面以外でも、大学の卒業資格、医師や弁護士免許等のナショナルな制度の産物も国境を越えて自動的に有効であるわけではない。

　このように国境では、人、モノ、情報の性質や価値が変わるのである。なぜならば、各国で歴史的に形成されてきた法的制度、行政的制度、経済的制度が主権国家のもとで独自に存在し、相互の融通がきかないためである。

2．国境の変更可能性

（1）変更の手段

　国境は、相互の主権国家の領域の外的限界線である。現代において国境の変更や確定は、隣接国家の同意や承服を必要とすることは言を俟たない。たとえ軍事的手段で変更されたとしても、その後新しい国境線について何らかの合意が明示的あるいは黙示的になされる。

　平和的手段としては、当事国間の外交交渉、第三国や国際機関による斡旋、調停、仲介等、国際司法裁判所（ICJ）など国際司法による法的解決等がある（→第 3 章）。最も頻繁に行われるのは、一義的な関係主体である当事国間の外交交渉である。その成否の要因を一般化することは難しい。アメリカのような大国が関与して解決する場合もあれば、中東和平のように米ソ共同で会議を主導したにもかかわらず和平案が実行されない場合もある。

　日韓で争われている竹島問題をめぐっては、戦後何度も「決裂」の可能性が

取りざたされたことがあった。2005年に島根県議会が「竹島の日」条例案を提案したのを契機に、韓国側で外相の訪日延期、韓国国会での竹島に関する法案可決、と日韓双方が過熱し、海上保安庁による海洋調査に対して韓国が「主権に対する挑発的行為」と非難した。最終的には日韓事務次官協議で竹島周辺の海底地形に韓国名をつける提案を行わないこと、そして日本側が海洋調査を中止するという「痛み分け」で決着した[4]。しかしその後も現在にいたるまで領土問題としての解決を見ていない[5]。

(2) 人の移動の拡大と扉としての国境

国境は人・物・情報の移動を遮断できる装置であるが、人の移動の拡大と国境画定がセットに合意されたことがある。それが欧州安保協力会議（CSCE、後にOSCE）である。

CSCEのヘルシンキ最終議定書（1975年）は、第一バスケットで現存国境の尊重（第3原則）に合意した。同時に西ドイツの強い要求を反映し「国際法に従って平和的手段と合意により国境を変更することができる」として国境の「平和的変更」（第1原則）の可能性を認め（→第4章）、結果的にベルリンの壁の崩壊を契機とする東西ドイツの統一（1990年）に道筋をつけた。

また第三バスケットでは、それまで厳しく制限されていた国境（とりわけ東西）を越えた人の移動を促すことで合意した。（a）家族の絆を基礎とする接触及び定期的会合、（b）家族の再結合、（c）異なる国の国民同士の結婚、（d）私的あるいは職業上の目的の旅行、（e）個人及び団体による観光旅行の条件改善、（f）青年の会合、（g）スポーツ、（h）接触の拡大、の計8項目にわたって合意された。特に重要な項目であった（b）の家族の再結合では、「現在認められていない家族の再結合の目的の認可は、適切なレベルに更新される」とし、東側から西側への出国規制を念頭においた文言となっている。また出国申請の手数料の引き下げ、申請者の保護、移動に関する情報の公開、なども明確に規定された[6]。

人の移動の拡大は、市場統合をとげたEUや、アメリカ・カナダ間で国境のリフトアップという形で現れた。EUを中心とする26か国によるシェンゲン協

写真1-1　Dreiländerpunktの3か国共同の国境の標石（筆者撮影・左）
　　　　　国境の土産物店（同右）

定は、協定国間国境における検問等を廃止した。シェンゲン協定参加国のドイ
ツ、オランダ、ベルギーの3か国が接するDreiländerpunkt（ドイツ語で「三
か国の地点」）は観光地化している（写真1-1）。国境にも扉すらなく境界標
があるだけで、往来の通過点となっている。

（3）壁としての国境

　国境は人の移動を遮断する。国際人権規約の自由権規約では、国内移動の自
由（12条1項）に加えて、「すべての者は、いずれの国からも自由に離れるこ
とができる」（同2項）として出国の自由、「何人も、自国に戻る権利を恣意的
に奪われない」（同4項）として帰国の権利が定められている。ただし、「法律
で定められ、国の安全、公の秩序、公衆の健康若しくは道徳又は他の者の権利
及び自由を保護するために必要であり、かつ、この規約において認められる他
の権利と両立するものである場合は」出国の自由や帰国の権利は制限される
（同3項）。この2つの規範（移動の自由、公衆の健康）の拮抗と緊張は、2020
年のCOVID-19のパンデミックによって現出した[7]。

　　個人単位での人の移動を国境はどのように遮断するか。国際法上、「入国の
自由」は原則として保障されず、国境を自由に越境することは保障されていな
い。パスポートやビザ（査証）による国境管理はどの国でも制度化されている

が、国境前後にあわせて2回（出国、入国）、パスポートチェックがなされるのが普通である。

1938年の杉本良吉・岡田嘉子両氏による樺太国境（北緯50度）の越境（後述）や、2019年の元日産自動車会長カルロス・ゴーン氏の国外逃亡（特別背任罪で起訴、保釈中）は、許可されざる越境であった。不法越境を阻止するため、正式な国境ではないが南北朝鮮の軍事境界線、「ベルリンの壁」のように、壁に加え鉄条網や地雷も用いて軍事的に越境を阻止する事例もある。イスラエルがパレスチナに設けた壁、トランプ大統領がメキシコ国境に増設した壁は、国境（あるいは境界線）が自由に越境できる制度ではないことを示す物理的装置である。

集団的越境の場合は、様相が複雑になる。難民申請は個人で申請するものであるが、人数が多い場合には難民問題として把握される。逆に難民を送りだす国家もある。トルコは、シリアと国境を接しているため法的には難民認定していないものの、事実上の難民を多く抱える。またベラルーシは、2021年に移民経由国となり、8月だけでベラルーシからポーランドに3,500人が不法に入国しようとしたという[8]。

これらの事例は、壁としての国境、扉としての国境の両面を主権国家が都合よく使い分けている現実を示唆する。

壁としての国境論では、国境を全否定することは物理的分離の効用を否定することとなり、税から社会保障にいたる生活や教育・経済・産業にわたる様々な規制が主権国家によって異なること、とりわけ民主国家では国民の意思がそれぞれ反映されていることを忘れてはいけない。しかし同時に、国境は、自由や富を求める（逆に言えば抑圧や貧困からの脱却を他国に求めざるをえない）人々の意志を阻害する物理的手段となっている。現実に、政治体制は各国様々であり、人々が国家を自由に選択できることもほとんどない。歴史や地理に拘束されたまま、世界はGate and Norm-Communityの時代へ向かうのか。

3．国境と国土

（1）国境の防衛、国土の開拓

　国境線の内側には、国土がある。「中心―周辺」理論では周辺に位置することが多い国境地帯は、「低開発」が進む傾向にある。その地域を国策として開発するため、開拓政策を国家として採用する場合がある。屯田兵はその一例である。現代的に国境を内側からの国土利用の限界として考えた場合、次のような機能的観点をもつことが可能となる。すなわち産業的観点から利用されインフラで接続されている国土を機能的国土とする。

　地理上の国土と機能的国土とは必ずしも一致しない。いわゆる人跡未踏と思われている国土、あるいはかつての開発の終了後撤退／放棄された荒地等は、機能上は低機能である。しかし現在こそそのような未開発地、放棄地であっても、さらに以前の時代には、狩猟民族による豊穣な生活の場である場合もあった。また生態系や水・大気循環という意味で、これらの土地は共通の空間の一部分であることにかわりはない。

　低開発・未開発の国土を国境防衛のために開発することは、通常の産業発展のコースと異なる戦略的思考や国策に基づくものである。国境近くの国土を、単なる空地、未開拓地、低開発地から、国境（隣国と対立する場合には前線）を守る補給線へと開発することは、いかに成功しうるのか。一般には、国土を持続的に利用するには当該地域における人間が生計をたてるための産業利用が必要であり、人々の生活を包括的に支えるインフラが必要である。道路、鉄道等の交通機関や郵便、学校、医療、宗教等の施設も建設されねばならない。

（2）南樺太、アマゾン

　寒冷地や多雨地帯では、国土の持続的な開発が難しい。経済インフラである鉄道あるいは港湾、道路と車・バス関連施設、発電所・送電線、上水道、電話やテレビの無線施設、そして警察・消防・学校・銀行等の建設と維持が何より必要である。実際にはそれに加えて、教会・寺院等も加わって「都市」を形成する。都市が開拓地の持続可能性を高める。

　農業は、国土利用の基礎である。ポーツマス条約以降、南樺太では米食願望の強い入殖農家に対して、寒冷地ゆえの米食撤廃論を樺太庁は示した。植民地エリートは「米を作れない樺太では米を食うべきではない」という言説を拡げ、米食代替策として燕麦生産、酪農食普及運動、節米訓示などがなされた[9]。なお現在でも稲作の北限は、北海道の遠別町付近である。

　上記の例は、失敗面を強調しているが、実際には稲作がない樺太にも、人々の日々の生活があった。南樺太では日本により鉄道が敷設され、樺太庁がおかれ、郵便や学校はもちろんのこと、石炭、製紙業、漁業等の産業が発展した。日本の敗戦による撤退後、ソ連支配下で開発が進められ、現在も同島北部の石油・ガス田が島を潤している[10]。

（3）電波と国土

　現代のインフラとして最も重要なものの1つは電波である。テレビの地上波は、必ずしも国土を覆っているわけではない。逆に欧州のように1980年代から国境を越えてテレビのアナログ地上波を視聴できる場合もあった。ラジオの場合はより広範囲に電波が伝播するため、20世紀半ば以降各国は短波放送等を用いて海外向けの宣伝放送を拡大した。

　21世紀以降は固定電話にかわり携帯電話の電波網が機能的国土を事実上限定する。

　日本では、総務省の調査によると携帯電話普及率が213％に達する（従来型携帯電話、スマートフォンの双方を含む）。しかし1990年代からの携帯電話の普及にもかかわらず、携帯電話大手三社の電波網は、日本全土にくまなく広がっているわけではない。地図1-1のように、知床半島や対馬など海上国境（あるいは実効支配地域の限界線）に近い附近では「電波が来ない」（いわゆる「不感地帯」）。むろん山岳地帯や無人島など無居住地域が他にもあるが、山岳地帯には登山者が、無居住地域にも自然保護活動等のため入域するため電波網がカバーしている方がよい。

　逆に領海外の公海部分の海底も通過する青函トンネルでは、2019年から公衆無線サービスが利用できるようになった。国土利用という観点から、電波の

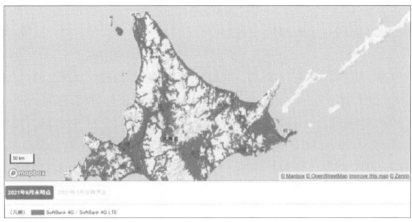

図1-1　北海道（上）と九州北部（下）のソフトバンクの4Gカバーエリア
（出典：Softbankのウェブページ「4G」より。2021年6月時点のもの）

境界は日本の「リアルな日本」を示唆している。

　転じて、砂漠と草原の国モンゴルは内陸国であり、国境線がそのまま国の形である。国境線と電波伝播範囲はどのように交差するだろうか。人口約150万人の首都ウランバートルはともかく、草原の中の「都市」（ただし人口は数万人程度まで）において、携帯電話各社のうち電波が届く会社は限られ、地図ではその会社が記号で図示されている。これにより各自の携帯電話がその都市で通じるかどうかが分かる。モンゴルでは国境に至るまでもなく、電波は「点」

でしかない（なおモンゴルの固定電話はそれほど多くないが、携帯電話の数は人口より多いと言われるほどである）。

図1-2は、モンゴルの首都ウランバートル南方に位置するドントゴビ県の中央部を切り取ったものである。中央に位置する県庁所在地マンダルゴビ（МАНДАРГОВЬ（Mandalgovi）、人口約1万人）では4つの携帯電話会社の小さな記号がある。

しかし左下（南西）へ向かう幹線道路に近い人口約2,000人のЛууc（Luus）、約2,,500人のХулд（Huld）では、それぞれ2、3社しか電波が来ていない。その中間の広大な草地や砂漠は、無電波地帯である。その地帯でも遊牧が行われ、人々の生活が営まれている。

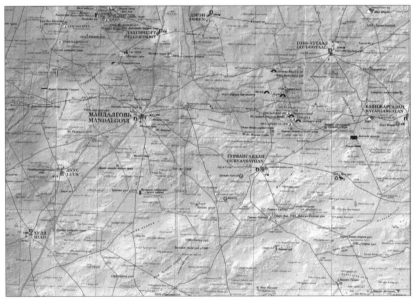

図1-2 「ドントゴビ県」50万分の1地図を紙幅に合わせて縮小

4．可視化される国境

（1）陸上国境

　戦前の日本は、日露戦争後の樺太で北緯50度線、そして朝鮮半島の併合後には朝鮮半島北東部の2か所で、ロシア・ソ連と国境を接した。これを陸接国境という概念で呼ぶようになったのは、1913年（大正2年）ごろである[11]。吹雪の中に敢行された杉本良吉・岡田嘉子による北緯50度の樺太国境の越境（1938年）をうけて、国境地域への無断立ち入り禁止等を定めたわずか4条からなる国境取締法が制定されたのは、1939年のことである。同法の審議をした貴族院では、秋月議員（子爵）より「ドウモ我々ハ国境ト云フ観念ガドウモ薄イヤウデスガ」として、（日本の植民地統治下の）朝鮮半島とソ連を分ける豆満江の国境線に標識をおくのかという質疑がなされた。これに対して、政府は豆満江の両岸から電灯（照明）をあて2つの光が「交差スル点」が豆満江下流部の中間地点であるからそこに設置する標識を予算化したいと説明する[12]。樺太国境では日露戦争後に境界に標石が比較的早期に設置されたが（→第6章）、先述の豆満江をめぐる国会討論にみられるように、国境管理は1939年まで、比較的緩いものであった。なお同年の同法施行令では、朝鮮半島では国境から12km、樺太では国境から20kmという広い範囲が取締法の対象とされた。

　現在の陸上国境の例をみてみよう。陸上国境とわずかな湖上国境しかないモンゴルでは、国境警備隊がおかれている。ロシアとモンゴルの国境、モンゴルと中国の国境は、モスクワからウランバートル経由北京行の鉄道でまたぐことができる。シベリア鉄道は複線電化されているが、ウランウデから南へ分岐すると単線非電化となる。国境では双方で停車し、税関、出入国の管理がなされる。かつてのソ連―モンゴルの蜜月を反映してか、国境管理の施設は多くない。単線非電化のままモンゴルを抜け、中国国境付近はゴビ砂漠である。かつての中ソ（及び中モ対立）を反映して国境管理の施設が多く、中立地帯も設定されている。加えて、レールの軌間が両国で異なる。ロシア・モンゴルの広軌と中国の標準軌には、85mmの差があるため、中国側の二連駅で乗客を乗せたまま客車を持ち上げて一両ずつ車輪を交換する。その手間も加わり、ザミンウドか

写真1-2　中国・モンゴル国境のザミンウド駅　　写真1-3　台車交換（筆者撮影）

ら二連まで約5kmの国境を通過するのに数時間を要する。ここでは国境は軌間の違いによって可視化されている（写真1-2、写真1-3）。

　なお国境の表象化として、国境すなわち国の形を国旗に入れ込むことがある。キプロスは、南北あわせた形の島全体を国旗に掲げている（図1-3）。民族間の内戦を経たボスニアヘルツェゴビナも、3つの民族構成主体の境界線をイメージした模様である（図1-4）。内陸国のコソボも同様である。国家ではないがサハリン州もロシアが主張する国境線まで含んだ形で州旗としている（→第6章）。

図1-3　キプロス　　　　　図1-4　ボスニア・ヘルツェゴビナ

（2）港（軍港）及び空港

　海上国境しかない現在の日本では、国境が可視化されにくい。国際線のある空港ではBorder Controlがあり、直訳すれば「国境管理」となるが日本では「出入国管理」と和訳されている。空港自体が国境地帯にないことがその理由の1つである。日本の公文書では「国境」という概念があまり出てこない。それは、先述のように国境の意識が低かったことに加え、北方領土、竹島、尖閣

諸島という領土問題（あるいは領土をめぐって主張が異なる地域）があり国境
未画定地域があるためでもある（→第２章、第７章）[13]。

　国際航路のある港や国際線のある空港は、国境地帯と同格に扱われ、検疫・
税関・出入国管理がおかれる。2020年春、コロナ対策として日本は空港検疫
を強化した。しかしそれは諸国に比べて遅く、また当初は緩かった。そこに島
国であることの過度な安心感が看取される。空路発達前の日本では、島で検疫
を行い、本土に上陸させていた。日清・日露戦争時に広島沖の似島、佐世保沖
の口鼻島には検疫所がおかれた。似島や門司の大里には日露戦争中に多数の捕
虜を一時的に収容する施設がおかれたが、島でない大里の場合にも施設は本土
側と水路で隔離されていた。さらに時代を遡ると、長崎の「出島」や稲佐の居
留地は、日本の水際政策がまさしく水（海、河川、堀）を隔てることで成立し
ていたことを物語る。

（３）海岸の軍事施設

　日露戦争や第二次世界大戦時には、日本の海岸各地に要塞が設けられた。日
本に４か所おかれた海軍の鎮守府の周辺は、要塞地帯として私権が法的に制限
され、施設に関連するインフラが整備された[14]。例えば1889年４月に佐世保
鎮守府が開庁すると同年12月に、軍用水道が完成しその後改良・延伸されて
いった。1899年の要塞地帯法では、北は宗谷から西は佐世保までが要塞地帯
となり、戦時は、要塞地域限定の戒厳令布告により検問等が実施された。漁港
→軍港→商港→軍商港と歴史的に変遷した佐世保港の周辺地域は、「戦力供給
源」として位置づけられ、戒厳司令官より臨時清潔法実施、井水使用許可制が
施行された。それとともに、多くの炭田（佐世保炭田）が周辺に存在するにも
かかわらず、採炭高さ制限のため戦前は石炭積み出し港とはならず周辺の炭田
開発が十分には進まなかった[15]。第二次世界大戦を経て米軍接収後、佐世保は
旧軍港市転換法により平和産業港湾都市へ脱皮を図り、ようやく近隣の炭田の
石炭積み出し港となる。1950年の朝鮮戦争では再度軍港景気が訪れ、現在の
ような軍商港にいたっている。

　軍港ではない商港の長崎も要塞地帯に指定された。その範囲は広く、図１−

5のように明治時代の長崎市の範疇（図中
央部）を大きく越え、長崎半島の逆側（東
岸）の橘湾沿岸に及んだ。要塞・軍港地域
の特殊性にかんがみ、4区分に分類し、写
真撮影、測量、採炭高さ制限（高さ5尺）
等のような規制があり、また測量、公園、
開墾、排水の新設等や漁業等の水面利用も
許可制とされた。

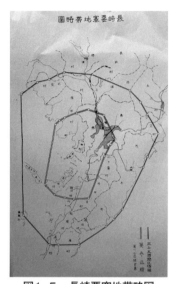

図1-5　長崎要塞地帯略図
（『明治維新以後の長崎』1973年、所収）

（4）運河

　国境線の維持のため、すなわち現状維持
のため、内水の軍事化・国土開発が要され
る。米英戦争で制海権を奪われたアメリカ
は、南北をつなぐ内陸水路の重要性に着目
し制水権を求め、メキシコ湾からミシシッピを経てセント・ローレンス、大西
洋に抜ける水運が拡大した[16]。欧州大陸にも数多くの運河がある。地中海から
ローヌ川、ローヌ・ライン運河、ライン川を経て北海へ、黒海から運河を経て
バルト海へ抜ける内水網などが発達している。

　日本にも大運河の構想があった。たとえば下北運河構想はその例である[17]。
この運河構想自体は江戸時代からあったが、戦略的な観点から検討されたこと
もある。戦前、津軽海峡も要塞地帯の1つであった。日露戦争時に津軽海峡が
軍事的に緊張し、ロシア海軍がもし制海権を奪うならば、青函間だけでなく、
青森県内の太平洋岸と陸奥湾を結ぶ尻屋崎回りの航路が脅かされる。こうした
危機に対応し、青森港を太平洋航路に接続するため、太平洋から下北半島の鷹
架沼（東西幅5km）を経て、陸奥湾を結ぶ下北運河の構想が発表され、戦前
の帝国議会でも可決された（予算化されず実現にいたらず）。他にも、能登半
島の付け根を横断する運河、伊勢湾から琵琶湖経由で若狭湾へつなぐ中部横断
運河、淀川・琵琶湖・若狭湾を結ぶ運河などの構想が19世紀から20世紀後半に
かけて発表された。これらは実現されなかったものの、島根県の隠岐、愛媛県

の由良半島等では小規模な運河が掘削され、水運を担っている[18]。

5．民族紛争と国境紛争

（1）民族と国家

　民族国家（nation-state）は、近代西欧でモデル化された主権国家の形態である。主権国家の多くは民族国家であり、国民統合の過程で民族居住地域が分断されることがある。それで民族問題と国境紛争の交差が発生する。

　世界の国境紛争を例示した『タイム』誌によると、世界の国境紛争ワースト5は、1）インド・中国、2）キプロス、3）ベネズエラ・コロンビア、4）エリトリア・ジブチ、5）イラク・シリアとされた[19]。このうち特に2）のキプロスは、後述するように民族問題との関係が濃い。

　国境紛争の一面は、土地をめぐる紛争である。日本国内では、私人間で土地の境界線を確定する場合、国土調査法に基づいて調査された地籍が有効な資料となる。しかし国家間、民族集団間の対立において、地籍に類する客観的な資料が十分にあるとは限らず、双方ともに自らに有利な資料のみ提示することが多い。そこには国境ナショナリズムと呼ばれる、民族国家間の対立がもちこまれることが多い[20]。そこで土地争いを民族国家性と切り離せるかが焦点となる。現実に、ある土地を支配する国家が変わった場合に、行政主体・区分や法制度が変わるのみならず、公用語の変化に伴い地名（通りの名前、都市の名前）が変更される。また学校などの社会インフラの変更が段階的に行われ、「少数」民族が生まれる。

　国境から国家の差異を見ることは容易である。効用性と価値の共同体として主権国家に対して、グローバル企業は国境を越えようとする。たとえば、グローバルに利潤を追求するGAFAは主権国家よりも経済力が大きく、世界を席巻しているようにみえる。しかし現実は必ずしもそうではない。たとえばモンゴル人は、モンゴル国と中国の内蒙古自治区に分かれて居住している。Amazonはモンゴル国には届かないが、中国の内モンゴルには届く。Googleは前者では制限がないが後者では制限がある。グローバルなプラットフォーム

も主権国家の制度の下におかれている。

（2）独立運動と未承認国家

　民族国家として統合を成功させるため、国境内の国民の統合に国家はエネルギーを注力してきた。日本もその例外ではない。日本にも少数民族が住み、また南北・東西に長い国土のため地域差は大きい。ケベック独立運動をトランスナショナルの観点から研究した馬場伸也は、国語教科書の「サクラサク」が4月を想定するが、北海道は桜の開花が5月であり、また俳句の季語が成り立ちにくいことなどの事例のように、春夏秋冬の季節感が日本国内でも大きく異なることを指摘し、国民意識の醸成が自然的限界に直面する点を示唆する[21]。

　日本以外ではコルシカ、バスク、カタロニア（カタルーニャ）、ケベック、スコットランドなどが独立運動が盛んである。これまで独立運動が成功した例は、シンガポール、南スーダン、東チモールなどであり、再独立に成功した国としてポーランド、バルト3国等がある。逆にシッキム王国は、独立したもののインドに編入され消滅した。1990年、イラクはクウェートに軍事侵攻し併合を宣言したが、湾岸戦争を経てクウェートの占領は解かれた。

　独立したが未承認国家となっている事例も多い。北キプロス（TRNC）、西サハラなど冷戦期から独立運動を行っている地域もあれば、南オセチア、アブハジアは、ソ連崩壊により独立運動が展開し未承認のままの地域である[22]。独立したものの国家承認が十分には得られず、国連に加盟できていないコソボ、パレスチナのような例もある。

（3）国境の変更と住民の移動

　第二次世界大戦後、国境の変更や植民地独立に伴う新たな国境線により、多くの住民が越境した。たとえばソ連はヤルタ合意により、約67万km^{2}に及ぶ領土を獲得した。バルト3国の併合（追認）、フィンランドからカレリアなど、ドイツから東プロシアの北半分及びカリーニングラード等、占領地ポーランドからポーランド東部、チェコスロバキアからカルパト・ウクライナ、ルーマニアからベッサラビアと北ブコビナ、日本から南樺太、千島列島であり、これら

の地域の住民には越境、追放、集団移住などの過酷な運命が待っていた。第二次世界大戦時にドイツ・ポーランド・ソ連の境界線は２度変更された。ポーランド分割、バルト併合、そして独ソ戦にソ連が勝利した結果、オーデル・ナイセ線が東ドイツ・ポーランド国境となった。同様な国境の変遷が２度あったソ連・ルーマニア間では、ベッサラビアのドイツ系住民が1939〜1941年の独ソ間の条約により、当時のドイツ領に一旦移住させられ（住民追放）、さらに戦時中にソ連側支配におかれタジキスタンやクラスノヤルスクに送られて強制移住させられた。そして、西ドイツ・ソ連の国交回復後の1955年以降、東西ドイツに数万人以上が送還された[23]。十数年の間につごう３度も国境を跨がねばならなかったのである。

　アジアでも敗戦国日本は、植民地（外地）を失い、それらの地域から多くの引揚者を本土に受け入れた。戦後日本は増えた人口を賄うために米を増産し、そのために八郎潟等の干拓を国策として推進した。

　このように国境線は、所与のものではない。国境線は変化する。加えて、覇権国は、国土の外に「勢力圏」を構築しようとする。ソ連と、その意向を時々忖度する中立国フィンランドとの関係は、「フィンランド化」という政治的造語として冷戦期に喧伝された[24]。

6．民族紛争にかかわる領土問題の３つの処方箋

　民族紛争は、政治的単位を指向する民族が自らの国家を形成しようと望むところから始まる。その政治的単位が領域主権をもつ主権国家である場合、土地の二重の帰属を原則として許さない。そこに土地をめぐる二次元の争いの根源がある。二次元の争いは原則としてゼロ・サムであり、いずれかが領土を増やせば、相手はその分の領土を減らす。貿易のようなポジティブ・サムの問題領域とは異なり、領土問題は譲歩を強いにくいため、解決は比較的容易ではない。それでも領土問題の解決策として、歴史的にはおおむね３つの処方箋がある。

　まず、主権制限の有無と住民移動の有無をもとに、主権制限を伴う上下分離、民族分離に区別できる。加えて第三の方法として、係争地の未確定の国境を画

定する方法があり、係争地の「幅」が比較的狭い場合に多く用いられる。

（1）上下分離の例

　領土問題において、土地の主権的帰属先と住民の文化的・経済的活動の対象（結びつき）が異なることを前提にした解決法であり、本章ではそれを便宜的に上下分離と呼ぶ。上下分離とは、鉄道のインフラ（線路など）と鉄道の運営を別企業にする手法から生まれた造語である。

　スウェーデンとフィンランドの間には、バルト海とボスニア湾がある。両者の境目にあるのが、オーランド諸島である。住民の多数派は、宗教的にも言語的にもスウェーデン「寄り」である[25]。歴史的に概観しよう。スウェーデン王国の下のフィンランド地域の一部であったのが、戦争によりロシアへ帰属する。その後クリミア戦争で敗北したロシアは、英仏に対して同諸島を非武装化することを約束した。その約束が反故にされた第一次世界大戦を経て、ロシアからフィンランドが独立すると、諸島ではスウェーデンへの帰属を求める声が高まった。独立したフィンランドは、分離を阻止するためオーランドに自治権を付与したものの、住民の反発が続いたため、1921年、国際連盟は新渡戸稲造事務次長による裁定を行った。この新渡戸裁定とそれを具現化した「オーランド諸島の非要塞化及び中立化に関する条約」（1921年）により、オーランドはフィンランド領のまま非武装中立地帯となり、地方議会と自治政府を設け、公用語がスウェーデン語となるなど特別な地位を認められた[26]。

　あわせてフィンランドは憲法でオーランド諸島を例外扱いとし、地域市民権に加え、教育、医療、環境、警察活動等についてオーランド側の法制が認められたが、財政面ではオーランドの予算案に対してフィンランドの大統領に拒否権がある[27]。こうして土地はフィンランドだが、住民の帰属意識（文化的アイデンティティ）の面ではスウェーデン指向が維持された[28]。その維持のために島民権・住民資格が制限されている[29]。こうした上下分離方式は、竹島問題や北方領土問題解決のモデルとされることがある[30]。

　上下分離とはやや異なるが主権国と関係国が異なる例として、北極圏にあるスバールバル諸島（スピッツベルゲン島を中心とする）が挙げられる。石炭を

産出する同諸島は、地理的に近いノルウェーに加え、当初ロシア、アメリカ等も領有権を主張していた。1920年に関係国間で締結されたスバールバル条約（スピッツベルゲン条約とも）では、ノルウェーの「完全かつ絶対的主権」を認める（第1条）。

　その一方で、加盟国に領海内漁業権（第2条）、寄港権（第3条）を認め、逆にノルウェーに鉱物資源の採掘や課税の特権を認めない（第8条）。全ての加盟国が「絶対的平等」の原則に基づき「現地の法律と規則にしたがい、海洋、産業、鉱山、商業の活動」について権利を有し（第3条）、国際気象台の設置（第5条）、ノルウェーによる海軍基地及び要塞の建設禁止（9条）が定められた。条約締結から100年を経た現在、同島ではロシア系住民が採炭地・積み出し港近くに集住する一方、他方では国際的な極地観測が盛んである[31]。

　なお主権の共有ともいうべき混住地（千島・樺太交換条約以前の樺太)、中立地帯（本書コラム参照）など、主権の地的管轄を曖昧にする方法もある。

　上下分離方式は、住民の多数派＝「本国的な存在」（言語・文化的近接国）の下の一地方か、住民の少数派＝「行政的な存在」（別の地理的近接国）の下の広範な自治かのいずれが好ましいか、という問いに対して住民（あるいは関係国）が後者を選んだ（決めた）という説明が可能である。

（2）民族分離

　土地の帰属と文化・経済の帰属を分離する上下分離に対して、民族的境界線にそって分割する手法は多い。これを本章では民族分離と呼ぶ。しかし、外的自決と内的自決の同時進行の「二重の自決」の場合は、民族ごとの居住地域がもともと明確に区分されにくく、そこに地理的境界線をひくため、ボスニア内戦のように抜き差しならない紛争になることがある。すなわち民族の地理的分離は容易ではない。それでもアイデンティティが土地に帰属する限り、地理的境界線の設定（変更）によって「棲み分け」を目指す運動にも限りはない。その後、両者の相互承認となれば民族分離は安定するが、相互不承認が続く場合には双方とも不安定なまま、人的往来の制限などの弊害や経済交流も限界をきたす。以下、欧州の2つの事例を紹介しよう。

1）沿ドニエストル：細長い未承認国家の誕生[32]

　ソ連末期に、ソ連の一共和国であったモルダビアがモルドバに国名を変更し、主権宣言を発した。それに対する危機感から1990年、ドニエストル川左岸のロシア語系住民が「沿ドニエストル共和国」として独立を宣言した。その後、モルドバ独立後の1992年にはトランスニストリア戦争が勃発し、7月に、和平協定が締結された。ロシア、モルドバ、沿ドニエストル合同の平和維持軍によって停戦監視され、現在に至っている。外国人の往来については、沿ドニエストルへの入域（入国）時にパスポートの提示こそ求められるが、入域時にはパスポートに入国印は押されず代わりに時限的なビザ（査証）が付与される。

　2006年6月のモンテネグロ独立に影響を受けた沿ドニエストル共和国議会は同年、沿ドニエストル共和国が国際的な独立の承認を受けた後にロシアに編入することなどの是非を問う住民投票を実施し、圧倒的多数で賛成票が反対票を上回ったものの、その帰属はクリミア占領（編入）後も変わっていない。

　モルドバ共和国は、多言語社会のモデルとされることがある。同国のロシア語系住民は約1割といわれているが、多言語政策を進め二言語表示を行ってきた。「ロシア語しか分からない人がいれば、それにあわせてロシア語で会話をする」というモデルは、ソ連時代の遺産とはいえ、モルドバ国内における紛争の沈静化に貢献している（写真1-4）。

写真1-4　モルドバ国立大学　数学・化学・物理学部の2言語表示
（玄関左がロシア語、右がモルドバ語、筆者撮影）

図1-6 モルドバ共和国の地図 首都キシナウが左（西）に見え、ティラスポリが中央
下寄りに見える。中央から右（東）はウクライナ、その左側を南流するドニエス
トル川とウクライナ国境の間に南北に細長い「沿ドニエストル共和国」があるが、
地図上に境界線はない。

　沿ドニエストルの問題が拡大しないよう監視するのがOSCEモルドバ・ミッ
ション（1993年から現在まで）である。沿ドニエストルの特殊な地位を理解
しつつモルドバ共和国の主権を強化し、紛争解決の包括的政治的枠組みの構築
を促進することを任務としており、 人権、民主的移行、難民送還、沿ドニエ
ストルの特殊な地位の定義について、監視や助言を行い、紛争の「凍結化」
「冷却化」に貢献した。

2）南北キプロス：遠い再統一への道[33)]
　東地中海に浮かぶキプロスには、現在は2つの国家がある。島南部にROC
（キプロス共和国）があり、島北部はトルコ系のTRNC（北キプロス・トルコ
共和国。トルコのみ国家承認）が実効支配している。
　島全体では約8割がギリシャ系といわれ北部を中心にトルコ系が居住する。

1960年にイギリスから独立後、74年のギリシャ系によるクーデタに対抗して
トルコによる軍事介入・北部占領が続いた。南北間には国連PKOが派遣され、
両者の間には非武装地帯（グリーン・ライン）が設けられ、キプロス共和国の
首都ニコシア（レフコシア）も南北に分断されている。1983年には北部が
TRNCとしての独立を宣言し、紛争の凍結化が進んだ。

　南北朝鮮同様に、これまで幾度となく南北（国家）の統合が模索された。た
とえば、キプロスをギリシャ系及びトルコ系構成国家からなるキプロス連合共
和国（国家連合）とする案では、大統領相当職の輪番制、島外からの移住制限、
TRNC側の土地の一部を南側に譲る境界画定等が盛り込まれていた。あるいは
国連のアナン事務総長（当時）は全島を非武装化する提案を行った。しかしそ
れらは最終的には合意に至っていない。南北双方ともに、分断を前提とする権
力構造を内発的に大きく変えることは難しい。特に南側は2004年にEUに加盟
しユーロ圏に入ったため、統一国家像はますます展望しづらい。

　ただし南北の緊張は時と共に緩和し、グリーン・ラインは段階的に往来可能
となった。南北が相互に国家承認せず領有権の主張も不一致のため、南から北
側を訪問する場合にパスポートの押印はなされない措置がとられている。

7．おわりに——新しい国境の時代

　国境は国家を相互に隔てるものであるが、人間の活動は必ずしも国家の枠組
みに左右されない。カンナは、全世界の国境線の総和よりもインターネット回
線、海底ケーブル、鉄路等のインフラのほうが長いとし、国境の時代から接続
性の時代に変容すると述べた[34]。接続性の改善は、一般にSDGsの達成に貢献
するだろう。

　これに対して国境の維持は、SDGsの目標16（平和と公正）に貢献する。コ
ロナ禍により国境の国際公共性が再評価されている。国境閉鎖が感染症対策に
有効な方法であるとすれば、検疫をはじめ国境による人流・物流抑制は国際的
制度として今後も残さねばならない機能である。これまでの国境は、主権国家
の地的管轄の外縁としての性格が濃く、内実としては民族国家の形成に大きく

影響し、またナショナリズムの発露の対象となった。しかしコロナ禍を経て、国境は、単に主権国家の外縁であるのみならず、感染症の拡大を防止する数少ない防壁となりえた[35]。ここに新しい国境の時代の到来が予感される。国境の水平的維持と国境を越える垂直的流れの双方を充実させる制度づくりが世界に求められている。

【注】

1）近江と若狭の国境、日高と胆振の国境近くにある（2021年9月現在）。

2）陸上国境があるハイチやイギリスなどは除く。北キプロスや台湾等は、数に含めない。

3）中国・モンゴル国境については、宮脇「資源地政学と接続性・連結性」稲垣・玉井・宮脇編『資源地政学』（法律文化社、2021年）を参照。

4）「決裂寸前から一転」『毎日新聞』2006年4月23日、なおこの過程を小泉政権の三位一体改革の観点から論じたものとして、ブフ、アレクサンダー「領土問題と非政府主体」岩下明裕編『北東アジアの地政治』（北海道大学出版会、2021年）、273-276頁。

5）竹島問題について詳しくは、岩下『北方領土・竹島・尖閣、これが解決策』（朝日新書、2013年）

6）宮脇昇『CSCE人権レジームの研究』（国際書院、2003年）の第3章をあわせて参照。

7）筆者の日本平和学会の報告「COVID-19対策としての国境閉鎖　移動の自由と健康」（2020年5月20日）、また関連論文として中坂恵美子「COVID-19と国境を越えた人の移動」『国際法外交雑誌』120巻1・2号、2021年、201-211頁。

8）『毎日新聞』2021年9月5日。

9）中山大将『亜寒帯植民地樺太の移民社会形成　周縁的ナショナル・アイデンティティと植民地イデオロギー』（京都大学出版会、2014年）、227-247頁。

10）他にも熱帯の国境地域の開拓の失敗例として、例えば澤田眞治「アマゾン、安全保障と開発　ブラジル北部国境の『持続可能な防衛』」『国際政治』162号、2010年。

11）JACAR（アジア歴史資料センター）Ref.A01200095200「朝鮮陸接国境関税令ヲ定ム」（国立公文書館）。

12）「国境取締法案ニ関スル貴族院委員会質疑応答抜萃」（昭和14年3月16日、アジア歴史資料センター所収）より。

13）宮脇昇『戦争と民主主義の国際政治学』（日本経済評論社、2021年）、130頁。

14）玉井良尚『制水権』（国際書院、2021年）、176-177、187頁。

15）佐世保市『佐世保市史　軍港史編　上・下』2002年。

16）玉井、2021年、79-99頁。

17）下北運河については、河西英通『つくられた異境』中央公論新社、2001年、126頁が詳

しい。

18)　なお小樽運河や京浜運河等は、埋立地と陸地の間の運河である。

19)　https://time.com/4858388/border-disputes-iraq-syria-china-india/（2021年10月1日アクセス）

20)　大崎巌「ロシアにおける「南クリルの問題」に関する先行研究の到達点と課題」『ロシア・東欧研究』2018年、144-162頁。

21)　馬場伸也「国際社会のゆくえ」馬場編『講座政治学Ⅴ　国際関係』（三嶺書房、1988年）、23頁。

22)　未承認国家については、廣瀬陽子『未承認国家と覇権なき世界』（NHKブックス、2014年）が詳しい。

23)　鈴木健夫『ロシアドイツ人』亜紀書房、2021年、455-456頁。

24)　宮脇昇「『新フィンランド化』試論」『地域情報研究』6号、2017年、36-51頁。

25)　オーランド諸島については、長谷川秀樹「オーランド諸島の自治権とその将来」『島嶼研究』3号、2002年。

26)　オーランド諸島の非武装化モデルに関する研究として、Sia Spiliopoulou Åkermark, "Demilitarization as a Constructive Tool for Co-operation and Peace: the Example of the Åland Islands," *Security Community*, 4 January 2017.

27)　長谷川、107頁。

28)　遠藤美奈「非武装と自治の島々」百瀬宏ほか編『フィンランドを知る44章』（明石書店、2008年）、136頁以降を参照。なおオーランドからスウェーデンへの通話が国際電話扱いとはならないなどの措置もとられている。

29)　原貴美恵「北方領土問題解決試案　北欧のオーランド・モデルから」岩下編、前掲書、2010年、106頁。

30)　原、同上、琉球新報・山陰中央新報『環りの海　竹島と尖閣国境地域からの問い』（岩波書店、2015年）

31)　条約加盟国の有する入域の自由と北朝鮮の条約加盟（2016年）との関係について松村昌廣「北朝鮮のスヴァールバル条約加入に関する一考察」『桃山学院大学社会学論集』52号、2018年、91-101頁。

32)　本項については、宮脇「OSCE（欧州安全保障協力機構）の現地活動団」『国際法外交雑誌』106巻2号、2007年、23-51頁、をもとにした。

33)　本項については、宮脇「東地中海の地域協力と紛争解決メカニズムの創成力学　キプロス紛争解決のレジーム」山本武彦編『地域主義の国際比較』（早稲田大学出版部、2005年）、214-232頁、をもとにした。

34)　パラグ・カンナ（尼丁千津子、木村高子訳）『接続性の地政学　上・下』（原書房、2017年）

35)　コロナ時代の国境管理については、ナンジン・ドルジスレンほか編『コロナに挑む内

陸国』志學社、2021年。植田隆子編『新型コロナ危機と欧州』（文眞堂、2021年）が詳しい。

【参考文献】

稲垣文昭・玉井良尚・宮脇昇編『資源地政学』法律文化社、2021年

岩下明裕編『北東アジアの地政治』北海道大学出版会、2021年

岩下明裕『北方領土・竹島・尖閣、これが解決策 』朝日新書、2013年

植田隆子編『新型コロナ危機と欧州』文眞堂、2021年

カンナ、パラグ（尼丁千津子、木村高子訳）『接続性の地政学　上・下』原書房、2017年

佐世保市『佐世保市史　軍港史編　上・下』2002年

鈴木健夫『ロシアドイツ人』亜紀書房、2021年

玉井良尚『制水権』国際書院、2021年

ドルジスレン、ナンジン、玉井雅隆、玉井良尚、宮脇昇編『コロナに挑む内陸国』志學社、2021年

中山大将『亜寒帯植民地樺太の移民社会形成　周縁的ナショナル・アイデンティティと植民地イデオロギー』京都大学出版会、2014年

廣瀬陽子『未承認国家と覇権なき世界』NHKブックス、2014年

百瀬宏・石野裕子編『フィンランドを知る44章』明石書店、2008年

馬場伸也編『講座政治学Ｖ　国際関係』三嶺書房、1988年

宮脇昇『CSCE人権レジームの研究』国際書院、2003年

山本武彦『地域主義の国際比較』早稲田大学出版部、2005年

琉球新報・山陰中央新報『環りの海　竹島と尖閣国境地域からの問い』岩波書店、2015年

第2章

ボーダースタディーズから読み解く国際関係

1．はじめに——ビリヤードとチェスの呪縛

　古典的な国際関係のパラダイム、つまりリアリズムは、しばしばビリヤードにたとえられる。国家のひとつひとつがその玉であり、その玉と玉がぶつかりあい、重なり合って秩序を生みだす。玉の存在は無批判の前提であり、玉はパワーのバランスに応じて、自由に動きまわる。古くは中国の三国志的な合従連衡、英国の勢力均衡政策などがこれだ。

　これに対して相互依存をキーワードに、国家以外のアクターを重視し、規範や制度の影響を問う見方が学界では広まっていく。いわゆるリベラリズムである。やがて、国際関係においてもアイデンティティや言説などを重視するコンストラクティビズムも台頭していく。おそらくいまや学界のトレンドは後者にあるだろう[1]。

　筆者は、コンストラクティビズムは学者の想像力と相性がいいと考えている。なぜなら、国際政治や外交の機微に関わる部分は、通常、限られた国家の指導者や政策担当者たちのみに共有されており、一般の学者たちが知るところにはならない。もちろん、外交史家たちが時代を経たのちに、当時の国際政治の実態を再現しようとするのだが、多くの場合、そこでは規範やアイデンティティよりは、リアルな利益と利益のぶつかりあいが主題とされる。要するに、実際に政治を担っているサークルは、いまだリアリズムのとりこである場合が多い[2]。

　あくまで国家を主体として構想しながらも、ビリヤード的な見方をとらないリアリズムもある。すなわち、玉は自由に動けず、その地理的存在に規定され

るという見方だ。いわゆる、地政学と称されるこの古典的なアプローチは、た
とえばユーラシアなる想像の大陸で鍵となるパーツを観念し、玉はその地理性
を背負って世界の支配を目指すとするストーリーを好んできた。これは主に19
世紀の帝国主義、20世紀の世界戦争の時代の話だが、現在においても、地理性
は不変的であり、歴史を超えて玉の行動を拘束し続けると信奉する見方は生き
ている3)。

　もちろん、こういう見方はいささか極端な表現であり、現在の議論はこれに
多くの修正を施している。たとえば、ビリヤードモデルは、玉の大きさ（スー
パーパワーの存在）を考慮した、冷戦のような二極的な秩序も許容する。もっ
とも米ソ対立に中国や「第3世界」的なアクターを組み入れたり、フランスの
米国への、東欧諸国のソ連への挑戦など陣営内の「多極化」を議論するなど、
勢力均衡的な解釈は再生産されつづけてきた。地政学の方は、地理性に拘束さ
れた玉の動きに加えて、大きな玉が世界をチェスもしくはオセロゲーム的な視
座から地域や小国など小さな玉を動かそうとする（介入する）という解釈を提
起する。すなわち、冷戦において米国とソ連がユーラシアを始めとする世界の
地域や諸国を駒のように取り合うとするイメージがそれだ。

　本章は、このような2つの見方に共通する、国際関係をあくまで「上から」
眺めるアプローチを乗り越える視座を模索したい。その視座とは関係性におけ
る地域や当事者の抱える地理を前提としながらも、それを絶対視せず、かつパ
ワーバランスのみで分析しない切り口である。これは、一見、パワーゲームや
陣取り合戦のように見える国際政治が、実はかなりの程度、その地域の空間の
あり方、つまり地理性に規定されてきたのではないかという問題意識にたつ。

　たとえば、米国の左派研究者の一部は、ベトナム戦争を事例に、中央アジア
へ介入する米国の「帝国」性を批判するが4)、モンゴルやクルグズスタンなど、
周辺を大国に囲まれた「小国」がむしろ米国に「抱き着き」、その駐留を求め
ている側面を捨象している（スケールや状況は違うが、日本が沖縄の基地を提
供することで米国に「抱き着いて」日米安保が運用されている事実を看過して
はならない5)）。この「小国」のもつ地理性が国際関係の大きな要因を一定程
度、構成しているというアプローチは、（称賛するにせよ、批判するにせよ）

「大国」中心の国際秩序観に挑戦するものである。

　他方で地理性が一定の拘束力を持つにせよ、それが不変的なものであるという前提も否定する。隣国の存在は所与の前提であり、「引っ越しはできない」としても、国家の領域そのものが伸縮したり、崩壊したりする物理的変化のみならず、グローバル化や科学技術の進展による地理の相対化、さらには国境紛争の解決や安定化に伴う近接性がもつ安全保障状況の改善などが、地理を相対化するからだ。

2．ボーダースタディーズから観る冷戦とポスト冷戦

　このような問題意識のもとで、具体的な分析手法を提示しているのが、ボーダースタディーズである。筆者はかつて三角形モデルを提唱することで、パワーゲーム的な見方のみでユーラシアを分析することの一面性を指摘し、国境を共有するという事実がパワーバランスに左右されない国と国の関係性を作り出すことを実証した。他方で、国境の共有という地理性が必ずしも絶対的ではなく、社会技術の発展、地域協力の深化、さらには人々の認識の変化などにより、変数化しうることも例証した。具体的には、中露関係の強化が、単に米国への対抗といったパワーバランス的な面のみでは説明できず、むしろ両国の国境地域の存在とその安定化により進展し、同時に国境という地理的な拘束から両国が相対的に自由になり、より柔軟な外交を展開できるようになったことを明らかにした[6]。

　筆者が提唱するボーダースタディーズの主なアプローチは3つである。第1に境界変化のタイムライン、第2に境界の透過性（permeability）とその変化、第3が境界に関わる認識とその変化である。どのアプローチも、実は時間の要素を軸としており、境界やこれに関わる地域が絶えず変化している（いく）ことをアプローチの前提とする[7]。

　第1のそれとしては、境界をこれにかかわる地域の観点から「要塞」「共存」「相互依存」「統合」の4段階で整理するマルチネス・モデルがよく知られているが[8]、いわば境界を「砦」と「ゲートウエイ」の2つの機能において整理し

ようとする。この「砦」と「ゲートウエイ」の機能を、人やモノの流れの度合いから図ろうとするのが透過性という考え方である。いわば透過性ゼロは、国境が壁になり往来がなくなった状況であり、透過性100％とは、国境に何もなく自由に往来できる状態である（ただし、これは非合法的な密輸や密入国を意味することもある）。第3の点は、社会構築を意味し、国境地域やその透過性の変化に応じた人々の認識の変化である。これには境界地域の人々の認識とそこから離れた（都市の）住民たちのそれなど多様なものが包摂され、しばしばこの両者は剥離し、対立することも少なくない。

　本章では、これらの技法をベースに、ヨーロッパを念頭に旧来のステレオタイプとは異なる冷戦及び冷戦後の秩序形成についての一つの見方を提示したい。第1のそれはハンガリーとそれをとりまく7つ（冷戦期は5つ）の国境とその推移、第2のそれは冷戦後のNATOあるいはEU拡大にかかわる経緯である。そしておわりにでは、古い地政学を超え、いかに地理性をスケールにおいて国際関係の分析に結び付けていくかという見通しを述べる。本章は実証的な政治史研究ではなく、あくまで観察の枠組についての問題提起であり、読者が本章を参考に、旧来とは異なるものの見方を考える一助となれば喜びである。

（1）「砦」の構築：冷戦勃発とハンガリー[9]

　本章ではこれらの技法をベースに、これまで大上段に描かれることの多かった、冷戦の実相をまずハンガリーの事例で考える。冷戦のステレオタイプは、いわゆる「鉄のカーテン」によりヨーロッパが分断され、その境界は「ベルリンの壁」の崩壊とともに消えたという見方だが、実際には「一枚岩」とみなされた東欧諸国間の国境においても「砦」と「ゲートウエイ」の変化が冷戦期のタイムラインにおいても生じていた。

　第2次世界大戦後のハンガリーの国境は5つの地域にわけられる。ショプロンを中心とする対オーストリアの東部国境地域（約350km）、チェコスロバキアと向き合う北西国境地域（約680km）、ソ連に接した北東国境地域（約150km）、ルーマニアに面した南東国境地域（約430km）、そしてユーゴスラビアに面した南部国境地域である（約620km）。

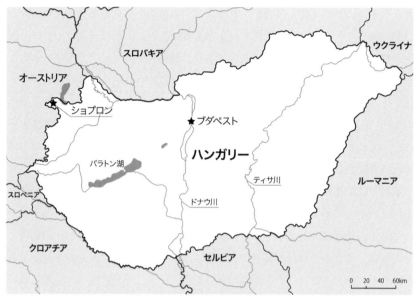

図2-1　冷戦終結後の7つの国境（冷戦期は南西部3つの国境が1つ）
（出典：ささやめぐみ作成）

　大戦直後に、もっとも緊張したハンガリー国境は対「西側」ではなかった。1946年から49年にかけてのヨーロッパは冷戦の形成過程であり、トルコの危機やギリシャ内戦を受け「共産主義の拡大を阻止しようとする」トルーマン・ドクトリンの発動がなされたばかりであった。他方でベルリンを含むドイツとオーストリアは米ソ英仏による分割占領が続いており、分断線がどこになるのかは明確でなかった。そして何よりも、ハンガリーとの国境地域にあたるブルゲンランドを占領していたのはソ連軍であった。

　周知のごとく1940年代後半は、ポーランド、チェコスロバキアとともにハンガリーもマーシャルプランに加盟しようとする意志を示しており、ヨーロッパの境界付けは流動的であった。

　1940年代後半にハンガリーにとって、「砦」と化した国境は実は対ユーゴスラビア国境であった。1948年に顕在化した「スターリン主義の輸出」に対するチトーの抵抗は東欧諸国に激震をもたらした。スターリンによる、いわゆる「チトーの破門」がソ連に隷属化されていく諸国とユーゴスラビアの間に分断

線を作り出し、ハンガリー南部地域はその前線となった。ソ連は対ユーゴスラビア国境を封鎖し、ハンガリーも含む国境地域では7,800件もの衝突や小競り合いが生じたとされる[10]。だが結果として、ソ連とユーゴスラビアの対峙は直接的な軍事衝突に至ることはなく、ヨシフ・スターリンの死を経て、フルシチョフの主導の下、1950年代半ばにかけ、ユーゴスラビアとの「和解」がなされ、関係の正常化がなされる。

　対照的に緊張が高まっていったのが、対オーストリア国境である。フルシチョフの平和共存外交は、西側諸国との関係改善をもたらしたが、他方で地域の境界付けを物理的により可視化していった。1955年のニコライ・ブルガーニン首相、ニキータ・フルシチョフらとドワイト・アイゼンハワー、アンソニー・イーデン（英）、エドガール・フォール（仏）が一堂に会したジュネーブ会談は、ドイツ統一問題で難航した。ドイツを西側に引き入れようとする米英仏と中立にこだわるソ連の間で交渉は決裂する。これは東西ドイツの分裂を固定化するが、4か国はオーストリアに関しては永世中立を条件にその独立を承認する[11]。その結果、オーストリアからのソ連軍の撤退は、ハンガリーの国境地域にソ連陣営の防衛上の意味を与えることとなった。

　チャレンジはハンガリーの国内から生まれてくる。フルシチョフの「スターリン批判」で世界を驚愕させたソ連共産党第20回党大会を経た、1956年6月最初の危機がポーランドのポズナンで労働者の騒擾事件として勃発し、ソ連とポーランド間の緊張を高めた。同様の動きがハンガリーでも勃発した。駐留するソ連軍は消極的な介入を当初行ったが、労働者党はハンガリーのソ連支配からの離脱、中立化へと舵をきる。この動きに危機感を抱いたフルシチョフは本格的な軍事介入を行い、一時、ユーゴスラビア大使館に身を隠していたナジ首相を逮捕し、処刑した。隣国オーストリアが中立となったインパクトがハンガリーの動向に大きな影響を与えた。ハンガリーの人々は「あなたの国と同じもののために」闘っていると明言したという。後述する、国境を面した隣国の変化が社会に影響をもたらした好例がここにある。だが運動はソ連軍により鎮圧され、ショプロンを含む対オーストリア国境は一挙に緊迫した状況と化した[12]。

（2）「共存」下の変貌：「多極化」に向き合うハンガリー

あとを継いだカダール政権による「グヤーシュ共産主義」の提唱（経済改革による国民の生活水準向上を主目的とするもの）と、これによる経済の発展に伴い、ハンガリーの政治環境は次第に和らいでいく。ヨーロッパの冷戦も構造化し、1949年のNATOの設立に対して、1955年にワルシャワ条約機構軍が設立され、1961年の「ベルリンの壁」の建設に象徴されるよう固定化されていく。この東西陣営の固定化はそれを前提とした「共存」の道を切り開くことになる。1964年にフルシチョフを解任して成立したブレジネフ政権はヨーロッパの安定を重視し、やがて「緊張緩和（デタント）」を西側諸国と模索する。ハンガリーの安定とともに、中立国オーストリアはNATOの域外であるがゆえに、ソ連に向き合いやすい場所へとなっていく。

対オーストリアとの「緊張緩和」を後景に、陣営に亀裂をもたらしたのが、チェコスロバキア共産党が掲げた「民主化」であった。1968年の「プラハの春」のスローガン「人間の顔をした社会主義」は、反ソというよりは、共産党体制のあり方を問うものであり、（ハンガリーの先例もあり）ソ連を刺激しすぎないよう慎重に進められていた。

だが運動の高まりを「挑発」と捉えたブレジネフたちは再三の警告も無視されたと考え、ワルシャワ条約機構軍を動かし、これを鎮圧する。機構の一員として、ポーランド、ブルガリアと並びハンガリー軍も参加し、ハンガリーの対チェコスロバキア国境は一挙に緊張を迎えた[13]。チェコスロバキアの「民主化」への力による鎮圧は、東欧社会全体に暗い雰囲気をもたらしたが、チェコスロバキアの「正常化」は、逆説的だが、ハンガリーとの国境地域を再び「平穏」にした。

ハンガリーの国境地域の次のチャレンジは、対ルーマニア国境で生じる。トランシルバニアのセーケイ地方に住むハンガリー系住民は、ルーマニアの少数民族として知られるが、同国のハンガリー系140万人のうち、ほぼ半数を占める。この問題を顕在化させたのは、ルーマニアのチャウシェスクによる独裁体制の強化とその農村改革であった。特にトランシルバニアの伝統的な生活を近代化しようとしたその試みは、現地のハンガリー系住民の反発を受け、1985

年から1987年にかけて数千人規模の難民がハンガリーへと脱出した。ペレス
トロイカの進捗のもと、「多様性」を取り戻しつつあった東欧諸国のなかでも、
「自由化」の旗手ハンガリーと「ネオスターリン主義」とも称されるルーマニ
アの対比は際立っていく。両国の調整は失敗し、1988年には双方の総領事館
の閉鎖と外交官の追放へと事態は悪化した[14]。1989年にチャウシェスク体制
が崩壊するまで、ハンガリーの対ルーマニア国境は厳しい状況に置かれるに
至った。

　1989年は東欧変動の年としてよく知られている。そして、東西対立の「鉄
のカーテン」を壊すきっかけとなったのが、ハンガリーの対オーストリア国境
開放、いわゆる、「汎ヨーロッパ・ピクニック計画」であった[15]。1991年8月、
シャプロンで組織された集会は、ハンガリーとの国境を越えて参加した東ドイ
ツ市民をオーストリア経由で西ドイツへと脱出させる機会となり、まさにこの
国境の透過性の劇的な変化が、「ベルリンの壁」の「砦」としての存在を無化
し、その崩壊をもたらす[16]。そして冷戦の終結に伴い、ここは自由と民主を回
復した基点として、いまや観光地となっている[17]（図2-2）。

図2-2　冷戦終結のきっかけとなった汎ヨーロッパ・ピクニック跡地（シャプロン）
（筆者撮影）

（3）冷戦終結と境界の変容

　ここまでが冷戦期の国境地域の様相の変化だが、冷戦の終結とともに構図は大きく変わる。何よりも相対する国が増えたことが根本にある。ユーゴスラビアとソ連の解体により、国境地域が7つになり、国の名前やその体制が変わった。対ユーゴスラビアは、これを承継したスロベニア、クロアチア（ともに1991年独立）、セルビア（2006年から。それまではユーゴスラビア連邦共和国及びセルビア・モンテネグロ）の3つの国境となり、対ソ連はウクライナ国境（1992年独立）となった。さらに1993年のチェコスロバキアの解体に伴い、ここは対スロバキア国境となった。

　ポスト冷戦初期の様相は、ユーゴスラビアが内戦になり、混迷を深めるが、それでもスロベニアとクロアチアのいち早い独立と民主化により、ハンガリー国境地域は安定していく。また当時は、度合いは違うとはいえ、旧ソ連のウクライナも含めて、ほぼすべての国が「民主化」を指向しており、流動的とはいえ、楽観的な状況が展望されていた。少なくとも国境地域が「要塞」となる状況は避けられ、「共存」から「相互依存」に向けたステージが維持できるのではないかと。

　軍事衝突に備えた「要塞」にはならないにせよ、「共存」以上のステージにおいては、むしろ、国境が誰を通して誰を通さないのかという透過性の程度が鍵となっていく。国境による人の移動の制約と選別が、国家と国家の新たな分断と緊張が生み出すことになった。

　冷戦の終結が、「西ヨーロッパの拡大」を意味することが明らかになるにつれ、EUとシェンゲン協定への加盟が鍵となっていく。シェンゲンに入れば、人の流れが自由になり、協定国間の国境の透過性が著しく向上する反面、シェンゲン外の国境を有する国はその国境で厳しい管理が求められる。EUに入れば、経済政策などを共有する空間が多くなるため、非EU諸国との障壁は当然ながら、高まる。

　EUやシェンゲンの加盟時期は、新たな関係性と軋轢をハンガリー国境地域にもたらした[18]。ハンガリーは2004年にスロバキア、スロベニアと同時にEUにもシェンゲン協定に加盟するが、（1995年に加盟している）オーストリアも

併せて、これら国境は透過性を増し、空間が一体化することになった。ルーマニアも非シェンゲンのままではあったが、2007年にEU加盟を果たしたことで、ハンガリーとの人権や政治問題を回避する担保を得た[19]。

　本稿ではあまり触れなかったが、旧ソ連、いまの対ウクライナ国境もトランスカルパチア（現在のウクライナのザカルパッチャ州）にあたり、歴史的には13世紀から第一次世界大戦終了まではハンガリー王国領であった。なお、1526年以降、ハンガリー王国はハプスブルク君主国（帝国）の一部でもあった。両大戦間期にはチェコスロバキア領となったが、第二次世界大戦期にハンガリーが再度、それを領有し、戦後はソ連領となり、ソ連解体後はウクライナ領となった。ウクライナは非EU諸国であるため、ハンガリーにとってもEUと一体となった国境管理が必要となり、これに応じて地域を安定化させようとする試みが続いている[20]。

　現在、もっとも問題となるのは、対セルビア国境だ。周知のごとく、セルビアは最後まで西側諸国に「目の敵」にされ、コソボ独立問題なども含めて、ヨーロッパにおいて孤立を深めてきた。とはいえ、2008年に連立政権が誕生して以来、民主化が進んでおり、コソボとの関係が改善すれば、EUへの加盟も議題に上る状況にある。問題となったのは、2015年来、深刻化したシリア内戦により、中東から押し寄せる難民たちがギリシャ、マケドニア経由でセルビアへ殺到したことであった。セルビアがマケドニアからの移民に比較的寛容な態度をとったことが、ドイツへと向かう移民ルートとしてのハンガリーを注目させた。ハンガリーに入れば、あとはシェンゲン内になるので移動は容易になる。シェンゲン外国境を統制するため、ハンガリーが対セルビア国境にフェンスを張りめぐらしたことは記憶に新しい。今なお、ハンガリーの国境の「砦」化の顕著な例として、世界で注目を浴びている[21]。

　要するに、マクロには「鉄のカーテン」のシンボライズされるような、冷戦期の二極間の動かぬ境界にイメージされるものが、実態としては、東西にかかわらず、それぞれの事由で「砦」と「ゲートウエイ」の座標軸を動き、透過性を変えてきたということである。もちろん、それはハンガリーという国の主体的な動きもあるが、隣国とのそれぞれの関係性のなかで規定されてきた。その

インパクトはある意味で、ソ連や米国といった超大国に比肩すべきものであり、国際関係をチェスゲームのように描く見方と相対するものである。

そして何よりもポスト冷戦期では、よりその地域や当事国間の関係が国際関係を左右する動因として比重が高まっていく。

3. 冷戦後の境界変動——NATOとEUの拡大

国境を面した隣国との関係が地域の秩序にどのような影響を与えるか。前項までの記述的な分析を踏まえて、スケールを広げるとともに図式化して考えてみたい。前項ではどちらかといえば、冷戦期の問題に焦点を当てており、国境の「砦」化の変遷についてスポットを当てたが、冷戦の終結は「要塞」としての国境の機能がなくなり、「共存」以上のステージ、つまり「相互依存」から「統合」に向けた度合いをめぐっての、大小、様々なアクターたちによるゲームを引き起こした。そして、これは政治における地理がかなりの程度、その規程要因となっている一方で、必ずしも大国の思惑のみで動かされているものでもない。具体的な事例を挙げれば、ポスト冷戦の初期、いわゆるNATO拡大問題がそれである。

筆者は、米国とロシアの対立という二項軸からこの問題を解くべきではないと考える。振り返れば、そもそも冷戦終結にむけた米ソの合意によれば、NATO拡大はすぐに想定されておらず、拡大されたとしてこれは旧ソ連や東欧諸国との間に新たな分断をもたらさない、持ち込まない（たとえば、ロシアもNATOに加盟する）ことが想定されていた。だがポーランドを始めとするロシアの隣国は、この機会に米国の安全保障の担保を強く求め、NATO加盟を強く求める。これら諸国への対応に苦慮した米国は「平和のためのパートナーシップ」のかたちでNATOとこれら諸国の連携を目指す。当初、これはロシアに対する配慮であり、NATOに加盟させないというメッセージだったが、次第にNATOに加盟するためのステップアップと変貌していく[22]。

安全保障組織である同盟を担保するNATOとは異なるとはいえ、共通空間として諸国を囲い込むEUについても同様の現象が起こる。EU加盟には様々な

政策のすり合わせが必要となるが、新規加盟国にとってはEUの様々な補助金など経済的恩恵を受けるのみならず、共通外交を通じての自国の存在や安定を強化につながるからだ。加えてシェンゲンにも加盟できれば、ヨーロッパとして透過性が高く一体化した空間のなかで自国民の移動も保障される。旧東欧諸国にとっては、ロシアや、より東との「差別化」、翻れば西の一員としてアイデンティティを確認できるEU加盟は、冷戦後の世界の自国を象徴化する出来事でもあった。もとよりEU側もその拡大には慎重ではあったが、1981年のギリシャ、1986年のスペイン、ポルトガル加盟による南方拡大の経験は、東方拡大を否定できなくなる道筋となった。

　これらの動きは、かつて冷戦の極であったロシアの懸念を高めていく。NATOに関しては米国が約束を破ったとみなし、ロシアは反発を高め、ジョージアやウクライナなど旧ソ連共和国にも「ロシア離れ」の傾向が強まるにつけ、紛争が顕在化する。2008年のジョージア、2014年のウクライナとの戦争を経て、ロシアはついに「新冷戦」と称される状況を西側と作り出す。米露関係は冷戦当初の「蜜月」から真逆の「敵対的」関係へと転化した。

　このような経緯をどのように整理したらいいのだろうか。旧来のビリヤードあるいは地政学モデルによれば、パワーポリティクスもしくはヨーロッパにおける米露の陣取り合戦としてこれを描こうとするだろう。だが実態は必ずしもそうではないのではないか。「小国」及び地域の境界付けを注視する立場から、問題を考えてみよう。

（1）市場経済、民主制、独裁

　筆者が考えたモデルを紹介する。政治は一般に限られた資源の配分、実態は奪い合いとして説明されるが、これら資源の違いをここではビール（市場経済）、ワイン（民主制）、ウオッカ（独裁制）とシンボル化しておこう。ワインは貴重であり普遍性がある、またこれはボトルごとで消費が管理される。対して、ビールは安価で樽で提供され、飲み放題（無尽蔵）だとする。ウオッカは貴重ではあるが、個性的で好みがわかれる嗜好品である。

　図2−3を見てほしい、ここではAが米国、Bがロシアを指している。市場経

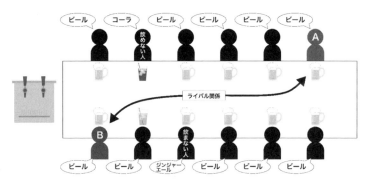

図2-3 ビールで乾杯! ビールはサーバーから飲み放題
(出典:筆者(原図)、作成:ささやめぐみ)

済の導入という新しい基礎のもとで、冷戦から解き放された諸国が同じテーブルを囲んでいる。AもBもこの場を仕切りたいわけだが、当初はみなビールで乾杯だ。もちろん、一口に市場経済と言っても国によってはバリエーションも異なり、そういう立場の人(国)をここでは「飲めない人」「飲まない人」としておきたい。彼らも宴席をともにするのに問題はない。当初、場は和やかであり、なんでも話し合いでうまくいく雰囲気であった。当然、境界などなかった。

ところがAもしくはAと親しいグループがワインを飲もうと言いだすと雲行きが怪しくなる。お金持ちのAがボトルをふるまうのだから、近くにいる人たち

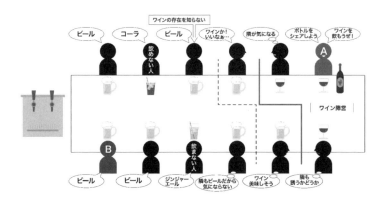

図2-4 2杯目! ワインが作るボーダー
(出典:筆者(原図)、作成:ささやめぐみ)

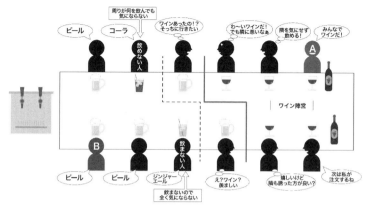

図2-5　3杯目！ ワイン陣営の拡大
（出典：筆者（原図）、作成：ささやめぐみ）

は関心を持つ。他方で、離れた席の人たちはそこで起こっていることにあまり関心を持たない。こうしてワイン（民主制）をたしなむグループが形成される。

（2）「隣り」が生み出す陣営拡大

　「ワイン陣営」の存在に気づいた隣人は自分の前に、境界線ができつつあることに気が付く。ワインを飲んでいる人も、隣がビールなのに自分だけワインを飲むのも居心地が悪い。一杯進めてみたりもする。こうして隣人同士のつきあいがワインの輪を広げていく。Aもワイン愛好組が増えるのは嫌ではない。こうして境界線がBの方へと近づいていく。

　ところで「飲めない人」が横にいると、境界線はそこで止まるかもしれない。なぜなら、ワインも飲まないのだから、積極的にグループに加わることはないからだ。飲んでいる方も隣が飲まない人だと安心だ。すすめる必要もないから。他方で、飲みたい人が隣だとこれが次々と隣をどんどん巻き込んでいく。ここでBは、はたと問題の深刻さを認識する。「ワイン陣営」の拡大はあたかもAが仕掛けているかのように見えからだ。Bは何よりも自分の仲間がAになびき、自分が孤立していくようで許せない。

　ここに至って、Bも自分たちもグループを作ろうとする。ワインが苦手なBはウォッカを提供する。隣人はBとのつきあいから嫌々これを飲む場合もある

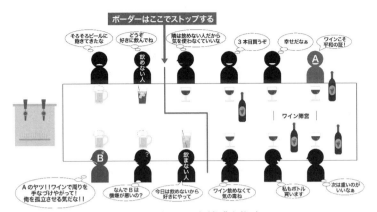

図2-6 4杯目！ 危機感を抱くB
（出典：筆者（原図）、作成：ささやめぐみ）

　だろう。もちろん、それ（独裁）が好みで積極的に飲むこともある。それまで
バッファーになっていた「飲めない人」に無理強いする。「飲めない人」は反
発し、どうせ飲まされるならばワインの方がいいということもあろう。こうし
て楽しい宴席は緊迫した場と変わっていく。

　かくて「ワイン陣営」と「ウォッカ陣営」の競合はAとBの「冷たい」対立
と化す。ただ遠くからみている観察者は、宴席の一人ひとりの都合や気持ちに
思いは至らない。境界線をめぐる攻防は、外部の観察者にとって、AとBのビ
リヤードやチェスのゲームの再現として手軽に言説化される。宴席に近づいて

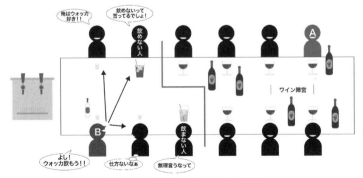

図2-7 5杯目！ ウォッカの逆襲
（出典：筆者（原図）、作成：ささやめぐみ）

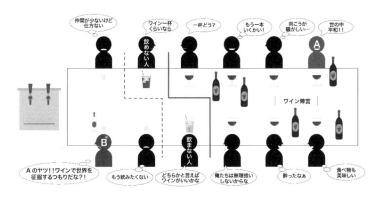

図2-8　6杯目！ 新しい冷戦？
(出典：筆者（原図）、作成：ささやめぐみ)

一人ひとりに聞き取りをして現場を再現するような手間はいらない。本章の冒頭で述べた国際関係の見方がこうしてまた再生される。

　2022年、隣国へのNATO拡大を危機と捉えるロシアの「ウクライナ侵攻」が世界を震撼させた。個々での分析を使えば「ワイン陣営」に隣人が入る懸念を深めるロシアと「陣営」への参加は当事者の判断とする米国の立場の溝は容易にうまらない。そして、両国とも緊張の原因をともにボスの影響力のなかに探ろうとしている。

4．おわりに——地政治という考え方

　本章では、ボーダースタディーズの技法を軸に、地域や当事者の観点から国際関係の実相を描くアプローチを紹介してみた。ハンガリーの事例は、一見、固定化されたようにみえても、境界が実際には様々に変貌し、それが国のあり方や行動を規定してきたこと、そして超大国よりもむしろ近隣諸国との関係性がこれに影響を与えてきたことを例示した。

　後半は、ハンガリーの事例から引き出された教訓をもとに、政治資源の配分を主体の近接性を手掛かりに考えようとするモデルを使って、一見、大国間のゲームに見える事象が必ずしもそうではない可能性を示唆した。すなわち、

NATO（EU）などポスト冷戦期の陣営拡大と緊張は、場を左右しうる大国の影響を踏まえながらも、資源にかかわる当事者及び近隣との関係がその生成と展開により規定されているのではないか、というのがそれだ。もとより、このモデルによって、具体的な政治過程がどこまで説明しうるかは、政治史研究者たちの実証に委ねたい。

　本章の目的を再確認すれば、国際関係を単純なパワーゲームや地政で捉えることへの反省である。「より強大なCを牽制するためにAとBが連携する」「YとZは国境を有しているから、Xはその関係を分断しうる」といった20世紀的なステレオタイプのなかに「事実」を流し込み、似たような言説がいまだ再生産され続けるのを目の当たりにするとき、ステレオタイプを打破した枠組みを提起し、同じ「事実」が異なるストーリーで描けることを示すのは、研究に携わるもののひとつの使命だと筆者は考える。

　筆者の依拠するボーダースタディーズの枠組にたてば、「AとBは必ずしもCへの牽制のために連携するのではなく、AとBが抱える地域の関係性によってそうする」のであり、「YとZは国境を有しているにもかかわらず、いや有しているがゆえに、Xはその関係を分断しえない」のである。隣人（国）という境界を接した別の空間が織りなすダイナミズムがより大きなスケールでの国と国の関係を規律しているのではないか、筆者が本章で伝えたいテーゼがこれだが、その鍵となるのが、国家のもつ地理性とそのスケールである。ある場で起こるスモールスケールの事態が、大きなスケールでの力学に影響を及ぼし得ること、そして（ビリヤードモデルのように）地理を捨象することもなく、また（チェスゲームのように）地理を絶対視することもなく、その可変性とスケールジャンプを組み合わせることで分析の土台を考える。言いかえれば、地政治の手法を確立する緊要性が、グローバル化の下、これまでの主体としての国家の枠組が揺らいでいるからこそ求められる。もとより、グローバルスタディーズは国家を軽視する傾向が強いが、国際関係がいまだ国家を中心に規定されていることを踏まえたことを含意として本章は構成されている。

　本章の問題提起が、国際関係のクリティカルな見方へ、なんらかの刺激を与えることになれば幸いである。

【注】

1）吉川直人／野口和彦編『国際関係理論』勁草書房、2015年などを参照。

2）これは2007～2008年にワシントンDCで、シンクタンクの対外政策研究サークルに属し、実務者もしくはその立案に携わる研究者たちの議論を聞いてきた筆者の個人的な経験に基づくものが少なくない。そこでは学界で議論されるようなコンストラクティビズム的な主張はもとより、リベラリズムに依拠した政策立案でさえ稀である。これらを表面的に掲げている場合でも、あくまで国家中心であり、その枠組みで利益を追求しようとするケースがほとんどであった。

3）『現代地政学事典』（丸善出版、2020年）の「古典的地政学」の項目などを参照。

4）その代表例が、ブルース・カミングスの一連の仕事である。例えば、ブルース・カミングス（渡辺将人訳）『アメリカ西漸史：「明白なる運命」』とその未来』（東洋書林、2013年）。特に第17章の結論を参照。

5）屋良朝博ほか著『沖縄と海兵隊』（旬報社、2016年）。

6）岩下明裕『入門 国境学：領土、主権、イデオロギー』（中公新書、2016年）、160-180頁。

7）同上、69-71頁。

8）Oscar Martínez, *Border People: Life and Society in the U.S.-Mexico Borderlands* (University of Arizona Press, 1994).

9）本項目は、筆者独自の見解と言うよりは、現地の研究者のレクチャーの聞き書きである。Association Borderlands Studiesの第2回世界大会（ウィーン・ブタペスト：2018年6月10～14日）の巡検として立ち寄ったハンガリーの北西端、オーストリアとの国境に面するショプロンで受けたそのレクチャーは、筆者のこれまでの冷戦の見方を強く揺さぶった。また本項目を書くにあたり、下記の文献を参照した。Kukorelli, I Szörényiné, L. Dancs, Z. Hajdú, J. Kugler, I. Nagy, "Hungary's Seven Border Regions," *Journal of Borderlands Studies*, vol.15 no.1, 2000; Norbert Pap, Péter Remény, "Re-bordering of the Hungarian South: Geopolitics of the Hungarian border fence," *Hungarian Geographical Bulletin Hungarian Geographical Bulletin*, vol.66, no.3, 2017; James W. Scott, "Border politics in Central Europe: Hungary and the role of national scale and nation-building," *Geographia Polonica* vol.91, no.1, 2018; Jurij Fikfak, Csaba Mészáros, "Protected areas on the Slovenian-Hungarian border: a place and space of nature and culture," *Traditiones* vol.48, no.1, 2019.

10）Ivo Banac, *With Stalin against Tito: Cominformist splits in Yugoslav communism* (Ithaca: Cornell University Press, 1988).

11）Andrew E. Harrod, "Austrian Neutrality: The Early Years, 1955-1958," *Austrian History Yearbook* vol.41 (2010).

12）Ibid., 225-227.

13）Günter Bischof, Stefan Karner, Peter Ruggenthaler eds., *The Prague Spring and the*

Warsaw Pact invasion of Czechoslovakia in 1968 (Lanham, Md.: Lexington Books, 2011).

14) 荻野晃「ハンガリー・ルーマニア関係（1988）：社会主義国家間の難民問題」『法と政治』（関西学院大学）第67巻、第2号、2016年。

15) Christian Cummins, "A World-Changing European Picnic," *Vienna Review,* September 2009: https://web.archive.org/web/20180705004851/https://www.viennareview.net/news/front-page/a-world-changing-european-picnic（2021年10月30日アクセス）; "The picnic that changed European history," *DW Akademie,* August19, 2014: https://www.dw.com/en/the-picnic-that-changed-european-history/a-4580616（2021年10月30日アクセス）

16) 青木國彦『壁を開いたのは誰か』（化学工業日報社、1991年）;『体制転換:ドイツ統一とマルクス社会主義の破綻』（有斐閣、1992年）。

17) 現在の状況については、次のレポートなどを参照。https://www.asahi.com/and/article/20191209/300182783/（2021年10月30日アクセス）

18) なお、国境の機能に着目する本稿の直接的テーマではないが、ハンガリーには国境を跨いでその外に多くのハンガリー系マイノリティがいることも看過できない。本章では、国境の「砦」化の観点から、ルーマニアのトランシルバニアに触れたが、旧ユーゴ地域やスロバキアにもマイノリティがおり、その人びととハンガリー国家との関係は、とくにフィデスのオルバーン政権がつくった地位法をめぐり、2000年代初頭に議論がなされたことを付言しておく（家田修「ハンガリーにおける新国民形成と地位法の制定」『スラブ研究』第51号、2004年）。なお、本章を書くにあたり、この問題も含めて、本章全体に対して、林忠行・京都女子大学教授から貴重なコメントを頂いたことを記しておきたい。

19) 例えば、EUのInterregプロジェクトが2か国間の国境地域の連携の担保となる。See, *Interreg: Rumania - Hungary:* https://interreg.eu/programme/interreg-romania-hungary/（2021年10月30日アクセス）　なお最近の対ルーマニア国境の現状については、以下を参照。Orlando Crowcroft, "A decade after talks began, is Romania any closer to joining Schengen?" *Euronews,* March 21, 2021: https://www.euronews.com/2021/03/26/a-decade-after-talks-began-is-romania-any-closer-to-joining-schengen（2021年10月30日アクセス）

20) "Ukraine and Hungary pledge to ease tensions over border region of Transcarpathia," *Euronews,* January 21, 2021.

21) この問題については以下のサイトなどを参照。"Migrant crisis: Clashes at Hungary-Serbia border," *BBC News,* September 16, 2015: https://www.bbc.com/news/world-europe-34272765（2021年10月30日アクセス）; "How Hungary is violating EU law on refugees," *Deutsche Welle,* February 9, 2021: https://www.infomigrants.net/en/post/30148/how-hungary-is-violating-eu-law-on-refugees（2021年10月30日アクセス）;

"Hungary Has Stopped Over 54,000 People Crossing Border Illegally So Far This Year," *Schengenvisainfo news*, August 9, 2021: https://www.schengenvisainfo.com/news/hungary-has-stopped-over-54,000-people-crossing-border-illegally-so-far-this-year/（2021年10月30日アクセス）

22）例えば、金子譲「NATOの東方拡大：第一次拡大から第二次拡大へ」『防衛研究所紀要』第6巻、第1号、2003年：http://www.nids.mod.go.jp/publication/kiyo/pdf/bulletin_j6-1_4.pdf（2021年10月30日アクセス）

【参考文献】

青木國彦『壁を開いたのは誰か』（化学工業日報社、1991年）。

―――――『体制転換:ドイツ統一とマルクス社会主義の破綻』（有斐閣、1992年）。

岩下明裕『入門 国境学：領土、主権、イデオロギー』（中公新書、2016年）。

カミングス, ブルース（渡辺将人訳）『アメリカ西漸史：「明白なる運命」》とその未来』（東洋書林、2013年）。

現代地政学事典編集委員会『現代地政学事典』（丸善出版、2020年）。

ディーナー, アレクサンダー・C、ヘーガン, ジョシュア（川久保文紀訳）『境界から世界を見る：ボーダースタディーズ入門』（岩波書店、2015年）。

山﨑孝史『政治・空間・場所：「政治の地理学」にむけて』（ナカニシヤ出版、2011年）。

屋良朝博ほか著『沖縄と海兵隊』（旬報社、2016年）。

吉川直人・野口和彦編『国際関係理論』（勁草書房、2015年）。

Banac,Ivo, *With Stalin against Tito: Cominformist splits in Yugoslav communism* (Ithaca: Cornell University Press, 1988).

Bischof, Günter, Karner, Stefan and Ruggenthaler, Peter (eds.), *The Prague Spring and the Warsaw Pact invasion of Czechoslovakia in 1968*, (Lanham, Md.: Lexington Books, 2011).

Martínez, Oscar, Border People: *Life and Society in the U.S.-Mexico Borderlands* (University of Arizona Press, 1994).

Journal of Borderlands Studies

第3章

国境紛争と国際法

1. はじめに——国境とは何か

（1）定義

　国境とは「狭義には国の領土の限界を画する線、広義には領海及び領空を含む領域、さらに大陸棚等の領域的権利の及ぶ範囲の限界を示す面」である[1]。近代国際法においては「領域主権」という言葉に表れているとおり、領土を基礎として統治権力の分配が行われた[2]ため、物理的・空間的な領土の限界線が国家の権力行使のための地理的限界（国境）であった[3]。

　現代においてはこれに加え、海および空においても、条約に基づき、領土を基礎とした国際的境界が定められる[4]。1982年の国連海洋法条約（UNCLOS）に基づけば、領海および領海の上空には沿岸国の「主権」が及ぶ[5]。領海の外側では、沿岸国は主権そのものではなく「主権的権利」を及ぼすための海域を決定する[6]。基線から200海里を限度とする排他的経済水域の内部において、沿岸国は資源開発や環境保護、経済活動といった限定的事項について「主権的権利」を有する[7]。他方で、船舶航行などこれ以外の事項については、沿岸国の主権的権利は及ばず同海域は公海と見なされる。このとき、排他的経済水域の限界となる線は、特定の事項においてのみ境界として機能する機能的境界ということになる。

　このような海・空の条約制度に基づくならば、（陸域における国境とは異なり）沿岸国は特定の相手国を想定せずに自国の領海や排他的経済水域と公海とを区別する境界線を設定することができる。

　本章では、特に上記のような相手国を想定しない境界線も含めて「国境」と呼び（すなわち栗林の定義のうち、広義の解釈）、陸域の国境とは区別してとりわけ海の境界線のみを指す場合にのみ「機能的境界線」という用語を使用することとしたい。

（2）陸域と海域の違い

　（1）で示したような点に加え、陸域と海域の国境にはどのような違いがあるだろうか。陸域の国境において国際法が想定してきたものは、国境の内部領域（すなわち自国の領域）における国家管轄権の排他的行使、その境界における人および荷物等の往来やそれに伴う諸活動（入管管理、検疫、課税、犯罪の取り締まり）の管理である。ただし領域主権に基づく国家管轄権も無制限に行使できるわけではなく、国際法の規則によって制限を受ける[8]。

　たとえば自由権規約の規定に従うならば、諸国は各人の出国の自由を妨げてはならない（自由権規約第12条(2)）。1994年の世界貿易機関（WTO）協定の附属書IBサービスの貿易に関する一般協定に従うならば、国境を挟んで隣接する地域同士の有利な待遇を、最恵国待遇の例外として認めなければならない[9]（WTO協定附属書IB第2条(3)）。はたまた検疫については、世界保健機関（WHO）の国際保健規則（IHR）の基準に従い、事前の同意をとり、手荷物の保全をしつつ行わねばならない[10]（WHO-IHR第23(3)条、第32条）……等、各国が拘束される国際法規則は膨大である。

　海洋においては、UNCLOSの規定に従って機能的境界線が引かれる。この線は、沿岸国が公認する大縮尺海図[11]の低潮線（干潮時の最低水面の位置）を元に定められる基線を基準として測定される（UNCLOS第5条）（図3-1[12]）。この意味で、所与の国土を元に決定される陸域の領域的境界と、海洋の機能的境界線は成り立ちが異なる。

　境界画定に関する規則も、陸域と海域においては性質が異なる。海洋については、海域に対する権原が沿岸国陸域からの距離に基礎づけられていることもあり、「境界画定に関する一般的な規則が存在している[13]」とされる。逆に言えば、陸域の境界画定は、領域権原を含む様々な紛争の態様によって検討事項

が変化する。このため、以下に示すもののほかには、一般的な国境画定法則といったものの提示は困難である。

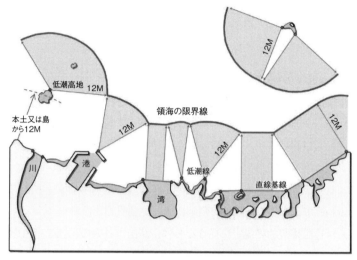

図3-1　領海の基線と限界線の関係
（出典：海上保安庁ホームページ[注12参照]）

2．国境は何によって定められるか

　沿岸国が特定の相手国を想定せずに海域における機能的境界線を設定する場合を除けば、国境とは、「他の国家と」相互に空間を配分する線である。そして国際法において他国との境界画定の根拠となるものは、両国の「合意」およびその表示としての国際条約である[14]。

（1）合意およびその表示としての国際条約

　国際司法裁判所（ICJ）は、1994年のリビア・チャド国境紛争事件判決において「フロンティアの画定は、直接に関係のある主権国家の意思によって行われる」ものである[15]と判示している。そして、「その線の地位が以前にどうであろうと、当事国が条約によってその線を国境（frontier）と見なすよう定めることを妨げるものは存在しない[16]」として、国境画定における当事国の合意

（条約）が他の権原に優先することを認めた。国境画定条約は、既に領域的境界が存在した場合には「それを単純に確認したもの」、以前に領域的境界が存在しなかった場合には、条約当事国の合意によって「それまで存在しなかった領域的境界に対し法的な効力が付与されたことを"認識"するもの（強調原文ママ）」となる[17]。なお、国境を画定する合意には、永続的効力と第三国に対する対抗力が推定される[18]。

　しばしば条約そのものではなくあくまで両国間の「合意」が強調される理由は、国境画定条約が存在したとしてもなお、当事国間で争いが生じる場合があるためである。

　たとえばカンボジアとタイにおいて争われたプレア・ビヘア寺院事件では、両国の境界を分水嶺とするという内容の国境画定条約が存在していたにもかかわらず、国境画定委員会の作成した地図は分水嶺を反映していなかった[19]。当該紛争を付託されたICJは、当事国の条約締結後の態度を参照し、当事国の態度は分水嶺そのものよりもむしろ地図の線に一致するとして、地図における線こそが当時の両国における国境の認識を反映したものであると認定した[20]。

　この例のように、国境画定条約の内容に争いがある場合は、裁判所が条約文言以外の証拠を用いて条約に含意されていたはずの当事国の認識の内容あるいは有効性を検証していくことになる。

（2）国境を画定する合意（条約）以外に国境を画定する要素

1）ウティ・ポシデティス原則（ウティ・ポシデティス・ユリス）

　新国家の独立という文脈が関わる時、ウティ・ポシデティス原則（uti possidetis juris）が国境画定のために利用されることがある。ウティ・ポシデティス原則とは、19世紀のラテンアメリカ諸国の独立の過程で生成された、脱植民地諸国の領土確定・国境画定に関する原則であり[21]、植民地支配からの解放の時点で、宗主国の国内法上有効に存在していた植民地の行政区分の境界線をそのまま独立後の国境とする[22]というものである。現在では、ラテンアメリカ諸国だけではなく、アフリカやユーゴスラヴィアにおいても適用される一般原則である[23]。

　1986年のブルキナファソ・マリ国境事件判決において、ICJはウティ・ポシデティス原則を「独立を果たすという現象と論理的に結びついている［国際法の］一般原則[24]」であり、少なくともマリとブルキナファソが独立した1960年にも妥当する[25]と判示している。

　ウティ・ポシデティス原則が適用されたとしても、植民地の行政区分の境界線がそのまま最終的な国境線となるとは限らない。ICJは、当事国間の事後的な黙認や承認によってウティ・ポシデティス線を修正することを認めている[26]。他方で、衡平原則に依拠してウティ・ポシデティス線を修正することが、必要あるいは正当であるとはいえないとして、修正が否定された例もある[27]。

　事実、ウティ・ポシデティス線の扱いについては事例によって異なっており、ウティ・ポシデティス線を採用する合意があったものの、両国の領土に関する権利を交換・譲渡して最終的に国境を定めた例[28]も存在する。

２）タールベークの原則

　国境河川の場合、航行可能な河川を国境であると定める多くの条約が、タールベーク（Thalweg, 最も深く航行に適した水路）を国境線と定めて[29]おり、一方で、河川が航行可能でない場合は河川の中央線が国境とされる[30]。これをタールベークの原則あるいはタールベークの規則と呼ぶ[31]。

　ICJにおいてタールベークの性質が解釈された事件として、ボツワナとナミビアとの間で争われたカシキリ・セドゥドゥ島事件がある。同事件においては、1890年の国境画定条約の英語正文には河川の「本流の中央（centre of the main channel）」とあるのに対し、ドイツ語正文では「本流のタールベーク（Thalweg des Hauptlaufes）」とされており、これが島の北部を流れる支流なのか、南部を流れる支流を指すものであるのか（図3-2）が問題となった[32]。

　ICJは条約の起草過程や紛争当事国の意見を参照しつつ、当該国境は航行を想定されていたとして、チョーベ川北部分岐の最も水深が深い線を国境であると結論付けた[33]。

　対してベナンとニジェールにおいて争われた国境紛争事件では、メクロー川の航行可能性がないことを根拠の一つとして、河川の中間線が国境へ採用[34]

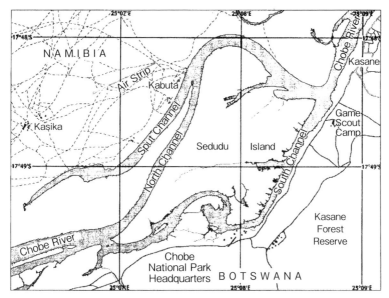

図3-2　カシキリ・セドゥドゥ島とチョーベ川（ボツワナ提示の地図）
（出典：Kasikili/Sedudu Island, (Botswana/Namibia), ICJ, 1999, p.1068.）

されている。

3）その他の事項（黙認、衡平原則）

その他、国境の画定に関する当事国の合意の内容を検証するにあたっては、合意とその表示である国境画定条約の不明瞭な点を補うため、様々な事情が証拠として用いられる。どのような要素が証拠として用いられるか（あるいは用いることができないか）は、裁判準則としてどのような規則があらかじめ当事国によって指定されているか、地図が明瞭であるかどうか、事実認定が容易か否か……等の要素によって変化する。

① 黙認

黙認（acquiescence）とは、一定の他国の行為あるいは事象に対して、抗議等の反応をすべきであったにもかかわらず、その抗議等の反応を行わないことであり、他国の行為あるいは事象に対する黙示的な同意と見なされる[35]。

当事国の"黙認"が合意の内容を確定するとされた例として、1で言及した

プレア・ビヘア寺院事件がある。ICJは境界画定条約が分水嶺を境界として示すその条約のみでは、確実性と確定性（certainty and finality）を得るには不十分である[36]）として、タイ（当時シャム）の条約締結後の態度を参照した。そして、当時のシャム政府が国境画定委員会の結果として提示された地図に対して合理的な期間内に何らの反応も示さなかったことをもって、これを"黙認"であると判断した[37]）。

　②　衡平原則

　衡平原則（the principle of equity）あるいは衡平及び善（ex-aequo et bono[38]）)は、国境画定のための仲裁条項に挿入されることも多く、ICJ規程第38条2項にも、当事国の合意がある場合に裁判準則となることが規定される[39]）。このほか衡平原則とされるものについては、UNCLOSにおいて大陸棚及び排他的経済水域の境界画定の基準とされる[40]）。

　理論的に、衡平は①実定法に内在する衡平（equity infra legem, 実定法の解釈の基準となる）、②実定法の外の衡平（equity praeter legem, 条約や慣習国際法の規則がない場合にそれを補充する）、③実定法に反する衡平（equity contra legem, 実定法の適用を排除して衡平な結果を確保する）の3つに分類され[41]）、ICJもブルキナファソ・マリ国境紛争事件においてこれらの分類を採用している[42]）。

　ICJが同事件において述べたように、②実定法の外の衡平及び③実定法に反する衡平に該当するものは、当事者がその適用に合意する場合に限って援用できる[43]）。これに加えて①実定法に内在する衡平においても、裁判所が適用可能な法を解釈するにあたって衡平を援用するかどうかは、裁判所の裁量に委ねられている[44]）。

　衡平原則は、様々な事項を考慮の対象として読み込むことを可能にする。このため、裁判所あるいは国境画定委員会を通じた境界画定では当事国が様々に衡平原則に基づく考慮要因を主張する。たとえば排他的経済水域及び大陸棚の境界画定において、衡平原則に基づき、係争海域における漁業資源が考慮された例があり[45]）、他方で、貧困や農業用資源などの経済的要因、現地住民の人権といった要因の考慮が当事国により主張されたが、裁判所でこれらの要因に基

づく国境の修正を認められなかった例[46]　が存在する。

　これらの事項が衡平原則の考慮要因として認められるか否かは、要素の内容よりもむしろ、裁判準則として衡平を考慮するという当事国間の合意があるか否か、あるいはその要因が国境画定条約の不明瞭さを補うにふさわしいか否かといった点が判断の基準となっている。

（3）海洋の境界画定

　1（2）で言及したように、UNCLOSに基づく海洋境界画定[47]　には、現在「境界画定に関する一般的な規則が存在している[48]」とされる。

　領海における境界画定は、原則的に等距離線によって定められるが、歴史的権原その他の事情による画定方式も認めている（UNCLOS第15条）。ICJでは、このような領海における境界画定の方式を「等距離・特別事情」規則であると呼び、慣習国際法として確立している[49]　と認定する。

　排他的経済水域及び大陸棚についても、フォーラムを通底する形でほぼ一貫した境界画定手法が採用されている[50]。UNCLOSには、排他的経済水域及び大陸棚の境界画定は「衡平な解決を達成するために、……国際法に基づいて合意により行う」と規定される（第74条（1）及び第83条（1））。これらを踏まえたうえでICJが具体的な境界画定の手法を3段階の手法（いわゆる3段階アプローチ）として提示したのが、ルーマニアとウクライナにおける2009年の黒海海洋境界画定事件である[51]。

　3段階アプローチとは、まず①暫定的な境界線（通常は等距離線）を引き、②次に衡平な結果を担保するために、その暫定境界線を修正すべき関連事情がないかを検証し、③最後に海岸線の長さと関連海域の割合との間に著しい不均衡（disproportionality）がないか、その結果不衡平が生じていないかを確認するというものである[52]。

　なお、②で考察される関連事情としては、主に地理的な要因（島の存在など）が考慮される傾向があり、非地理的要因はほとんど考慮されない[53]。ただし前述の通り、海域に存在する天然資源等が考慮された例は存在する。

3. 我々は国境をどのようにして確認できるか

(1) 条約の登録

　境界画定がなされる場合、1. はじめに：国境とは何か、において述べた通り、国境を画定するものは当事国の合意およびその表示としての国境画定条約である。この帰結として我々は、国境画定条約において定められた国境線を確認することができる。

　国際連合の加盟国は国連憲章第102条に従い、締結された条約を事務局へ登録せねばならない[54)]。これにより条約によって確認された国境、および関連の地図等の資料は、国連の出版する書籍「国際連合条約叢書（United Nations Treaty Series[55)]）」および国連のウェブサイト（図3−3 [56)]）を通じて確認することができる。なお、国際連盟においても、国際連盟規約第18条が同様の規定を有していたことから、同様の条約登録制度のもと条約の内容が公開されている[57)]。

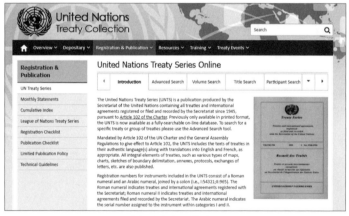

図3-3 国際連合条約叢書オンライン
(出典：United Nations Treaty Series Online ［注56参照］)

(2) 地図及び海図の寄託

　1（2）で述べたように、海洋の機能的境界線、すなわち境界の画定相手がいない領海や排他的経済水域の外縁は、UNCLOSに基づき、沿岸国が己の権限

において設定する[58]。UNCLOSは、沿岸国が設定したこれらの国際的境界は地図や海図に表示させねばならず、かつその地図や海図の写しを国連事務総長に寄託せねばならないと定めている[59]。設定された国際的境界は、国連事務総長を補佐する国連事務局法務部の部局である国連海事海洋法課（DOALOS）の速報誌およびウェブサイトを通じて公開される[60]。

　大陸棚の外縁についてのみ、200海里より外側へ大陸棚の外縁を設定する（延伸する）場合は、沿岸国はまず「大陸棚の限界に関する委員会（CLCS）」に情報を提出し、科学的な勧告を受ける仕組みになっている[61]。この勧告を受けた場合であっても、最終的には領海や排他的経済水域と同様に、"沿岸国の権限で"大陸棚の限界を設定し、それを国連事務総長へ寄託する。

　CLCSの手続きに関連して、他の国が申請した大陸棚の外縁に対して意見や異議がある場合、慣例としてCLCSへ意見書（Communication）が送付される。前述のDOALOSのウェブサイトではこれらの意見書も閲覧することが可能であり、どの国の機能的境界に対してどの国が意見書を提出しているのかを確認することができる[62]。たとえば、日本は2008年に延伸の申請を行い、2012年に勧告を受けたが、これに伴い、米国、中国、韓国、パラオが意見書を提出している[63]。

4．国境紛争とその紛争解決の手法

（1）領域帰属に関する紛争と国境画定紛争に違いはあるか

　「国境紛争は領土権原の紛争の一形態であり、したがって領土主権決定の諸原則の一部をもって処理されるべき問題である[64]」という東の表現の通り、国境を画定する紛争の場合、特定の領域がいずれの当事国に帰属するのかという紛争とほとんど見分けがつかないことがある。国際法の教科書においても、国境紛争をめぐる判断基準は、領域権原[65]に関連する要素の一部として描かれることが多い[66]。

　ただし「領土権原取得の原理と、正確な国境線はどこに位置するのかを決める問題とは常に同じではない[67]」ため、特定の形態の国境紛争の場合には、一

般的な領土取得の原則は妥当しないことがある。吉井のように「そもそも国家
領域の存在自体に明確な国境の存在を前提としていないことからすれば、領域
帰属に関する問題と領域の国境に関する問題とは区別することが可能であるこ
とを国際法自体は前提としている」という指摘もある[68]。

　国際裁判所においても、領域紛争と国境紛争の分類が争われたことがある。
ICJのリビア・チャド国境紛争事件では、リビアおよびチャドの両国が、同一
の協定を根拠として互いに相手国を一方的に提訴した。この時、リビアは領域
の帰属を判断する領域紛争であるとして関連する国際法原則を、チャドは既に
国境が関連条約により画定されているため1955年の国境画定条約を考慮する
よう裁判所に求めた[69]。

　このような区別に対するICJの態度は、「領域の帰属に関する紛争」あるい
は「国境線の位置を争う紛争」の区別自体は一応認めつつも、その区別が法的
判断に与える重要性については認めていない[70]。これらの紛争の性質を区別せ
ずに、具体的な事情に応じて境界画定を行う傾向がある。曰く、「国境線に
よって区分けされる紛争地域がいかに狭いものであっても、国境を画定すると
いうことはすべからくその国境線の両側にある地域を割り当てることであ
る[71]」「紛争の性格の違いというよりも、問題となっている作業の方式に関す
る程度の差にすぎない[72]」として、これらは紛争を付託する条約の規定や、当
事国によってどのように紛争が付託されるのかによるのであるとしている。

（2）国境紛争の平和的解決

　3（1）で示した通り、実際に国境紛争（あるいは領域紛争）が裁判所におい
てどのように解決されるのかは、紛争付託のための条約規定や、当事国の主張
によって左右される。ここでは、紛争を裁判所へ付託するための国際法上の制
度について概観したい。

1）仲裁裁判と司法裁判、紛争の付託

　前提として、現代国際法の下では、全ての国家が国際紛争を平和的に解決す
る義務を負う[73]。平和的な解決手段であれば国際裁判という手段をとる必要は

なく[74]、国際裁判による解決はあくまで一手段である。

　国際裁判による解決手段としては、仲裁裁判と司法裁判の二種類が存在する。仲裁裁判は紛争毎に当事国間にコンプロミー（付託合意）と呼ばれる特別な仲裁契約が結ばれ、裁判の構成や適用法規が設定される[75]。対して司法裁判はあらかじめ常設の裁判所・裁判手続きが設定されている。

　いずれも国際裁判は両当事国の合意がある場合にのみ成立するため、当事者のいずれかが裁判への紛争付託を拒否すれば、裁判は成立しない。しかしながら、あらかじめ条約という形で紛争の付託を当事国へ義務付けておくことは可能であり、この場合は一方当事者が他方の同意を得ずに提訴したとしても、裁判は成立する[76]。

2）義務的裁判付託制度・紛争解決条項

　1）で述べたように、当事国間であらかじめ紛争の付託を合意しておくことにより、間接的に紛争の裁判付託を義務付けることが可能である。

　たとえばICJは、選択条項受諾宣言制度（あらかじめ当事国が義務的な管轄権受諾を任意に宣言できる制度[77]）を用いて一定の当事国同士で義務的な裁判付託を制度化している。日本が捕鯨活動に関連してオーストラリアから提訴された南氷洋捕鯨事件においても、日本は上記の義務的裁判管轄を受諾していたことから、当事件の管轄権の基礎が成立した[78]。

　多くの二か国間条約や多数国間条約において、このような義務的裁判付託の条文を挿入することが行われている。二か国間条約の規定に基づき付託が行われた例として、イランと米国が1955年に結んだ「友好・経済関係・領事権条約」がある。

　同条約の第21条（2）は「本条約の解釈及び適用に関して両当事国間に生じたあらゆる紛争は、外交によって満足に解決されない時には……、ICJに付託されるものとする[79]」と規定する。イランは2018年、米国が核合意を離脱し一方的制裁を科したことについて、上の条約・条文に基づいてICJへ提訴した。米国は応訴しなかった[80]が、ICJは同条約に基づく裁判管轄を認めた[81]。

　多数国間条約の例では、UNCLOSが「強制的裁判手続[82]」とも呼ばれる画

期的な紛争解決制度を導入している。UNCLOSの締約国は、当事国の任意の
手続き[83]で紛争が解決されなかった場合、一定の紛争を除いて（後述）いず
れかの紛争当事国の要請により、強制的かつ拘束力を有する解決手続きが開始
される。UNCLOS締約国はあらかじめ、この時の紛争解決のためのフォーラ
ムを以下の４つ（国際海洋法裁判所、ICJ、仲裁裁判所、特別仲裁裁判所[84]）
から複数指定しておくことができ（同第287条）、相互主義に基づき、合致し
たフォーラムにおいて訴訟手続きを進めることとなる。もし紛争当事国間に合
致したフォーラムがない場合は、附属書Ⅶにしたがって自動的に仲裁裁判所
に付託される。

　このような手続きに従って紛争が仲裁裁判所へ付託された例として、チャゴ
ス海洋保護区事件仲裁判断[85]、南シナ海仲裁判断[86]などがある。

3）義務的管轄権からの適用除外宣言・留保と付随する問題

　2）で述べたような義務的手続きは、紛争を裁判という平和的手続きによっ
て解決するための重要な手段である。ただし、そもそも自動的な紛争付託にな
じまない種類の紛争、当事国にとって裁判による解決を望まない紛争というも
のは存在しうる。このため、特定の種類の紛争が義務的紛争解決の手続きに付
託されないよう、あらかじめ適用除外を宣言しておくという手法が存在する。

　ICJの選択条項受諾宣言をしている国であったとしても、留保を付すことで
強制的管轄権を受け入れる条件を付すことができる[87]。UNCLOSは、一定の
紛争について強制的裁判手続きからの除外を条文内において認めている。これ
には、当事国による宣言なしに自動的に除外されうる一部の紛争[88]と、当事
国の宣言により選択的に除外することができる紛争[89]があり、他の留保は認
められない。

　義務的管轄権からの適用除外や留保に関連する論点として、実質的な紛争の
主題から乖離した形の争点構成による紛争の付託がある[90]。たとえば境界画定
の性質を有する紛争が存在したとして、UNCLOSに基づき海洋の境界画定を
義務的管轄権から除外するよう宣言していた当事国でも、他の国から、境界画
定以外の論点構成（たとえば「海洋地形の認定」）に基づく紛争を提起されて

しまえば、義務的な紛争解決手続きから除外されずに仲裁裁判所へ紛争が付託されてしまう（典型例として、南シナ海仲裁判断）。UNCLOS附属書Ⅶに従った仲裁裁判所ではこのような紛争に対する管轄権を積極的に認める傾向にあるため、紛争の主題から乖離する形の争点構成による義務的裁判付託制度の利用は、合意管轄を根本的基礎とする国際裁判の原則に照らして問題視[91]されるべきであろう。

5．おわりに

　以上扱ったように、国境において主権国家がなしうることについては国際法による規律を受ける。海洋に関する機能的境界線は、ある程度の裁量をもって沿岸国が設定できるものの、その境界線の域内において沿岸国がなしうることについては国際条約によって規律されている。このように多くの規律を受けはするものの、領域の限界線たる国境は、なお各国にとって存立に不可欠の事項であり、その境界の位置の画定や他国による境界の浸食は、非常に高度な政治的関心事項のままである。

　国際法において、国境を他国との間で画定させる根本的な基礎は「合意」である。既に国境画定をした場合は、合意が表示された国境画定条約が参照される。その国境画定の合意の内容に疑義が生じる場合には、適用可能な原則や関連する事項を考慮して合意の内容を検証する。海洋境界の画定に関しては、これらの関連事情の考慮方法など、画定の手法がICJによって定式化されている。

　国境が各国の合意により定められることの反射的効果として、国連の条約登録制度を通じた国境の確認が可能である。海洋の機能的境界についても、国連事務総長への寄託制度により、各国の設定した海洋境界を確認することができる。CLCSの場では、各国が設定する機能的境界に対して、意見書の提出といった形で自国の態度表明をすることも可能になっている。

　いざ紛争を裁判によって解決する際には、国境紛争はしばしば領域権原に関連する要素の一部として扱われる。両紛争の違いをICJは重視していないが、これら紛争の性質の違いは、付託合意の内容に関わる。たとえばいずれかの国

際裁判所における強制的管轄権を受諾し、それに適用除外・留保を付している当事国の場合、適用除外・留保が付されている紛争に当該紛争が該当するかどうかという論点は、裁判管轄権を国家が受け入れねばならないか否かといった死活的利益に直結することになる。

　国際法における紛争の区別論は、紛争というものはそもそも混合的性質を持つ[92]、領域紛争と国境紛争の違いをICJは重視しないという点で議論が完結したかにみえていた。しかしUNCLOSにより強制的裁判手続きが導入された今、改めて適用除外・留保との関係で、紛争の種類や区別論の意義について問い直しが求められていくであろう。このような状況において紛争の種類としての"国境紛争"の内容を可視化しておくことは、国際法・国際政治にとって必須の作業である。多様な要素が国境に絡み合う現代において、国境紛争とは何であるか、何が国境で生じており、何が紛争の火種となり、諸国がどのようにその解決を模索しているのかを、分野横断的な学術成果を参考にして確定していかねばならない。

【注】

1）栗林忠男「国境」『国際関係法辞典（第2版）』三省堂、2005年、390頁。

2）どのような領域で事態が生じたかによって、適用される国際法規則が異なる（領域内で生じたのか領域外で生じたかによって異なる）という面を、領域性原理（principle of territoriality）と呼ぶ。国際法上、領土は国家性の要件の一つとされている。国家性の要件とは、1933年の国家の権利義務に関するモンテビデオ条約に依れば、領域（領土）、政府、永続的住民、外交能力である。領域（領土）についてICJは「国家の陸域国境が、完全に確定され明確化されていなければならないという規則は存在しない」としており、国境が未確定であることは国家性の要件に影響を与えないという立場をとっている。North Sea Continental Self Cases, Federal Republic of Germany/Denmark; Federal Republic of Germany/Netherlands, ICJ,1969, para 46.; 主権と国境の関係について、明石欽司「ジャン・ボダンの国家及び主権理論と『ユース・ゲンティウム』観念——国際法学における『主権国家』観念成立史研究序説（一）」『法学研究』第85巻11号、2012年、1-30頁及び「同（二）」同12号、2012年、1-43頁。

3）栗林忠男『現代国際法』慶應義塾大学出版会、1999年、235頁；栗林忠男「現代国際法における『国土』の意義」『土木学会誌』90巻6号、2005年、23頁。

4）同上、栗林「前掲論文」、23頁。たとえば領海について、国連海洋法条約第3条および

第4条。

5）国連海洋法条約第2条。

6）国連海洋法条約における排他的経済水域、大陸棚等の限界線がこれに該当する。

7）国連海洋法条約第56条。

8）Nationality Decrees Issued in Tunis and Morocco, PCIJ, Series B, No.4, 1923, at 24. 「原則的に諸国に専属する管轄も、国際法の規則により制限を受ける。」

9）他にも、他国に害を与える形で自国を使用させてはならない、という領域使用の管理責任（国際慣習法）が指摘できる。また、国境をまたぐ移動に関連するものとして、一定のカテゴリーの住民に関して国境を越え交流を認める国際労働機関（ILO）の「独立国における先住民及び種族民に関する条約」等がある。国境を超えて移動する周辺住民に関する国際法については、松井芳郎「国際法における「領域」と「国境」」『東アジア近代史』第17号、2014年、56-71頁を参照のこと。

10）International Health Regulations 2005, Third edition, (2016), Article 23(3) and article32.

11）ここでの大縮尺海図（Large-scale chart）は、状況に応じて5万分の1から20万分の1の縮尺のものであるとされる。Satya N.Nandan and Shabtai Rosenne (eds), *United Nations Convention on the Law of the Sea 1982 A Commentary*, Volume II, (Dordrecht/Boston/London: Martinus Nijhoff Publishers, 1993), p.90. 日本の国土地理院による用語法とは異なる。

12）海上保安庁ホームページ https://www1.kaiho.mlit.go.jp/copyright.html（2021年10月31日最終アクセス）。以下同じ。

13）西本健太郎「境界画定」『国際関係法辞典（第2版）』三省堂、2005年、68頁。

14）The Territorial Dispute, Libyan Arab Jamahiriya/Chad, ICJ, 1994, para 45.

15）*Id.*

16）*Id.*

17）*Id.*

18）栗林、前掲記事（注1）、390頁。; Libyan Arab Jamahiriya/Chad, *op.cit.*, para 72. ただし、ICJの判決によって画定される国境線は、第三国に対して対抗できない（すなわち紛争当事国にのみ拘束力を有する）とされる。*Ibid.*, para 46.

19）Temple of Preah Vihear (Merits), (Cambodia v. Thailand), ICJ, 1962, p.33

20）*Ibid.* (Temple of Preah Vihear), pp. 31-32.

21）中井愛子『国際法の誕生』京都大学学術出版会、2020年、455頁。Frontier Dispute, (Burkina Faso/Republic of Mali), ICJ, 1986, para. 20.

22）同上（中井）、455頁。

23）Maurizio Ragazzi "Conference on Yugoslavia Arbitration Commission: Opinions on Questions Arising From the Dissolution of Yugoslavia," *International Legal Materials,*

Vol.31, No.6,1992, pp.1501-1503.

24) Burkina Faso/Republic of Mali, *op.cit.*, para 20.

25) *Ibid*, para. 26.

26) Land, Island and Maritime Frontier Dispute (El Salvador/Honduras: Nicaragua intervening), ICJ, 1992, para. 67. この意味で、最終的な国境線の画定を決定づけるものは当事国の合意である。言い換えれば、ウティ・ポシデティス原則は当事国の合意を排してまで国境線を規定する性格の原則ではない。

27) Burkina Faso/Republic of Mali, *op. cit.*, para 149.

28) 裁判所を経由しなかった例であるが、アルゼンチンとボリビアの国境画定作業。中井、前掲書、535-537頁。

29) Kasikili/Sedudu Island, (Botswana/Namibia), ICJ, 1999, para 24.

30) *Ibid.*, para 24; The Frontier Dispute (Benin/Niger), ICJ, 2005, paras 144-145.

31) 「下方への道・可航航路」の原則とも。河水の最も少ない時に航行船舶に最も都合の良い水道(最深流線)の中央線を国境として、航行不能な河川に関しては、両岸から測定して中央線を国境とする規則。栗林、前掲書、235頁。

32) Kasikili/Sedudu Island, *op. cit.*, para 21.

33) *Ibid.*, para 100.

34) The Frontier Dispute, *op. cit.*, para 144.

35) ここで挙げるプレア・ビヘア寺院事件のほか、島の領有に関する事件ではあるが、シンガポールとマレーシアが争ったペドラ・ブランカ事件判決(2008年)において、黙認が認定された例がある。対して、黙認の推定が否定された例として、エルサルバドルとホンジュラスにおいて争われた陸・島・海洋境界事件ICJ判決(1992年, para 364)、カメルーンとナイジェリアにおいて争われた領域と海洋境界に関する事件ICJ判決(2002年、paras 223-224)がある。

36) Temple of Preah Vihear, *op. cit.*, p. 34.

37) *Ibid.*, p.23.

38) 衡平の表現は多様であり、国際法との関係も論点になっている。国境画定の国際裁判事例と衡平の関係を詳細に考察する先行研究として、たとえば三好正弘「国際仲裁裁判における衡平」『国際法外交雑誌』第77巻1号、1978年、1-39頁を参照のこと。

39) 国際司法裁判所規程第38条2項。

40) 「衡平な解決を達成するために」という文言である。参照：国連海洋法条約第74条、第83条。なお、領海における境界画定について定める第15条に衡平への言及はない。

41) A L W Munkman, "Adjudication and Adjustment - International Judicial Decision and the Settlement of Territorial and Boundary Disputes" *Brit Y B Int'l L*, vol.46, 1972-1973, pp.13-4; 和訳及び各分類の説明は、江藤淳一「第2章 国際法の法源」『プラクティス国際法講義［第3版］』信山社、2017年、25頁に依った。

42) Burkina Faso/Republic of Mali, *op. cit.*, paras 27-28.

43) *Ibid.*, para 28.

44) 実際に、ブルキナファソ・マリ国境紛争事件においては衡平の援用をしないと結論している。*Ibid.*, para 149.

45) Maritime Delimitation in the Area between Greenland and Jan Mayen (Denmark v. Norway), ICJ, 1993, para 75.

46) 1982年のチュニジア＝リビア大陸棚事件ICJ判決において、貧困、農業用資源及び鉱物資源のような経済的要因は、境界画定にとって無関係な要因であるとされた。また2002年のエリトリア＝エチオピア境界画定事件（エリトリア＝エチオピア国境委員会裁定）では、関係住民の人権が法的境界の変更要因にはならないと判断されている。以上の例、及びウティ・ポシデティス原則との関係について、櫻井利江「領域の地位決定と人権」『実証の国際法学の継承』信山社、2019年、733-740頁。

47) タナカの指摘によれば、国際裁判所における海洋境界画定の手法の発展は、第1フェーズ（1969～1992年）、第2フェーズ（1993～2007年）、第3フェーズ（2009年～現在）に分かれる。第1フェーズにおいて裁判所は、単一の境界画定手法の存在を否定し、衡平の原則を軸とする結果志向的なアプローチ（result-oriented equity approach）をとる。第2フェーズにおいて、関連事情を考慮しつつも予見可能性を重視した修正的衡平アプローチ（corrective equity approach）を経て、第3フェーズにおいて、2009年の黒海海洋境界画定事件が修正的衡平アプローチのバリエーションとして提示したのが3段階アプローチ（three-stage approach）である。タナカは、第2・第3フェーズにおいて採用されている修正的衡平アプローチあるいは3段階アプローチの方が、より予見可能性及び柔軟性のバランスをとることができる枠組みを提示していると評価する。Yoshifumi Tanaka, *The International Law of the Sea*, Third Edition, (United Kingdom: Cambridge University Press, 2019), pp.242-249.

48) 西本、前掲記事、68頁。

49) Maritime Delimitation and Territorial Question, (Merits), (Qatar v. Bahrain), ICJ, 2001, para 176.

50) 西本健太郎「延長大陸棚の境界画定」『東北ローレビュー』第5号、2018年、3頁。

51) Maritime Delimitation in the Black Sea, Romania v. Ukraine, ICJ, 2009, paras 115-122.

52) *Id* (Maritime Delimitation in the Black Sea).

53) 岩沢雄司『国際法』東京大学出版会、2020年、310-311頁。

54) 国際連合憲章第102条。登録がなければ、国連の機関に対して条約を援用することができない（同2項）。

55) United Nations Office of Legal Affairs, *United Nations Treaty Series*. since 1946-

56) 以前は書籍の形で出版されていたが、現在はオンラインの検索機能付きデータベースとして公開されている。United Nations Treaty Collection (UNTS), https://

treaties.un.org/Pages/Content.aspx?path=DB/UNTS/pageIntro_en.xml#:~:text
=The%20United%20Nations%20Treaty%20Series%20%28UNTS%29%20is%20a,1
945%2C%20pursuant%20to%20Article%20102%20of%20the%20Charter.

57）League of Nations Treaty Series. 1920-1948. なお、こちらも現在国連のウェブサイト
において検索機能付きデータベースが利用できる。https://treaties.un.org/Pages/
Content.aspx?path=DB/LoNOnline/pageIntro_en.xml

58）国連海洋法条約第3条、第57条、第76条

59）国連海洋法条約第16条（2）、第75条（2）、第76条（9）、第84条（2）。いずれも、海図及
び地理学的経緯度の表を国連事務総長に寄託する旨の規定である。寄託以外の公表手法
をとる規定もある。沿岸国の設定する船舶航行のためのルート（分離通行帯等）は、「適
当に公表する」ものとされており（同第22条（4）、第41条（6）、第53条（10））、実際は国
際海事機関（IMO）の枠組みを通じて公表される。詳しくは、拙稿「国連海洋法条約に
おける条約の実施状況把握体制―締約国会議（SPLOS）と国連総会、「権限のある国際機
関」の「分業」体制に着目して」『日本海洋政策学会誌』第10号、2020年、16-27頁。

60）UN DOALOS : Maritime Space: Maritime Zones and Maritime Delimitation. https://
www.un.org/Depts/los/LEGISLATIONANDTREATIES/index.htm

61）国連海洋法条約第76条（8）及び附属書II。

62）https://www.un.org/depts/los/clcs_new/commission_submissions.htm

63）https://www.un.org/depts/los/clcs_new/submissions_files/submission_jpn.htm　中
国の意見書によれば、沖ノ鳥島から大陸棚を主張することは、「人類の共同の財産である
深海底に対する重大な浸食である」として、深海底を狭めるという意見が提出されてい
る。この点から客観訴訟の可能性を考察するものとして、玉田大「国連海洋法条約の紛
争解決手続きにおける客観訴訟の可能性」『実証の国際法学の継承』信山社、2019年、
592頁。

64）東寿太郎「国境紛争と地図（1）」『神奈川法学』第1巻第2号、1965年、2頁。

65）一般に領域取得を正当に認めうる事実のことを領域権原（title）といい、本節で議論さ
れるように、国境紛争と領域権原をめぐる紛争の不可分性により、国境画定の合意の推
定のために参照されることもある。伝統的な国際法は、先占、添付、征服、割譲、時効
を領域権原としているが、現代国際法においては、武力行使による他国の領域の取得は
違法化されていることから征服が、及び無主地が観念できなくなった現状においては先
占が、既に妥当しえない法理となっている。ただし、領域権原の有効性を判断するにあ
たっては取得時に有効であった法を適用する、という時際法（intertemporal law）の原
則が国際法上確立しているため、裁判等の手段において領域紛争を解決する際には、た
とえ現代において妥当しない法理であっても、当時有効であった領域権原を論ずる必要
がある。岩沢、前掲書、219-235頁。

66）メジャーな英文教科書を例に挙げれば、たとえば以下のものを参照。Malcolm N,

Shaw, *International Law*, 9ᵗʰ edition, (United Kingdom: Cambridge University Press, 2021), pp.420-422.; James Crawford, *Brownlie's Principles of Public International Law*, 9ᵗʰ edition, (United Kingdom: Oxford University Press, 2019), pp.201-238.

67）東、前掲論文、2頁。

68）吉井淳「領域帰属に関する紛争と国境画定紛争」『紛争解決の国際法』三省堂、1997年、90頁。吉井は「問題はそこに性格の違いが存在するかどうかである」として、同論文において紛争の性質と関連して司法裁判が領域権原になりうるかという問題を論じる。

69）Libyan Arab Jamahiriya/Chad, *op. cit.*, paras 19-21.

70）吉井、前掲論文、91頁；Burkina Faso/Republic of Mali, *op. cit.*, para 17.

71）*Ibid.*, para17.

72）*Ibid.*, para17.

73）国際連合憲章第2条（3）。

74）国際連合憲章第33条（1）。

75）1889年の第1回ハーグ平和会議において設立された常設仲裁裁判所（PCA）は、事前に裁判官名簿を常備し、法廷の構成を容易化した。；栗林、前掲書、496頁。

76）栗林、前掲書、497頁。このように、一方当事者の態度に関わらず裁判所が当該紛争を審理できる権限のことを、強制管轄権（compulsory jurisdiction）という。

77）ICJ規程第36条（2）。

78）Whaling in the Antarctic, (Judgement), (Australia v. Japan; New Zealand intervening), 2014, paras 30-41.

79）Treaty of Amity, Economic Relations, and Consular Rights of 1955 between the United States of America and Iran, 284 U.N.T.S. 93, Article XXI.

80）2019年に先決的抗弁の申立てをし、ICJが裁判管轄権を持たないことを主張している。Preliminary Objections submitted by the United States of America, 23 August 2019.

81）Alleged Violations of the 1955 Treaty of Amity, Economic Relations, and Consular Rights (Judgement for Preliminary Objections) (Islamic Republic of Iran v. United States of America), 2021, para 114.

82）水上千之「海洋紛争と紛争の平和的解決」『紛争解決の国際法』三省堂、1997年、118頁。

83）国連海洋法条約の解釈又は適用に関する紛争が生じた場合、意見交換を行う義務（国連海洋法条約第283条）があり、二か国間協定に基づく紛争解決や調停による解決を求めることができる（同第282条、284条）。これら任意の手続きが進行している間は、強制手続きは開始しない（同281条）。

84）特定分野の専門家が裁判官に指名される仕組みを持ち、①漁獲、②海洋環境の保護・保全、③海洋の科学的調査、④航行に関する規定の解釈・適用に関する紛争について管轄権を有する（国連海洋法条約附属書Ⅷ, 第1条）。

85）The Chagos Marine Protected Area Arbitration (The Republic of Mauritius v. United Kingdom), PCA, 2015.

86）The South China Sea Arbitration (The Republic of Philippines v. The People's Republic of China), PCA, 2016.

87）各国の選択条項受諾宣言及びその際に付した留保の内容は、ICJのウェブサイトにおいて確認することが可能である。https://www.icj-cij.org/en/declarations

88）国連海洋法条約第297条（2）

89）国連海洋法条約第298条

90）兼原敦子「裁判管轄権と適用法の関係-国連海洋法条約における司法裁判および仲裁裁判」『実証の国際法学の継承』信山社、2019年、544頁（脚注6）。

91）同上、545頁。

92）山形英郎「国際紛争システムにおける司法的解決の意義」『世界法年報』第13号、1993年、30-31頁。

【参考文献】

明石欽司「ジャン・ボダンの国家及び主権理論と『ユース・ゲンティウム』観念——国際法学における『主権国家』観念成立史研究序説」（一）『法学研究』第85巻11号、2012年、及び「同（二）」同12号、2012年。

東寿太郎「国境紛争と地図（1）」『神奈川法学』第1巻第2号、1965年。

岩沢雄司『国際法』東京大学出版会、2020年。

江藤淳一「第2章 国際法の法源」『プラクティス国際法講義［第3版］』信山社、2017年。

兼原敦子「裁判管轄権と適用法の関係-国連海洋法条約における司法裁判および仲裁裁判」『実証の国際法学の継承』信山社、2019年。

栗林忠男『現代国際法』慶應義塾大学出版会、1999年。

栗林忠男「国境」『国際関係法辞典（第2版）』三省堂、2005年。

栗林忠男「現代国際法における『国土』の意義」『土木学会誌』第90巻第6号、2005年。

櫻井利江「領域の地位決定と人権」『実証の国際法学の継承』信山社、2019年。

玉田大「国連海洋法条約の紛争解決手続きにおける客観訴訟の可能性」『実証の国際法学の継承』信山社、2019年。

中井愛子『国際法の誕生』京都大学学術出版会、2020年。

西本健太郎「境界画定」『国際関係法辞典(第2版)』三省堂、2005年。

西本健太郎「延長大陸棚の境界画定」『東北ローレビュー』第5号、2018年。

樋口恵佳「国連海洋法条約における条約の実施状況把握体制 —締約国会議（SPLOS）と国連総会、「権限のある国際機関」の「分業」体制に着目して」『日本海洋政策学会誌』第10号、2020年。

松井芳郎「国際法における「領域」と「国境」」『東アジア近代史』第17号、2014年。

水上千之「海洋紛争と紛争の平和的解決」『紛争解決の国際法』三省堂、1997年。

三好正弘「国際仲裁裁判における衡平」『国際法外交雑誌』第77巻第1号、1978年。

山形英郎「国際紛争システムにおける司法的解決の意義」『世界法年報』第13号、1993年。

吉井淳「領域帰属に関する紛争と国境画定紛争」『紛争解決の国際法』三省堂、1997年。

Crawford, James *Brownlie's Principles of Public International Law*, 9th edition, (United Kingdom: Oxford University Press, 2019).

Munkman, A L W "Adjudication and Adjustment - International Judicial Decision and the Settlement of Territorial and Boundary Disputes" *Brit Y B Int'l L*, vol.46, 1972-1973.

Nandan, Satya N. and Rosenne, Shabtai (eds), *United Nations Convention on the Law of the Sea 1982 A Commentary*, Volume II, (Dordrecht/Boston/London: Martinus Nijhoff Publishers, 1993).

Ragazzi, Maurizio "Conference on Yugoslavia Arbitration Commission: Opinions on Questions Arising From the Dissolution of Yugoslavia," *International Legal Materials*, Vol.31, No.6, 1992.

Shaw, Malcolm N, *International Law*, 9th edition, (United Kingdom: Cambridge University Press, 2021).

Tanaka, Yoshifumi *The International Law of the Sea*, Third Edition, (United Kingdom:Cambridge University Press, 2019).

仲裁裁判所（年代順）

The Chagos Marine Protected Area Arbitration (The Republic of Mauritius v. United Kingdom), PCA, 2015

The South China Sea Arbitration (The Republic of Philippines v. The People's Republic of China), PCA, 2016

常設国際司法裁判所

Nationality Decrees Issued in Tunis and Morocco, PCIJ, Series B, No.4, 1923

国際司法裁判所（年代順）

Temple of Preah Vihear (Merits), (Cambodia v. Thailand), ICJ, 1962

North Sea Continental Self Cases, Federal Republic of Germany/Denmark; Federal Republic of Germany/Netherlands, ICJ,1969

Frontier Dispute, (Burkina Faso/Republic of Mali), ICJ, 1986

Land, Island and Maritime Frontier Dispute (El Salvador/Honduras: Nicaragua intervening), ICJ, 1992

Maritime Delimitation in the Area between Greenland and Jan Mayen (Denmark v. Norway), ICJ, 1993

The Territorial Dispute, Libyan Arab Jamahiriya/Chad, ICJ, 1994

Kasikili/Sedudu Island, (Botswana/Namibia), ICJ, 1999

Maritime Delimitation and Territorial Question, (Merits), (Qatar v. Bahrain), ICJ, 2001

The Frontier Dispute (Benin/Niger), ICJ, 2005

Maritime Delimitation in the Black Sea, Romania v. Ukraine, ICJ, 2009

Whaling in the Antarctic, (Judgement), (Australia v. Japan; New Zealand intervening), 2014

Alleged Violations of the 1955 Treaty of Amity, Economic Relations, and Consular Rights (Judgement for Preliminary Objections) (Islamic Republic of Iran v. United States of America), 2021

ウェブサイト

International Court of Justice: Declarations recognizing the jurisdiction of the Court as compulsory, https://www.icj-cij.org/en/declarations

League of Nations Treaty Series. 1920-1948, https://treaties.un.org/Pages/Content. aspx?path=DB/LoNOnline/pageIntro_en.xml

United Nations Treaty Collection (UNTS), https://treaties.un.org/Pages/Content. aspx?path=DB/UNTS/pageIntro_en.xml#:~:text=The%20United%20Nations%20Treaty %20Series%20%28UNTS%29%20is%20a,1945%2C%20pursuant%20to%20Article%20102 %20of%20the%20Charter.

UN DOALOS : Maritime Space: Maritime Zones and Maritime Delimitation, https://www. un.org/Depts/los/LEGISLATIONANDTREATIES/index.htm

※本章のウェブサイト注は、いずれも2021年10月31日に最終訪問したものである。

第4章

国際機構と国境
——欧州におけるナショナル・マイノリティと
国境地域——

1. はじめに

　日本のような島嶼国家と異なり、欧州では「国境」が意識され続けてきた。またその「国境」は不変のものではなく、国際情勢の変化に応じて変化するものでもある。その極端な例としては、第一次世界大戦において独立を遂げたポーランドが、第二次世界大戦の結果国土が大きく西にずれることとなり、対ソ、対独国境も西に大きく移動することとなった。それゆえに、しばしば「国境」をめぐって問題が生じる。例えば（東）ドイツとポーランドの新しい国境線となったオーデル＝ナイセ線は長らく（西）ドイツによって承認されてこなかった。最終的にはドイツ統一条約によってこの国境線は（西）ドイツによっても承認されることになるが、（西）ドイツにとってオーデル＝ナイセ線以東の領土を放棄することにもつながるため、その国境線の承認に対して消極的な姿勢を示し続けてきた。

　世界の多くの地域で、国境によって分断された民族が存在する。例えばタイ族はタイ王国の主要民族であるが、同系民族は中国南西部の雲南省などにも居住し、西双版納タイ族自治州を構成する。また、パシュトゥーン人もアフガニスタン南部からパキスタン西部の連邦直轄部族地域にまたがって居住する。近代国家のモデルは国民国家であることを考えると、民族が別の国家にまたがって居住するのは奇異に見える。しかし、これらの例は民族分布を無視して国家が形成され、国境線が画定されたゆえに起きたことであり、同様のことはアフリカにも多く見られる。

　このように、民族分布と国家の不一致は歴史上様々な要因によって生じる。国境線が歴史的な経緯によって移動し、その結果民族分布が分断される例もあれば、民族分布を無視して領土確定を行ったために、民族分布の真ん中に国境線が引かれ、結果として民族が分断される事例もある。しかしこのような場合、分断された側の民族がしばしばどちらかの国家においてマイノリティとしての地位になることがあり、その場合にはしばしばナショナリズムの発動によって民族紛争が生じる例がある。

　冷戦終結後の欧州でも同様の事態が懸念されたが、結果としては旧ユーゴスラヴィアを構成したクロアチア、ボスニア、コソヴォ及び北マケドニアを除き旧ソ連以外、欧州では武力衝突にまで至った例はない。それは一つには、欧州の国際機構であるOSCE（欧州安全保障協力機構）のマイノリティ保護枠組が有効に働いたからである、という指摘がなされることが多い。

　本章では、そのような民族、特にマイノリティに注目をし、マイノリティと国境地域の問題に関して欧州を事例として論じる。特に、国際機構によるそのような国境地帯への関与に関して論じていくことにする。

2．欧州におけるマイノリティと「国境」

　欧州におけるマイノリティ問題は、地域軸と民族軸から分析することが可能である。まず地域軸としては、西欧諸国と中東欧諸国に分類することが可能であり、西欧と中東欧諸国ではマイノリティ問題の形態が異なる。早期に国民国家形成がなされた西欧諸国では民族問題は国内問題ではあっても、国家間問題とはなりにくい[1]。一方で、中東欧諸国では後にも検討するように、民族問題はしばしば国境を越えた国家間問題となる。この相違は、西欧諸国と中東欧諸国が歩んできた歴史の相違であり、国境を越えて同一民族が広がる中東欧諸国の特色である。

　また、民族軸の視点からは、欧州におけるマイノリティ自体は3種類に分類し分析を行うことが可能である。まず1点目には国境の向こう側に血縁上の母国（kin-state）を有するナショナル・マイノリティ（National Minorities）と

表4-1　欧州におけるマイノリティ問題の分類

地域軸 ＼ 民族軸	西欧諸国	中東欧諸国
ナショナル・マイノリティ	問題にならない	問題になる
移民労働者	存在する	旧共産主義時代に存在した
母国を持たないマイノリティ	存在する	存在する

呼ばれる人々であり、ハンガリー系スロヴァキア人やスウェーデン系フィンランド人 がそれに該当する。第２点目には移民労働者（Migrant Workers）であり、ドイツの移民労働者であるガストルバイター（Gustalbeiter）や、フランスのアルジェリア系移民などがこれに該当する。また、３点目には母国を有しないマイノリティであり、ロマ人、サーミ人やバスク人が該当する。この点に関してまとめたのが表４−１である。そのうち本章で取り上げるのは、ナショナル・マイノリティである。なぜならば、ナショナル・マイノリティは国境をまたいで存在し、かつ血縁上の母国を有するために、しばしば問題となってきたからである。

　18世紀以降の産業革命後には、欧州各地域においてナショナリズムが主張されるようになってきた。ネイション意識が形成され、それに伴って中世まで周縁地（マージナル）であった地域の所属をめぐり、争われるようになった。その典型例として、普仏戦争におけるアルザス・ロートリンゲンやデンマーク戦争におけるシュレスヴィヒ・ホルシュタイン両地域の帰属問題を挙げることができる。この他イタリアでは、イタリア統一戦争による統一後にも、多くのイタリア人が居住するオーストリア＝ハンガリー帝国領南チロル地方などを指して「未回収のイタリア（Italia irredenta）」と呼称し、ナショナリズムの対象となった。

　このように民族境界と国境線の不一致は18世紀以降の欧州で問題として浮上しつつあったが、特に問題となったのが第一次世界大戦後、中欧やバルカン地域を支配していた４つの帝国であるオーストリア＝ハンガリー帝国、ドイツ帝国、オスマン・トルコ帝国とロシア帝国の崩壊に伴う中東欧諸国の独立後である。

　中東欧地域では国民国家の成立や民族意識の形成が西欧諸国より遅れたことにより、民族分布は西欧諸国と比較して複雑なものとなった。民族境界と国境線の不一致は当然のように見られ、独立後にもナショナル・マイノリティや国境をめぐり、しばしば関係各国で問題となってきた。そのため第一次世界大戦以降の中東欧を中心とした新興独立国に対し、領内のナショナル・マイノリティに対する保護義務を設定し、民族問題が国際問題へと転化することを防ごうとした[2]。これらの二国間条約・多国間条約や一方的宣言によるマイノリティ保護義務の創設は、これら諸国に対して履行義務を負わせた[3]。これらの条約は大きく分類して5種類に分けることができる。まずは新規独立国及び戦勝国側の領土獲得国に対する条約、2点目には講和条約の一環としてのマイノリティ条項、3点目には国際連盟加盟時における一方的宣言、4点目には国際連盟との宣言交換、最後に特別地域の保護であった[4]。

　また、中東欧諸国間においては、二国間条約も戦間期には相次いで締結された。イスラエルの国際政治学者ロビンソン（Jacob Robinson）によると、戦間期である1920年から1938年にかけて、22の二国間条約が締結された[5]。先に言及した条約枠組と異なる点は、あくまで二国間条約であり、国際連盟が関与しない点であった。即ち、互いの領域に居住するナショナル・マイノリティの保護を、相互に保障しあうシステムであった[6]。

　しかし世界恐慌の後に中東欧諸国があいついで非民主化されると、条約の不順守が目立つようになった[7]。またそのような非民主的な国家における指導者はナショナリズムに訴えて政権の支持高揚を図るようになり、最終的には第二次世界大戦へと繋がっていった[8]。第二次世界大戦の結果、中東欧地域を中心に国境線が移動した。同時に、マイノリティ保護枠組に関しては、第二次世界大戦の勃発要因の一つがマイノリティ問題であったために、世界的に人権保護枠組に含まれるようになり、マイノリティ保護枠組単独での設定は忌避されることとなった。

3．CSCEプロセスとマイノリティ

　1975年8月にアルバニアを除く全欧州、アメリカ、カナダの35か国首脳が
フィンランドの首都ヘルシンキに集まり、ヘルシンキ宣言（Helsinki Final
Act）が署名された。このヘルシンキ宣言では、国境問題に関しては第1バス
ケット第8原則において言及されるようになった。第二次世界大戦終結後、東
ドイツ－ポーランド国境はオーデル・ナイセ線となっていたが、西ドイツはそ
の存在を承認していなかった[9]。そのため特に両ドイツの自決問題は国境線画
定問題とも関連して一つの大きな問題となっていたのである[10]。この懸念に対
して12月11日に西ドイツ、東ドイツの両代表は共同声明を出し、自決権と領
土問題の関連を明確に否定した[11]。ただし、西ドイツはヘルシンキ宣言におい
て、第1バスケット第8原則に関して自由意志による国境線の変更に関する留
保を行っている[12]。

表4-2　バスケット並びに地中海問題[13]

第一バスケット	欧州の安全保障に関する諸問題 (Questions relating to Security in Europe)
第二バスケット	経済、科学技術および環境分野での協力 (Co-operation in the Field of Economics, of Science and Technology and of the Environment)
第三バスケット	人道およびその他の分野における協力 (Co-operation in Humanitarian and Other Fields)
	地中海の安全保障並びに協力に関する諸問題 (Questions relating to Security and Co-operation in the Mediterranean)

表4-3　ヘルシンキ10原則の分類

安全保障	平和	正義	
		国家間	国内
II武力不行使	V紛争の平和的解決	I主権平等	VII人権と基本的自由の尊重
III国境不可侵	IX国家間の協力	VIII人民の自決と同権	
IV領土保全		X国際法の順守	
VI内政不干渉			

　このように国境問題に関しては現状維持が決定され、1977年以降に行われた再検討会議などでも特に議論とはならなかった。しかし、この「民族境界」と「国境線」の問題が再燃するのは、冷戦終結前後であった。1980年代にはブルガリアではトルコ系ブルガリア人の強制改名政策が強行され、トルコとの間で対立が発生しつつあった。またルーマニアではチャウシェスク（Nicolae Ceauşescu）政権による農村改造政策を巡って、ハンガリーの間で対立が公然化することもあった14)。このような状況下で1986年から開催されたCSCEウィーン再検討会議において、ルーマニアは西側のみならずハンガリーとの間でもしばしば、ハンガリー系マイノリティに対する政策への批判が見られたことから、この時期には特に態度を硬化させていた。また、ルーマニアは西側諸国のみならず、非同盟・中立諸国であったオーストリアからも、国内ドイツ系住民やハンガリー系住民の処遇を巡り、批判を浴びていた15)。

　このように1980年代からは民族問題が東側諸国において特に深刻化を見せるようになるが、冷戦終結後にはこの問題は一層深刻な問題となりつつあった。特にユーゴスラヴィアを構成していたクロアチアやスロヴェニアの独立への動きは、戦後国境の現状固定でコンセンサスが得られていたCSCE体制を揺り動かすものであった。他にもハンガリー系マイノリティの扱いに関してハンガリー政府と周囲のルーマニア、スロヴァキア両政府との対立も深刻化してきていた。

　ユーゴスラヴィア情勢の深刻化に対して有効な手を打つことができなかったCSCEでは、紛争予防枠組の範囲内で少数民族高等弁務官（High Commissioner on National Minorities）の設置を決定する。この少数民族高等弁務官の職務は、ナショナル・マイノリティに起因する紛争の予防であり、マイノリティの代理人ではない、とされた16)。初代弁務官であるストール（Max van der Stoel）は、ナショナル・マイノリティの問題解決に関しては、領域的自治は求めないとする方針で問題解決に当たった17)。即ち、領域的自治はやがて分離独立につながり、国境線の変更につながるからである、という論理である。

4. 欧州における国境線の現状
——少数民族高等弁務官と「国境」

　前節において論じたように、少数民族高等弁務官は国境線の変更を伴う可能性があるために、領域的自治を基本的には認めていない[18]。ドイツのOSCE研究者ケンプ（Walter A.Kemp）は、領域的自治を外部的な勧告に基づいて実施した場合、マイノリティが領域的に広く、かつ他の集団と混在して居住していること、国境の変更が再度のパンドラの箱（"Pandora`s Box"）を開けてしまうことになると指摘する[19]。

　マイノリティの保護される「権利」とは、「政治的権利」「文化的権利」に分割することができる。「政治的権利」は政治的「自治」（autonomy）であり、「文化的権利」は文化的「自治」であると言いかえることができる。OSCEを含む欧州国際政治の上では政治的自治に関しては消極的である。特に欧州のように血縁上の母国を有するマイノリティの問題を抱えている場合には、ストールが指摘するように、政治的自治や領域的自治（territorial autonomy）によって紛争の潜在的可能性が増加し、国境の変更を伴う分離独立につながる危険性がある[20]。

　しかし一方で「文化的自治」の付与、すなわち独自の学校教育の保障や言語などの民族的文化の保護・発展にはコペンハーゲン宣言、少数言語保護枠組憲章、少数民族保護枠組条約や二国間条約などで保障を行っている。

　2008年に出された『国家間関係におけるナショナル・マイノリティに関するボルツァーノ/ボゼン勧告（The Bolzano/Bozen　Recommendations on National Minorities in Inter-State Relations）』では、第1条において「どの国も他国の領域内において当該国家の同意なしに住民もしくは住民の一部に管轄権を及ぼすことはない」としている[21]。また第2条では「マイノリティの権利の尊重と保護は、第一義的にはマイノリティが居住する国家の責任である」と規定している。これら条文において明確に国家主権を尊重した上で、マイノリティの保護に関し、そのマイノリティの血縁上の母国の役割に関し、「同意なしに管轄権を及ぼすことはない」としている。即ち、血縁上の母国によるマ

表4-4　少数民族高等弁務官勧告一覧

年	勧告・ガイドライン
1996	ナショナル・マイノリティの教育権に関するハーグ勧告 The Hague Recommendations regarding the Education Rights of National Minorities
1998	ナショナル・マイノリティの言語権に関するオスロ勧告 The Oslo Recommendations regarding the Linguistic Rights of National Minorities
1999	ナショナル・マイノリティの公的活動における効果的参加に関するルンド勧告 The Lund Recommendations on the Effective Participation of National Minorities in Public Life
2003	放送メディアにおけるマイノリティ言語の使用に関するガイドライン Guideline on the use of Minority Language in the Broadcast Media
2006	多民族社会における警察活動に関する勧告 Recommendations on Policing in Multi-Ethnic Society
2008	国家間関係におけるナショナル・マイノリティに関するボルツァーノ/ボゼン勧告 The Bolzano/Bozen　Recommendations on National Minorities in Inter-State Relations
2012	多文化社会における統合に関するリュブリャーナ・ガイドライン The Ljubliana Guidelines on Integration of Diverse Societies
2017	司法へのアクセスとナショナル・マイノリティに関するグラーツ勧告 The Graz Recommendations on Access to Justice
2019	デジタル時代におけるナショナル・マイノリティとメディアに関するタリン・ガイドライン The Tallin Guideline on National Minorities and the Media in the Digital Age

イノリティの過度な支援が国境線の変更を伴うことや、分離独立が行われてしまう懸念を示していると考えることが可能である。

　しかしながら逆説的ではあるが、「当該国の同意」があればマイノリティ集団や個人に対する血縁上の母国の支援が認められることになる。これは、国境を超えた支援に関してそれを規制することは現実的でないこと、また1990年代後半から続く在外同胞に対する血縁上の母国の支援の動きを追認したものであると言える。しかし一方で、ハンガリー市民権法問題[22]のように血縁上の母国の支援が、他国の民間団体である在外同胞団体へ事実上の公的権限の付与

表4-5　国外在住同胞民族に対する法制定

年	制定した国	対象
1996年	スロヴェニア	隣接諸国の国外スロヴェニア人
1997年	スロヴァキア	国外スロヴァキア人
1998年	ギリシア	アルバニア在住の国外ギリシア人
1998年	ルーマニア	国外ルーマニア人
1999年	ロシア	国外ロシア人
2000年	ブルガリア	国外ブルガリア人
2001年	イタリア	スロヴェニア、クロアチア在住の国外イタリア人
2001年	ハンガリー	国外ハンガリー人

につながり、問題となったことに対するけん制でもあった[23]。

　このように少数民族高等弁務官はマイノリティと国境問題に関しては、現状変更を認めない方針を貫いていることはこれまで論じてきたとおりである。しかし先にも検討したように、「居住国との同意の上で」文化的交流などを行うことは認めており、また警察活動、公的活動や報道などでマイノリティの権利保護を求めているのである。特に文化交流に関しては1990年に合意されたコペンハーゲン人的側面会議（Copenhagen Conference on Human Dimension）のコペンハーゲン文書においても認められており、従来からの欧州における規範であるともいえる。

5．おわりに

　欧州では戦争のたびに国境が変更され、そのたびに「ナショナル・マイノリティ」が生み出されてきた。現在の旧ソ連以外の欧州地域の国境は旧ユーゴスラヴィア諸国を除き、1945年に設定された国境線が使われている。旧ユーゴスラヴィア諸国も、その国境線は連邦国家であったことから連邦内の共和国境界がそのまま国境として転用されることとなった。これは一つには、ECがユーゴ構成諸国の独立を承認するのに際し、ウティ・ポシデティス（Uti Possidetis）の原則によって国境線を策定するように求めたからである。

現在では国境線の変更は、原則として欧州においては認められていない。また、欧州ではマイノリティの権利保護は政治的枠組OSCE少数民族高等弁務官、法的枠組としては欧州人権条約第12議定書、欧州安定化条約、南東欧安定化条約など、様々な枠組が複合的・多層的に存在している。この複合的・多層的枠組は他の地域には見られない欧州独自の存在であり、先進的であると言える。しかしそのような先進的な欧州においてさえ、マイノリティと国境線をめぐる問題は非常にセンシティブな問題であり続けている。

【注】

1）例えばフランスなどにおける移民問題は、当該国家内での問題ではあるが、国家間紛争にはならない。

2）田畑茂二郎『国際化時代の人権問題』（岩波書店、1988年）、18-19頁及び金東勲『人権・自決権と現代国際法―国連実践過程の分析―』（新有堂、1979年）、110-112頁。

3）Rita E. Hauser,"International protection of minorities and the right of self-determination", *Israel Yearbook of Human Rights*, vol.1, 1971, p.96.

4）Jacob Robinson "Internatinonal protection of minorities: a global view", *Israel Yearbook of Human Rights*, vol.1, 1971, pp.63-64、金、前掲書、111-113頁及び喜多義人「国際社会における少数者保護制度の展開」『法学研究年報』第31巻（日本大学大学院）、2001年、220頁。

　　なお、これらの条約は国際連盟理事会の監督下に置かれることとなり、この条約の履行における保障としては連盟理事会が保障を請け負うこととなった。連盟理事会の関与としては、まず規定の変更に関する項目を挙げることができる。これらの条約は連盟理事会の許可がなければ、変更は不可能であった。また、条約対象国の義務違反に対する通報は、他の加盟国からの通報、もしくはマイノリティからの請願によるものとされた。また、連盟理事会の理事国は、条約に対する義務違反などが存在する場合には、理事会の注意を喚起することができた。また、これらの条約を遵守せしめる手続きとしては理事会と並んで、PCIJをあげることができる。マイノリティに起因する法律的紛争または事実に対する意見の相違に対して、一方当事者の要請に基づきPCIJに案件の付託を要請することができた。

5）Ibid., pp.73-75.

6）「私はあなたのナショナル・マイノリティを保護する。あなたも私のナショナル・マイノリティを保護してくれ」という表現に代表される。

7）喜多の研究によると、国内立法措置としてマイノリティ保護制度を法制化することに積極的であったのはオーストリア、チェコスロヴァキア、ハンガリー、バルト諸国で

あった。一方でトルコ、イラク及びアルバニアは国内立法措置がなされていない。喜多、前掲論文、221頁。

8）例えばドイツはヒトラーによる政権掌握後、同じドイツ民族の国であるオーストリアを併合（Anschluβ）した。その後この成功を受けて、チェコスロヴァキアにおいてドイツ人の居住が多いズデーテンラントの併合を求めてチェコスロヴァキアの解体を要求し、これも1938年にミュンヘン会談によって受け入れられた。さらにポーランドの失地回復を要求するが、これが第二次世界大戦の勃発の契機となった。

9）西ドイツは1970年にソ連との間でモスクワ条約（ソビエト・西ドイツ武力不行使条約、Treaty of Moscow）、ポーランドとの間でもワルシャワ条約（Treaty of Warsaw,）条約を締結するが、そのいずれの場合も、将来の統一ドイツでは国境線の問題は未定である、という立場をとった。一方でポーランドのCSCEにおける目標としては、ドイツとの間での領域に関する現状維持（Status quo）による国境線の固定化であった。Angela Romano, *From Detente in Europe to European Detente, How the West Shaped the Helsinki CSCE,* (Bruxelles : P.I.E. Peter Lang. 2009), p.101. 一方、東ドイツにとってヘルシンキ最終議定書調印は、国境の不可侵や内政不干渉、領土保全原則などの原則によって、東ドイツが国際的に承認されたことを意味していると考えていた。H・ヴェントカー（岡田浩平訳）『東ドイツ外交史　1949 - 1989』三元社、2013年、560-561頁。

10）西ドイツは将来の統一に向けた可能性を考え、平和的な国境線変更の可能性を議定書の中に含むように主張していたが、東ドイツは猛反発していた。最終的にはヘルシンキ最終議定書の早期とりまとめを考えていたソ連の圧力により、東ドイツは妥協を強いられる形となった。H・ヴェントカー、前掲書、560頁。

11）Luigi Vittorio Ferraris,ed, *Report on a Negotiation: Helsinki-Geneva-Helsinki 1972-1975,* (Brill Academic Publishers., 1979), p.108.

12）Vincent Ramelot, *La protection des minorités nationales dans la conférence de Helsinki* ,(Louvain: Universite Catholique de Louvain,Depaetement des Sciences Politiques et Sociales, 1992), pp.74-76.

13）Heinz Vetschera "Effects of Basket I:Security and Confidence-Building", in Neuhold Hanspeter, ed, *CSCE: N+N Perspectives,* (Purdue University Press,1987), p.103より筆者作成。

14）冷戦期でも、ナショナル・マイノリティを巡る東側陣営の国内問題や国家間の軋轢は存在した。特に冷戦後に顕著になるトランシルヴァニア在住のハンガリー人を巡るルーマニアとハンガリーの対立は、チェウシェスク政権が60年代半ばよりソ連からの独自路線を模索すると同時に国内の引き締めに入り、ハンガリー人を要職から締め出していったといわれる。詳しくは木戸蓊（1978）「ルーマニアにおける少数民族問題」『共産主義と国際政治』第3巻第3号、2-32頁、及び城守茂美（1980）「ルーマニアの領土問題と少数民族問題（トランシルバニアとベッサラビアの歴史と、これに起因する諸問題）」『外務省

調査月報』2、13-86頁。ルーマニアのナショナル・マイノリティ・イシューに関しては冷
戦期のルーマニア外交に関しては様々な邦語文献が出ているが、六鹿茂夫（1986）「ルー
マニア自主路線の分析枠組－内政と外交の一体性と乖離」『ソ連・東欧学会年報』15、69-
74頁。また、当時チャウシェスク政権が1988年3月の人民評議会において、「農村改造計
画」を発表した。これに対してハンガリー側からは「ハンガリー人を狙い撃ちするもの」
として激しい反発が発生、6月から7月にかけてハンガリー側では在ブダペスト・ルーマ
ニア大使館へのデモ、ルーマニア側ではチャウシェスクが中央委員会総会でハンガリー
批判を行うなど、批判の応酬となっていた。上垣彰『ルーマニア経済体制の研究
1944－1989』東京大学出版会、1995、230-231頁。

　またウィーン再検討会議終幕の参加国外相会議において、アメリカの国務長官シュル
ツ（George P.Shultz）は「（中略）そしてルーマニア及びブルガリア両国では、マイノリ
ティは特に近年政府の政策によって厳しい抑圧を受け続けている」と述べ、名指しで両
国のマイノリティ政策を批判した。アメリカ国務長官シュルツ、1989年1月17日ステート
メント。

15）Ferix Ermacora "Rights of minorities and self-determination in the framework of the
CSCE", in Arie Bloed & Pieter van Djik, eds, *The Hunan Dimension of the Helsinki
Process: The Vienna Follow-up Meeting and its Aftermath*, (Dordrecht; Boston:
Nijhoff,1991), p198.

16）少数民族高等弁務官の成立過程に関しては、拙著『CSCE少数民族高等弁務官と平和創
造』国際書院、2014参照。

17）歴代少数民族高等弁務官は以下の表のとおりである。

年	就任機関	氏名	出身国
1	1992～2001	マックス・ファン・デア・ストール（Max van der Stoel）	オランダ
2	2001～2007	クヌート・フォレベック（Rolf Ekéus）	ノルウェー
3	2007～2013	ゲラルド・ストゥッドマン（Gérard Stoudmann）	スウェーデン
4	2013～2016	アストリッド・トールス（Astrid Thors）	フィンランド
5	2017～2020	ランベルト・ザニエール（Lamberto Zannier）	イタリア
6	2021～現職	カイラト・アブドラマノフ（Kairat Abdrakhmanov）	カザフスタン

18）少数民族高等弁務官の実務においても、領域的自治を勧告したのはクリミア半島を巡
るウクライナ政府とクリミア・タタール問題のみである。Wolfgang Zellner, Lange Falk,
eds, *Peace and Stability through Human and Minority Rights*, (Baden-Baden: Nomos
Verlagsgesellschaft, 1999), pp.26-27.

　しかしながら、この「クリミア自治共和国」の制定が、2014年に発生したウクライナ

紛争において、クリミア半島の分離独立並びにロシア領への一方的編入へとつながることを考えると、ストールの懸念は妥当なものであったとみることができる。

　　クリミア・タタールの事例に関しては、中井和夫「クリミアにおける民族問題」『ロシア研究』、第22巻、1996年、43-63頁。

19）Walter A.Kemp, *Quiet Diplomacy in Action: The High Commissioner on National Minorities*, (Hague: Kluwer Law International, 2001), p.111.

20）Wolfgang Zellner, Falk Lange,eds, *op. cit.*, pp.26-27

　　ストールは具体的にはスロヴァキアの例をあげ、スロヴァキア南部のハンガリー国境に沿って居住しているハンガリー人とスロヴァキア政府との問題が発生した際にも、領域的自治などの措置には反対してきたという。

21）興味深いことに、国連、欧州審議会やCSCE/OSCEにおいて用いられるマイノリティに関する文書では「ナショナル・マイノリティに属する人々」（persons belonging national minorities）という表記になっており、慎重に「集団」としての表記を避けている。しかしこの勧告では他国に居住する住民または住民の一部（population or part of the population of another State）という表記となっており、こちらでは「マイノリティ」という表記が避けられている。

22）この法律に関しては、家田修「ハンガリーにおける新国民形成と地位法の制定」『スラブ研究』第51号、2004年、157-208頁が詳しい。

23）欧州においてしばしば「ナショナル・マイノリティ」が問題となり、大きく取り上げられるのはハンガリー系マイノリティをめぐる問題である。

　　ハンガリー王国は中世に、中欧に位置するカルパチア盆地を中心とした大帝国となった。15世紀にはオスマン・トルコ帝国にその多くの土地を占領されたが、その後にハプスブルク帝国に編入され、1848年革命を経てオーストリア＝ハンガリー二重帝国となった。このハンガリーの特徴としては、オーストリアとは共通の王を頂く国家であり、共通の王の下で今のスロヴァキア、ルーマニアのトランシルヴァニア地方、ボイボディナ、クロアチアや今のオーストリアのブルゲンラント州の統治をおこなっていた。

　　しかし第一次世界大戦後の講和条約であるトリアノン条約により、これらハンガリー王国領のうち領土の2/3、及び全ハンガリー人のうち3/5にあたる人口がハンガリー国外に居住することとなった。

　　これにより現在でもスロヴァキアでは人口の10％がハンガリー人となっており、またルーマニア革命の引き金が、ティミショアラでのハンガリー人牧師追放の抗議運動であったことなどからも分かる通り、ハンガリー系マイノリティ問題はしばしば中東欧諸侯では国境を超えた問題となる。

【参考文献】

家田修「ハンガリーにおける新国民形成と地位法の制定」『スラブ研究』第51号、2004年、157-208頁。

上垣彰『ルーマニア経済体制の研究 1944-1989』（東京大学出版会、1995年）。

喜多義人「国際社会における少数者保護制度の展開」『法学研究年報』（日本大学大学院）第31巻、2001年、213-254頁。

吉川元『ヨーロッパ安全保障協力会議（CSCE）』三嶺書房、1994年。

吉川元『国際安全保障論』有斐閣、2007年。

吉川元『民族自決の果てに―マイノリティをめぐる国際安全保障』有信堂、2009年）

吉川元「欧州安全保障協力会議（CSCE）プロセスの再考―規範と制度の平和想像力」広島市立大学広島平和研究所編『広島発の平和学』（法律文化社、2021年）、177-194頁。

吉川元、加藤普章編『マイノリティの国際政治学』有信堂、2000年。

木戸蓊「ルーマニアにおける少数民族問題」『共産主義と国際政治』第3巻第3号、1978年、2-32頁

金東勲『人権・自決権と現代国際法－国連実践過程の分析－』新有堂、1979年。

城守茂美「ルーマニアの領土問題と少数民族問題（トランシルバニアとベッサラビアの歴史と、これに起因する諸問題）」『外務省調査月報』第2号、1980年、13-86頁。

田畑茂二郎『国際化時代の人権問題』岩波書店、1988年。

玉井雅隆『CSCE少数民族高等弁務官と平和創造』国際書院、2014年。

玉井雅隆『欧州安全保障協力機構（OSCE）の多角的分析』志学社、2021年）。

H・ヴェントカー（岡田浩平訳）『東ドイツ外交史 1949-1989』三元社、2013年。

宮脇昇『CSCE人権レジームの研究「ヘルシンキ宣言」は冷戦を終わらせた』国際書院、2003年。

六鹿茂夫「ルーマニア自主路線の分析枠組－内政と外交の一体性と乖離」『ソ連・東欧学会年報』第15巻、1986年、69-74頁。

Albin Rabushka,Kenneth A. Shepsle, *Politics in plural societies: a theory of democratic instability,* (Columbus, Ohio: Charles E. Merrill, 1972).

Angela Romano, *From Detente in Europe to European Detente, How the West Shaped the Helsinki CSCE,* (Bruxelles: P.I.E. Peter Lang, 2009).

Antonio Cassese, *Self-Determination of People: A Legal Reappraisal,* (Cambridge: Cambridge University Press, 1996).

Bodgan Aurescu "The 'Kinterested' State and the HCNM Bolzano "Rule of Engagement"" in FrancescoPalermo, Natalie Sabanadze, eds, *National minorities in inter-state relations,* (Leiden: Martinus Nijhoff, 2011), pp.62-77.

Bruno De witte, Eniko Horvath "The many faces of minority policy in the European Union", in Kristin Henrald, Robert Dunbar, eds, *Synergies in minority protection:*

European and international law perspectives, (Cambridge: Cambridge University Press, 2008), pp.365-384.

David Galbreath, Joanne McEvoy, eds, *The European minority rights regime: towards a theory of regime effectiveness,* (Basingstoke: Palgrave Macmillan, 2012).

Doris Farget "Defining Roma Identity in the European Court of Human Rights", *International Journal on Minority and Group Rights,* vol.19, no.3, 2012, pp.291-316.

Eben Friedman, "The situation of Roma between human rights and economies", *ECMI Issue Brief (European Centre for Minority Issues),* no.31, 2014, pp.2-26.

Ferix Ermacora "Rights of minorities and self-determination in the framework of the CSCE", in Arie Bloed, Pieter van Djik, eds, *The Hunan Dimension of the Helsinki Process: The Vienna Follow-up Meeting and its Aftermath,* (Dordrecht; Boston: Nijhoff, 1991).

Francesco Palermo, Natalie Sabanadze, eds, *National minorities in inter-state relations,* (Leiden: Martinus Nijhoff, 2011).

Heinz Vetschera, "Effects of Basket I: Security and Confidence-Building", in Hanspeter Neuhold, ed, *CSCE: N+N Perspectives,* (Purdue University Press, 1987).

Helen O'Nions, *Minority rights protection in international law: the Roma of Europe,* (Aldershot: Ashgate, 2007).

Isabel Taylor, *Domestic minority recognition and European law: the legal background to the Roma's dilemma,* (Hamburg: Kovač, 2013).

Jacob Robinson, "Internatinonal protection of minorities: a global view", *Israel Yearbook of Human Rights,* vol.1, 1971, pp.61-91.

Kristin Henrard, *Devising an adequate system of minority protection: individual human rights, minority rights and the right to self-determination,* (The Hague; Boston: M. Nijhoff, 2000).

Kristin Henrard "A Patchwork of 'success' and 'missed' synergies in the jurisprudence of the ECHR", in Kristin Henrald, Robert Dunbar, eds, *Synergies in minority protection: European and international law perspectives,* (Cambridge: Cambridge University Press, 2008), pp.314-364.

Kristin Henrard, Robert Dunbar, eds, *Synergies in minority protection: European and international law perspectives,* (Cambridge: Cambridge University Press, 2008).

Luigi Vittorio Ferraris, ed, *Report on a Negotiation: Helsinki – Geneva-Helsinki 1972-1975,* (Brill Academic Publishers, 1979).

Patric Thornberry, *International Law and the Rights of Minorities,* (New York: Oxford University Press, 1991).

Patric Thornberry, Maria Amor Estebanez, eds, *The Council of Europe and Minorities,*

(Strasbourg: Council of Europe publishing, 1994).

Patric Thornberry, Maria Amor Estebanez, eds, *Minority rights in Europe*, (Strasbourg: Council of Europe publishing, 2004).

Rainer Hofmann, *Minderheitenschutz in Europa: völker-und staatsrechtliche Lage im Überblick*, (Berlin: Gebr. Mann, 1995).

Rein Mullërson, *International law, rights and politics: developments in Eastern Europeand the CIS*, (London; New York: Routledge, 1994).

Rita E.Hauser "International protection of minorities and the right of self-determination", *Israel Yearbook of Human Rights*, vol.1, 1971, pp.92-102.

Roni Stauber, Raphael Vago,eds, *The Roma, a Minority in Europe*, (Budapest: Central European University Press, 2007).

Vincent Ramelot, *La protection des minorités nationales dans la conférence de Helsinki*, (Louvain: Universite Catholique de Louvain,Depaetement des Sciences Politiques et Sociales, 1992).

Walter A. Kemp, *Quiet Diplomacy in Action: The High Commissioner on National Minorities*, (Hague: Kluwer Law International, 2001).

Will Gay "EU Initiatives on Roma", in Nando Sigano, Nidhi Trehan, eds, *Romani Politics in Contemporary Europe*, (Basingstoke: Palgrave Macmillan, 2009), pp.24-25.

コラム	中立地帯

1．国境を定められない

　国境を画定できない場合に、相互の立場を最大限尊重したうえで当該地帯を中立地帯とすることがある。中立地帯における主権の存在の認否や、個人の権利・義務関係は複雑になる、それほど多くの事例があるわけではないが、ここで欧州の事例を紹介しよう。

2．モレネ(Moresnet)

　オランダとプロイセンの間にあったモレネは、亜鉛産出地であり、両国間の係争地であった。1815年のウィーン会議後、プロイセンとオランダの国境線未確定地域として、この小さな地域は共同統治区域となり非武装化された。オランダからベルギーが独立すると、ベルギーとプロイセンの共同統治となった。行政面では2つの王国の理事官によって統治され、立法面では市評議会が設置され、司法面では裁判所はなく裁判官が両国から出張した。住民に国籍はなく無国籍状態、独自の貨幣はなく、近隣諸国の貨幣が流通したという。そのころ、同地のモリー博士は、言語として欧州共通の人工言語として宣伝されていたエスペラント語を国語とする独立

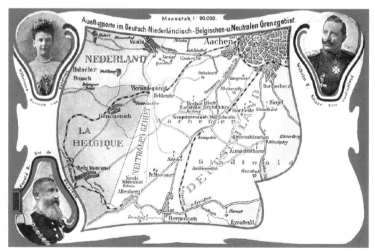

　図　中立モレネ（地図の下のやや左、縦長の細い三角形 NEUTRALES GEBIET
　　　の部分）と周辺を描いた絵葉書（1900年）
　　　　　　（https://www.holandiabeztajemnic.pl/?page_id=14239&lang=en）

の提案を発表したが、実現することはな
かった。第1次世界大戦でドイツの敗北によ
り、ベルギーに編入され、現在に至ってい
る。

3．現在の中立地帯

　現在、モレネはベルギーのワロン語圏と
してフランス語が主として用いられている。
山間のひっそりとした閑静な街並みが見ら
れる。前頁の図中の三角形の上側の頂点に
あたる部分は、Dreiländerpunkt（ドイツ、
ベルギー、オランダの国境点）として観光
地化されている（→第1章）。他の地域では
ジブラルタル・スペイン間や、サウジアラ
ビア国境等に中立地帯が設定されている。

写真　モレネの博物館
中央はモレネの旗
（筆者撮影）

【注】

1）本コラムは、Alexander Melamid, "The Economic Geography of Neutral Territories,"
　Geographical Review, Jul., 1955, Vol. 45, No. 3, pp.360-361 などを参考にした。

第2部　日本の国境の過去と現在

第5章

戦前の沖縄と台湾

1. はじめに

　本章では、戦前の沖縄と台湾について取り上げる。近代以降、西洋の国々をはじめとした諸外国が日本近海に出没するようになり、日本は、領土を明確にすることが求められた。日本という国の版図はどこまで広がっているのか、当時の日本政府はもちろんのこと、国民にもその理解が必要となった。この時、いわば国土と国境が初めて意識されるようになったのである。19世紀になると日本の北方においては、ロシアとの国境にまつわる問題が起きていた。南に目を向けてみると、沖縄が、そして台湾が東アジアの中でも注目されるようになり、日本もその両地域を自国の版図として射程にいれていくのである。

　本書では、国土と国境をテーマに掲げているが、本章で取り上げる議論は、やや他章のそれと異なるものとなる。戦前の沖縄台湾両地域の間にあるのは、国境線ではない。沖縄県と台湾の間にあるのは、内地と植民地という境界である[1]。いくら気候が似ていて、風土も大きな違いはないとしても、両地域の間には内地と植民地とを分ける境界が存在していた。この境界をもとに、それぞれを統治する主体が異なる。本章では、戦前の内地である沖縄県および、植民地である台湾という両地域の日本への統合過程について概観する。次いで、両地域の間にある境界の揺らぎが見られた事例を取り上げるとともに、その境界に住む人びとの動揺、すなわち沖縄を植民地として位置付けられることに対する沖縄現地に住む人びとの危惧、さらに、当時の日本政府が両地域の間にある境界をどのように認識していたのかについて論じていく[2]。

2．沖縄と台湾の日本への編入過程

国の領域とは、国家の統治権の及ぶ範囲である。陸については領土、海については領海、空については領空が国際的基準として定められている。領土は、国の統治権の及ぶ陸地である。一般的に、第二次世界大戦終了前まで、日本の領土は、北海道（千島を含む）から沖縄県までの都道府県に分けられた内地と植民地、租借地、委任統治領といった外地に分けられていた[3]。以下本節では、沖縄県と台湾の日本への編入過程について簡単に見ていきたい。

（1）琉球王国から沖縄県へ

明治時代に最初に日本政府が日本の南の辺境に関して着手したことは、琉球王国の処遇の問題であった。もともと、1609（慶長14）年の薩摩藩の出征によって、琉球王国は、独立国でありながらも、清国と薩摩藩との二重の帰属の状態にあった。1871（明治4）年に政府は全国的に廃藩置県を実施した。この時に琉球王国は、鹿児島県の管轄下に置かれ、1872（明治5）年に琉球王国は、琉球藩となった。琉球国王尚泰（1843～1901）も同時に華族（侯爵）に列せられる。そしてわずか7年後の1879（明治12）年に琉球藩は廃止され、沖縄県が設置されたのである。それにともない沖縄県庁が、同年3月に那覇に設置された。同年5月18日には鍋島直彬（1843～1915）が初代県令として着任し、沖縄に新しい県政が発足した[4]。また沖縄県行政を始める前に、日本政府は、沖縄に官吏を派遣し旧慣調査を行っている。旧慣調査とは、琉球王朝期の政治、文化、社会、人びとのくらし、内法などさまざまな分野についての現状把握のための調査である。この調査報告を元に、沖縄県の統治政策は進められた。

沖縄県の設置に伴い、旧琉球王朝期の統治制度（行政、司法、立法）や文化が突如、全て日本の内地のそれに置き換わったわけではない。行政に関しては、沖縄県庁の職員が、内地から派遣された人びとによって全てとってかわられたというわけではなく、琉球王朝期に官吏として仕えていた士族を沖縄県の行政をになう職員として引き続き採用した。しかしながら、政府の行政運営に反感を持った旧琉球王国の官吏はサボタージュをおこなうことがしばしばあった。

そのような状況では、沖縄の統治がコントロールできないため、琉球の古い制度（土地制度・租税制度・地方制度など）を残した旧慣温存政策（以下、旧慣政策と表記）をとりながら沖縄統治は進められた。日本政府が沖縄に旧慣政策をとったのは、沖縄の旧支配層の反発を回避するということだけではない。琉球王朝期の旧税制の方が日本政府にとって経済的利益が大きかったこと、日本国内の内乱の対応におわれ沖縄統治の具体的な政策を政府が打ち出せなかったことも理由としてある。これらの旧慣政策を存置したために、沖縄県は他府県並みではないという議論が後に展開されるようになる。他方で、身分制の廃止や近代教育制度の導入は早々に着手された。沖縄の文化や風俗も学校を拠点として、沖縄県民の近代化と称した「日本化」が行われた[5]。沖縄の人びとの日本人化への動きは、沖縄県設置当初から日本政府によって推進された。

（2）植民地台湾の登場

　日清戦争後の日清講和条約をもとに、日本は清国から台湾を割譲されたが、それ以前に日本と清国との間において台湾をめぐっての事件が起きていた。それは、1871（明治4）年11月に起きた宮古島島民遭難事件である。宮古島からの首里王府への貢納船が、那覇からの帰途中に台風にあってしまい台湾付近で遭難し、その生存者が台湾原住民によって殺害されてしまうという事件である。日本政府は清国に厳重に抗議するも、清国からは台湾原住民は「化外の民」だという返事をもらった[6]。日本政府はこれを機に台湾に出兵したのである[7]。日本政府は台湾出兵をおこなうことにより、琉球の民は日本の民であり、その民を守るために出兵したということを清だけではなく、国際的に発信する契機とした。宮古島島民遭難事件および台湾出兵は、琉球（沖縄）の帰属問題を日本政府が国際社会に示す出来事にもなった[8]。

　日清戦争を経て締結された1895（明治28）年4月の日清講和条約において日本は台湾の割譲を受けることとなった。ここでいう台湾とは、台湾島と膨湖島である。そして台湾統治のために台湾総督府が設置された。同年5月台湾現地住民は、「台湾民主国」の独立を宣言した。台湾現地住民の中には、日本統治を受け入れず軍事的な抵抗をする者もいた。日清戦争終結後も、台湾での武力

抵抗への鎮圧のための日本人戦死・戦病死者は多く、漢族武装団や山岳先住民族の抵抗は1915（大正4）年まで続いた。そのため1896（明治29）年3月に台湾統治の名目上の民政移管は行われたものの、台湾の現地行政は軍事的な力の行使が伴うものとなっており、軍隊が行う「民政」という名の軍政が行われた。

　台湾は、大日本帝国憲法の規定外の植民地となった。そのため台湾において憲法が施行されるかどうかが議論された。それが、1896（明治29）年「法律第63号台湾ニ施行スヘキ法令ニ関スル件（通称「六三法」)」で問題となった。日本政府は植民地にも憲法が施行されると考えていたものの、実際には天皇の統治権の点を除いては、全く施行されなかった。台湾総督府という組織は、内閣に属しておらず、また内地と同じ府県制を台湾には敷かれてもいない。法に関しては、内地の法律は適用されず律令が施行された。また裁判は、内地の大審院の系統とは別の総督府法院がおこなった9）。さらに台湾における司法・行政・立法の三権は日本政府ではなく、台湾総督府の長である台湾総督が掌握したのである10）。

　日本政府は台湾を国防重視という点で捉えながら、同時に日本人が住む土地として殖民を進めた。台湾割譲を決めた日清間の条約の下、台湾住民は2年間の猶予期間のうちに、台湾にとどまり日本国籍を付与されるか、もしくは不動産所有権を売却し島外退去をするかの選択を迫られていた。台湾統治の実態はというと、台湾に派遣される官吏の質の低さが定評となっていた11）。軍、警察、植民者による原住民への侮蔑行為（寺院や書院の占領や破壊、墳墓の発掘、婚姻儀式の侮辱や妨害など）があった。原住民の武力による抵抗を武力で鎮圧するということだけではなく、日本人官吏の無秩序な暴力による支配が恒常していた12）。

　沖縄県の設置前後に旧慣調査がおこなわれたように、台湾においても旧慣調査はおこなわれた。調査を元に、教育についてどのように取り組まれるべきかが日本政府および総督府間で議論された。台湾の教育制度は、台湾住民を日本人化する上で重要だと考えられた。日本政府は国防のために台湾住民の同化を否定しないが、それを急激におこなうとコスト増加や現住者の反発を招く恐れがあるため、旧慣を温存しながら漸進的に同化を進めるという形をとった。台

湾教育は、日本に対する忠誠心育成を強調しながら、日本の内地の学校同様に授業料が徴収され、内地よりも科目及び修業年限が短縮されるといった制度であった[13]。この点も沖縄と台湾が日本の中で位置付けが異なるということを表している要素の一つでもある。

3. 沖縄と台湾その境界の揺らぎ

　植民地である台湾は、台湾総督府の指揮のもと、日本人が入植する地として開発が進められた。先に見たように現地住民の武力的な蜂起に対して、台湾総督府は武力で対峙した。植民地であるため、沖縄を含めた内地からの入植者も増加する。植民地である台湾に仕事を求め、または一攫千金を夢見た入植者が多くいた。沖縄の人びとにとっても、台湾は出稼ぎ先として非常に魅力のある土地であった。台湾は沖縄から非常に近く、ハワイやフィリピンやブラジル、そして内地に渡るよりも低コストで移動できる。また気候風土が似ているということもあり、人気の出稼ぎ地域でもあった。開発が進み、内地からの資本の投下が加速する台湾は、やがて帝国日本内の沖縄の地位を大きく脅かす存在へとなっていく。本節では、その契機ともなる沖縄台湾合併論の浮上について取り上げる。

（1）沖縄台湾合併論の登場
1）構想の内容とその背景

　沖縄台湾合併論は、1908（明治41）年11月27日の台湾在住沖縄県出身者からの琉球新報社に送られてきた電報に始まる。同月29日付『琉球新報』[14] では、この電報を紹介し、「台湾直轄論」という社説を掲載した。台湾直轄論とは、台湾を植民地から格上げをしようという議論であった。しかし台湾だけで独立させるということは困難なため、台湾直轄論は、沖縄と台湾をセットとする合併論として議論されていた。以下がその社説の冒頭の部分である。

　　一昨日台湾知人よりの入電として掲出したる台湾電報欄内沖縄と台湾の直轄となすべき運動一二代議士が主唱者となり奈良原男爵之れに賛成の意を表し、為

めに種々なる醜運動開始されつゝあり云々。台湾日日新報に顕はれたる記事は
若し事実なりとせば半ば一二代議士の非常識なる笑話の種となる外何等の価値
あるべしとも想はれず、人によりて斯の如き電報が果して台湾より来れるやを
疑ふものさへあり（読点は筆者による）[15]。

　社説の中では、誰から送られた電報なのかは明らかにされていないものの、
「疑う余地はない」と記されていることから、琉球新報社が発電者本人を信用
したことがわかる。社説の冒頭に「一昨日」と書いてある。11月27日付けの
『台湾日日新報』を見ると[16]、第4面の一番下の段にある「無絃琴」という欄
に同じような内容の記事が掲載されている。琉球新報社に電報を送った人物は、
この欄を読んだことが推測される。発電者の県民に知らせようという親切心と
「敏速な報道」に対し、社説は感謝しつつも、その中身については、「日本帝国
祖国の一部として、一塊の土も一人の人類も祖国の光栄ある歴史と共に始終せ
んとの決心を以て忠誠心は人一倍に養成し来れる琉球秀麗の天地を、新附の一
領土と同一なる政廳の灰かに移して顧みさらんと欲する」というように植民地
台湾と同一視されることを危惧している。また、琉球新報社の編集者にとって、
最も衝撃的だったのは、つい半年ほど前まで沖縄県知事を務めていた奈良原繁
（1834〜1918）がこの論について賛成したことであった[17]。

　琉球新報社は合併論に反対した。沖縄県を台湾総督府の直轄にしても沖縄県
の利害は何等なく、台湾の利害にさえもならないと記している。「人騒がせを
試みんとの主旨に外ならざるべしと想像するが故に、真面目になりて論争する
程のことはなく、寧ろ冷笑を以て迎ふるの外何等の価値あるべしと想はれず」
と記しながらも、この台湾と沖縄を一つにするという議論について『琉球新報』
では、1909（明治42）年の1月26日までの約2か月間にわたり社説を中心に取
り上げた[18]。

　1908（明治41）年12月の『琉球新報』において、沖縄と台湾の合併論の内容
があきらかになってきた。この合併論の原因は、『琉球新報』によると、「事の
原因は、台湾総督府が中央政府より関税納付を迫られたる為め、其の補填の為
めに、沖縄県の収入を検討にせるもの」という。この直轄論を唱えていたのは、
桜井と中村という二人の代議士であるということである[19]。彼らは、沖縄を台

湾と合併させる理由として、「中央政府が持て余して居る沖縄県を台湾総督府
の管轄に移して、内地の負担を軽くしたなら、セメてもの母国への奉公になる
であろふ」というのである[20]。

　この沖縄県に対する代議士のコメントは、当時の沖縄の人びとにとっては衝
撃であった。このコメントに対して、『琉球新報』の社説は、以下のように続
ける。

> 沖縄県下を中央政府が持て余しおるや、将た誠に難有土地と想うておるやは見
> る人によりて異にする点あるも知るべからず、然れども県下に政府が投しつつ
> ある政費の全部は八十余万円にして、政府が県下より収めつつある租税其の他
> の収入は三百万円に達せり。金銭の関係より云えば、強ちに持て余され居るとも
> 想（ママ）われず、統治上とて斯る柔順忠義な人民は他に比類あるべしとも
> 想われず、政府にして若し此の良民を持て余す位なりせば将た誰を相手に帝国
> の事を謀らん[21]。

　この社説では、沖縄県を日本政府が「持て余して」いるということに対し、
日本政府から沖縄県に対する経済的な投資額および、租税額を比較し、金銭的
に持て余していると思われないと反論をおこなっている。さらに、沖縄県民に
ついて他に比類ないほど「柔順忠義な人民」と評している。そして、政府がも
し沖縄を持て余しているとすれば、その責任は奈良原前知事が負うべきである
と主張するのである。なぜならば、沖縄台湾合併論に賛同している奈良原繁が、
17年という長きにわたって沖縄県知事というその職を全うしてきたのにもかか
わらず、彼は合併論に賛同しているからである。奈良原は、「琉球王」という
名を馳せ、旧慣温存政策期において、寄留商人の経済活動に対し優遇措置をと
りながら、沖縄の教育や経済の近代化を推進する政策をおこなってきた。しか
し、他方で農民たちは、重い租税制度の変わらない苦しい日々が続いていた。
沖縄の人びとにしてみれば、これまでの奈良原県政の17年間は、何だったのか
という疑問が生じるのである。

2）南洋道庁設置論—南洋道構想

　次第にその沖縄台湾合併論は台湾、沖縄、奄美大島の熱帯地方を一纏（ひとまと）めにし、北海道に対して、南洋道を作る構想へと転化する。1908（明治41）年12月9日の『報知新聞』に、南洋道庁新設についての記事が掲載された。その内容は、沖縄・台湾・奄美大島を合わせて日本の亜熱帯地方に一政庁を設け、南洋道庁として殖産興業をはかるというものであった。沖縄、台湾が交通運輸の便に欠けていること、また八重山および宮古両島の利源の開発も意図していた。沖縄と台湾をまとめて振興策を提示する内容であったが、その議論は台湾を基軸とした台湾優先型の発想になっていく。南洋道庁政府が上記エリアを管轄するという議論であったが、台湾総督府が沖縄を直接統治する構想へと内容が変容する。

　かつて初期の台湾経営においては、日本政府からの巨額の国庫補助が必要であった。1897（明治30）年には、帝国議会で台湾をフランスに1億円で売り渡す台湾売却論も出ていたほどである。1898（明治31）年に児玉源太郎（1852〜1906）が第4代総督に就任し、民政長官に後年、満州開発に手腕を発揮した後藤新平（1857〜1929）が抜擢された。両者の台湾統治政策により、合併論の浮上した頃には台湾経済は安定していた。つまり、台湾と沖縄が合併した場合、沖縄は台湾と同じ植民地になってしまうという懸念が沖縄の人びとに広がったのである。

　『琉球新報』は単に沖縄台湾合併論に反論を示しただけではない。この機会を利用し、県民に次のように勧告するのである。

> 余りに県費其の他の補助を中央に哀願せざるにあり、自ら出資して自ら治め、堂々たる自治的人民たる態面を有せば、豈に持て余し論など持ちだささるるの空隙あらんや、之れ実に県下を侮辱し、我等を蔑視するもの、容赦すべからざる問題なればなり、然かも代議士之を敢てし、旧令尹［奈良原繁が］之を賛成せるとせば、其の人の功罪は敢て論ぜず、県民は先ず大に顧み、更に奮う所なかるべからず[22]。

　沖縄県の県費やその他の補助を日本政府に依存せず、自ら出資して自ら治めること、すなわち沖縄県内の島内資本の育成をめざし、「自治的人民」の態度

を示す必要があることを主唱する。また、沖縄における確固たる自主財源を確
立すべきであること、つまり沖縄の会計独立論を真剣に検討すべきであること
を主張するのである。当時、沖縄は未だ旧慣温存政策の下に置かれており、他
府県と同様の県制が実施されたのは、1909（明治42）年の4月からであった。
南洋道構想が出現したのは、県制導入の直前であったためか、なおさら、自治
の確立や島内資本の確立（経済・産業の振興）の必要を説いたのであった。そ
れは、南洋道が実現すると沖縄は台湾の従属物に転落してしまうという恐れが
あったためである。

　1896（明治29）年に沖縄の若きエリートたちが自治独立を求めた公同会運動
を起こした。そこで彼らは、「特別制度」を掲げていた[23]。その中に掲げられ
ていた項目と共通しているものが、約10年後に発案された南洋道構想の反論の
際にも主張されている。沖縄県の独立会計がそれにあたる。沖縄の財政がその
10年でなんら変化していないということを意味している。

　1908（明治41）年12月22日に第25回帝国議会が開かれ、その翌日から予算委
員会の議事が審議された。しかし結局は、この「南洋道新設」の議案は提出さ
れなかった。

　植民地台湾との合併は、植民地に転落するかもしれないという危機感を沖縄
に与える議論であった。そのためには沖縄の経済、とりわけ糖業（砂糖生産業）
を中心とした産業、そして沖縄県財政を合併論を回避するための論の中心に据
える必要性があった。さらに、沖縄の人びとは、植民地台湾と自分たちが同一
視されることを嫌悪していた。同一視されないためにも、彼らが主張したこと
は、日本への同化であり、日琉同祖論であった。日本と沖縄の同一性を主張し
なければ、植民地に転落してしまうという危惧があったのである。

4．おわりに

　本章では、戦前の沖縄及び台湾の日本への編入過程について確認するととも
に、両者の間にある境界の撤廃へと導くこととなる沖縄・台湾合併論（南洋道
構想）について取り上げた。戦前の沖縄と台湾において、沖縄は内地の一県で

あって、他方で台湾は植民地であった。両者は帝国日本の版図の位置付けにおいては互いに異なるものであった。この2つの地域の間に植民地か内地かの境界が存在するのである。しかしながら、当時の日本政府は、互いに近接している両地域の狭間の線引きについては特段意識していなかった。

　国家統治において、地理的に国の中心から離れた辺境地域は、中央政府からの目が行き届かないことがしばしばある。琉球王国は沖縄県となり内地の一部となり、日本化が進められた。それは形式的なものではないかと一部の沖縄の人びとはある種懐疑的になっていた。それを示すものとして、旧慣政策がとられ、地方制度の導入が他府県よりも20年ほど遅れていたということが挙げられる。

　植民地台湾の運営が軌道に乗り好調な台湾経済の一方で、沖縄県内の厳しい経済状況下にこの境界の変動もしくは撤廃の可能性は、沖縄にとって帝国日本下での地域としてのステータス、ポジションを揺るがす大きな懸念材料となっ

【参考資料】表5-1　戦前の沖縄・台湾統治に関わる年表

西暦	事項
1609年	島津侵攻
1684年	台湾が清国領となる（福建省台湾府）
1871年	宮古島島民遭難事件
1872年	琉球藩設置　琉球藩の外交権停止
1874年	台湾出兵
1874年7月	琉球藩の所管を外務省から内務省へと移管
1875年	琉球藩の清との関係断絶を日本政府が命令
1876年	日本政府が琉球藩の裁判権、警察権接収
1879年4月	琉球藩を廃止し、沖縄県設置を全国に布告
1880年	日本政府が琉球分割案に関する条約案を提議→清は条約回避
1885年	台湾、福建省から独立して台湾省に
1885年8月	大東島（南大東島、北大東島）沖縄県に編入
1885年9月	沖縄県から内務省に尖閣列島実地調査届出
1894年7月〜1895年	日清戦争

1895年1月	尖閣列島、沖縄県への編入閣議決定
1895年4月	日清講和条約（日本は遼東半島、台湾全島、膨湖諸島を清国より割譲される）
1895年5月	台湾民主国独立宣言
1895年6月	台湾総督府設置（台湾島・膨湖島に関する事項を管轄）
1896年4月	拓務務省設置（台湾・北海道に関する事項を管轄）
1896年4月	帝国議会に特別立法制度「台湾ニ施行スヘキ法令ニ関スル法律」（六三法）施行
1897年9月	拓殖務省を廃止し、内閣に台湾事務局設置
1897年10月	台湾総督府が設置される
1897年	台湾住民の国籍選択最終期限
1898年2月	内閣台湾事務局を廃止し、業務を内務省に移管
1898年	沖縄県に徴兵制が導入（宮古・八重山諸島は除く）
1900年9月	沖大東島が沖縄に編入
1902年	宮古・八重山両郡で徴兵令施行
1908年11月〜12月	沖縄・台湾合併論の浮上
1910年6月	内閣に拓殖局官制公布（台湾・樺太・韓国に関する条項を管轄）
1912年	沖縄県初の衆議院議員選挙（宮古・八重山諸島は除く）
1913年6月	拓殖局を廃止（業務は外務省内務省に移管）
1917年7月	内閣に拓殖局設置（朝鮮・台湾・樺太・関東州に関する事項を管轄）
1919年	宮古・八重山諸島を含む沖縄県全域で衆議院議員選挙法が施行
1920年	沖縄県に国政参政権導入
1921年1月	台湾議会設置請願運動
1921年	沖縄県に地方制度導入
1929年6月	拓殖局を廃止し、拓務省設置（朝鮮総督府・台湾総督府・樺太庁・南洋庁・東洋拓殖株式会社に関する事項を管轄）
1937年	台湾人軍夫が初めて戦場に送られる
1938年	総督府が台湾での「国家総動員法」の実施を公布
1939年3月	新南群島（スプラトリー諸島）が台湾・高雄市に編入
1942年	最初の台湾陸軍志願兵が入隊
1943年	台湾で海軍特別志願兵制度を導入
1942年11月	拓務省廃止（朝鮮・台湾・樺太に関する業務は内務省に、関東州、南洋群島に関する業務は大東亜省に引き継がれる）
1944年	台湾で徴兵制度を全面実施
1945年4月	米軍沖縄本島に上陸

た。加えて、この両地域は島々であるために、不都合があった場合、国が守ってくれないのではないか、という危機感も常に有していた。

　第二次世界大戦終了以降、台湾は日本の植民地ではなくなった。沖縄県はアメリカ統治下を経て日本へ復帰したが、その後も沖縄・台湾両地域は、国際政治の舞台の中でフォーカスされることがなお多い。境界/国境という意味でこの両地域は、これまでの本章で論じた歴史的プロセスの延長線上にあることから、今後も国際社会の中での大国のパワーと対峙し続ける、注目すべきエリアである。

【注】

1）沖縄県では、日本の本島を内地と呼ぶことが多い。その場合、沖縄県は含まれていない。しかし、本論では、政治制度的な形式に則って、沖縄を内地を記す。

2）近代日本の境界領域に関するナショナル・アイデンティティの問題を考察する研究として、小熊英二（1998）『〈日本人〉の境界』新曜社がある。

3）これまでの研究では、沖縄を植民地や「内国植民地」として捉える研究もある。

4）当時の状況を沖縄を代表する知識人の一人である太田朝敷（1865-1938）は、『沖縄県政五十年』（1932）のなかで次のように語っている。「廃藩置県といへば、沖縄の天地がひっくり返ったように、総べての制度が根底から改革されたものと思うものが多いかも知れないが諸制度は大部分藩制時代のものをそのまま套襲して、ただ変ったものは支配権が藩庁から県庁に変ったというに過ぎず、ただ教育革新は強い意欲を示したのである」（太田朝敷，『沖縄県政五十年』）。このことから、置県はそれまで官吏として政治を行っていた士族からは強い反発を受けたようだが、一般の沖縄の人々にとってはさほどインパクトのあったことではなかったことがわかる。また太田は同書において初期沖縄県政について、「置県後十数年の久しきに渉り制度の上では何等目立つほどの改革もせず、殆ど総べて旧習旧制を踏襲した県当局が、唯り教育に限り断然革新の方針を採り十三年から着々敢行するに至ったのは抑も如何なる理由に基づくのであるか、政府は新知識を注入して新時代を理解せしむるのを藩政改革の前提としたものの如く」と評価し、「一般県民は到底済度し難きものとして、旧慣旧制の空気の中で余り神経をとがらさぬようそっと撫付けておいて、二代目から根本的に改造するというのが、即ち当時の政府及び県当局の採った教育に対する方針であったようだ」（太田朝敷、前掲書、p.72）と述べている。

5）授業料に関しては、内地や後に見る植民地台湾などでは徴収されていたが、沖縄や北海道では、授業料は徴収されていない。

6）「化外の民」とは、清の権力・法律が行き届かない民である、ということである。

7）宮古島遭難事件は、牡丹社事件とも呼ばれる。

8）又吉（2018）は、1894（明治27）年の日清戦争を経て台湾領有というこれら一連の出来事を「台湾処分」と呼び、その引き金は台湾遭外事件（宮古島遭難事件）であると言う。また「台湾処分」と言う用語は、明治政府が台湾出兵時に使用していたことを確認し、「善者（日本）が悪者（琉球・台湾）を懲らしめるという、自らを『正当』とする論理が貫かれた」ということを述べ、このことから、台湾出兵を明治政府が「正当」化するという発想があったとも指摘する（又吉盛清『大日本帝国植民地下の琉球沖縄と台湾』pp. 276-277）。

9）伊藤隆監修百瀬孝著『史料検証日本の領土』（2010）河出書房新社、p.72。

10）初代から第七代台湾総督は、立法・行政・司法の三権のみならず、台湾に駐屯する陸海軍の指揮権も保持していた（1919年の台湾総督府官制改正まで）。しかしながら、台湾総督は、朝鮮総督よりも地位が低かった。

11）司法省のイギリス人顧問であったカークウッド（William Montague Hammett Kirkwood）は、内地からの派遣官吏の質を厳選し、下層植民者の流入を制限することを日本政府に進言している。イギリスでは、植民地に赴任する文官には、現地の言語や慣習に関する試験を幾重にも課している。選抜者に関しては、高い俸給で優遇する代わりに最低15年から20年は勤務するよう指導されていた。厳選されたエリートを宗主国から植民地に派遣することによって、原住民の信用や威厳が獲得されるという理論である。

12）小熊英二『〈日本人〉の境界線』（1998）新曜社、pp.72-74。

13）前掲書、pp.106-107。沖縄での教育は、無償で行われており、教育カリキュラムも他府県同様のものとなっていた。ただ、標準語を教える「国語」教育が他府県よりも教育の基本に据えられ、「会話科」という科目が沖縄県の学校には設置されていた。

14）沖縄県で最初に発刊された新聞が『琉球新報』である。『琉球新報』は1893年（明治26）9月15日に那覇で、開明的な新知識人によって創刊された。創刊者は、尚泰王の四男尚順を中心に、高嶺朝教、太田朝敷、護得久朝惟、豊見城盛和ら首里の旧支配階級の青年派に属する20代の若者たちであった。彼らの中で高嶺と太田は、第1回県費留学生として東京で遊学経験があり、さらに、その他のメンバーも日本政府の主導した新教育を受けた世代であった。

15）『琉球新報』明治41年11月29日（第3087号）第一面。

16）『台湾日日新報』は、1896年創刊の『台湾新報』（薩摩派）と1897年創刊『台湾日報』（長州派）が合併して1898年5月1日に成立した。初代社長は守谷善兵衛である。

17）同記事には以下のように記されている。「多年治績上の顕著なる舊令尹として縣民一般の尊敬する所の奈良原男爵が之れを賛成せりとの報道は、只事ならぬ感念を以て迎へられざるべからず」。明治28年の公同会運動（沖縄の自立を求めた、沖縄の若者たちが起こした運動）の際は、琉球新報同人と奈良原繁とは対立関係にあったが、公同会事件後は、奈良原は琉球新報社に対して金銭的、人的面で援助するなどをおこなっており、『琉球新報』は県庁の機関紙だとさえも言われていた。

18）明治42年1月26日（第3143号）第一面「議会の趨勢並びに本縣問題」という記事において「南陽道（ママ）設立の件は問題たらざるゆゑ既に死滅せり」という一文が記事の末尾に記されて以降、管見のかぎりでは『琉球新報』において南洋道問題はでてこない。しかし、2月の終わりまでしか見ることができておらず、見落としている恐れもあるかもしれないため、さらなる調査は必要と考えられる。

19）この2人の代議士については、苗字だけの記載であり、その他の情報は記載がない。

20）『琉球新報』「直轄論の動機」明治41年12月6日。

21）同上。

22）同上。

23）公同会運動の趣意書の9つの項目は下記の通りである。

　一、法令の定むる所の程度に依り沖縄に特別の制度を施行する事

　一、沖縄に長司を置き尚家より親任する事

　一、長司は政府の監督を受け沖縄諸般の行政事務を総理する事

　一、長司は法律命令の範囲内に於いて其管内に行政命令を発するを得る事

　一、沖縄に監視官を常置し中央政府より派遣せらるる事

　一、長司の下に事務官を置き法令の定める所の資格に遵い長司の奏薦により選任せられ長司自ら任免する事

　一、議会を置き各地方より議員を選挙し法令の範囲に於いて公共諸般の事を議せしむる事

　一、国庫に納むる租税は特に法律の定むる所の税率に據る事

　一、沖縄に要する一切の費用は特に法律に定むる所の税率以内に於いて議会の決議を以って賦課徴収する事

　　まだ旧慣温存制度下にあった時期に請願書・趣意書が構想されたであろう1896（明治29）年この段階において、沖縄に自治構想の萌芽が見られることが興味深い。

【参考文献】

新川明『琉球処分以後』上・下、朝日新聞社、1981年。

安良城盛昭『新・沖縄史論』沖縄タイムス社、1980年。

大里康永『沖縄の自由民権運動』太平出版社、1969年。

太田朝敷『沖縄県政五十年』国民教育社、1932年。

大田昌秀『沖縄の民衆意識』新泉社、1995年。

小熊英二『〈日本人〉の境界』新曜社、1998年。

長志珠絵『近代本と国語ナショナリズム』吉川弘文堂、1998年。

鹿野政直『沖縄の淵』岩波書店、1993年。

川畑恵「沖縄創県から初期県政へ」（『沖縄文化研究』法政大学、26号、2000年）。

『官報号外』明治27年6月3日。

菊山正明『明治国家の形成と司法制度』お茶の水書房、1993年。

金城正篤『琉球処分論』沖縄タイムス社、1978年。

駒込武『植民地帝国日本の文化統合』岩波書店、1996年。

坂元ひろ子「中国民族主義の神話—進化論・人種観・博覧会事件—」(『思想』第849号、岩波書店、1995年)。

後田多敦『琉球救国運動—抗日の思想と行動』出版舎Mugen、2010年。

『台湾日日新報』明治41年11月27日.

遠山茂樹「日本近代史における沖縄の位置」(『遠山茂樹著作集』第四巻、岩波書店、1992年)。

都丸泰助『現代地方自治の原型—明治地方自治制度の研究—』大月書店、2000年。

冨山一郎『近代日本社会と沖縄人』日本経済評論社、1990年。

冨山一郎「国民誕生と『日本人種』」(『思想』岩波書店, 第845号、1994年)。

冨山一郎「『琉球人』という主体」(『思想』岩波書店、第878号、1997年)。

成田龍一『近現代日本史と歴史学』中央公論新社、2012年。

那覇市企画部市史編集室編『那覇市史』資料篇第2巻中の2、琉球新報社、1966年。

那覇市企画部市史編集室編『那覇市史』資料篇 第2巻下、 琉球新報社、1967年。

那覇市企画部市史編集室編『那覇市史』資料篇 第2巻中の4、琉球新報社、1971年。

那覇市企画部市史編集室編『那覇市史』資料篇 第2巻中の5、琉球新報社、1972年。

西里喜行「旧慣温存下の県経済の動向」(沖縄県『沖縄県史』第3巻、1973年)。

西里喜行『沖縄近代史研究』沖縄時事出版社、1981年。

西里喜行「琉球沖縄史における『自治問題』」(『環』30巻、藤原書店、2007年)。

比嘉春潮『沖縄』岩波書店、1963年。

比嘉春潮『沖縄県の歴史』沖縄タイムス社、1965年。

比嘉春潮『新稿沖縄の歴史』三一書房、1970年。

比屋根照夫・伊佐眞一編『太田朝敷選集』上巻、第一書房、1993年。

比屋根照夫『近代日本と伊波普猷』三一書房、1981年。

平井廣一『日本植民地財政史研究』ミネルヴァ書房、1997年。

真境名安興『沖縄現代史』琉球新報社、1967年。

又吉盛清『大日本帝国植民地下の琉球沖縄と台湾』同時代社、2018年。

松田ヒロ子『沖縄の植民地的近代——台湾へ渡った人びとの帝国主義的キャリア』世界思想社、2021年。

三木健『八重山近代民衆史』三一書房、1980年。

水内俊雄「地理思想と国民国家形成」(『思想』岩波書店、845号、1994年)。

明治文化資料叢書刊行会編『明治文化資料叢書』第4巻、風間書房、1959年。

屋嘉比収『〈近代沖縄〉の知識人』吉川弘文館、2010年。

山下重一『琉球・沖縄史研究序説』お茶の水書房、1999年。

山室信一編『空間形成と世界認識』(「帝国」日本の学知第8巻、岩波書店、2006年)。

『郵便報知』明治9年8月18日。

與那覇潤『翻訳の政治学』岩波書店、2009年。

『琉球新報』明治31年4月4日。

『琉球新報』明治31年5月11日。

『琉球新報』明治31年5月13日。

『琉球新報』明治31年6月7日。

『琉球新報』明治31年11月7日。

『琉球新報』明治32年4月1日。

『琉球新報』明治32年4月3日。

『琉球新報』明治41年11月29日。

『琉球新報』同年12月5日。

『琉球新報』明治41年12月6日。

『琉球新報』同年12月7日。

『琉球新報』同年12月16日。

『琉球新報』同年12月17日。

『琉球新報』同年12月18日。

『琉球新報』明治42年1月10日。

『琉球新報』同年1月26日。

琉球新報社編『東恩納寛惇全集』第1巻、第一書房、1978年。

琉球新報社編『東恩納寛惇全集』第4巻、第一書房、1979年。

琉球政府編『沖縄県史14　資料編　雑纂』琉球政府、1965年。

琉球政府編『沖縄県史12　資料編　沖縄県関係各省公文書』琉球政府、1966年。

琉球政府編『沖縄県史13　資料編　沖縄県関係各省公文書』琉球政府、1966年。

琉球政府編『沖縄県史19　資料編9　新聞集成(社会文化)』琉球政府、1969年。

第6章

戦前のクリル諸島とサハリン島

1. はじめに

　第二次世界大戦前、日本はクリル諸島とサハリン島（日本ではそれぞれ千島列島と樺太とよんだ）の南半分を領土としていたが、戦後のサンフランシスコ平和条約（1951年調印、翌年発効）でその両方を放棄した。現在はいずれもロシア領となっている（ただし日本政府はいわゆる北方四島はクリル諸島に属しておらず、ロシアは不法占領しているとしてその返還を求めているが、本章においては便宜上これをクリル諸島南部と呼び、クリル諸島の一部として記述することにする）。

　クリル諸島とサハリン島は、日本の中心地から見ると、どちらも北海道の先にある北方の辺境地域であり、原始の自然を保った場所というイメージがある。またどちらも日露が進出する以前はアイヌが先住民として居住し、現在はともにロシアのサハリン州を構成していることから、似たような地域と見られることが多いように思われる。

　しかしながらクリル諸島とサハリン島にはそれぞれの地域的特性があり、また歴史を振り返ると、そのたどった道のりは、一時日本領となった経緯を含めて必ずしも同じではない。クリル諸島と南サハリンは、戦前の日本では別々に統治されていたのである。

　本章は、クリル諸島、サハリン島および北海道が日本の北方国境地域としてどのように歩んできたかを振り返り、近代日本の国境形成について考えることにしたい。

2．クリル諸島とサハリン島の地理

　はじめに、クリル諸島、サハリンおよび北海道について、地理的データを簡単に確認しておくことにする（図6-1「19世紀のサハリンとクリル諸島」、図6-2「第二次世界大戦後のサハリンとクリル諸島」を参照）。

　クリル諸島の面積は、南部を含めて約1万km^{2}で、岐阜県とほぼ等しい。クリル諸島は、北部、中部、南部の3つに区分されることが多い。以下に主な島の面積と人口を挙げる。

　　　　北部：シムシュ（占守）島　　　388km^2。　定住人口なし。
　　　　　　　パラムシル（幌筵）島　　2,053km^2。　人口2,500人
　　　中部：オンネコタン（温禰古丹）島　425km^2。無人島。
　　　　　　　シムシル（新知）島　　　353km^2。　無人島。
　　　　　　　ウルップ（得撫）島　　　1,450km^2。　無人島。
　　　南部：エトロフ（択捉）島　　　3,167km^2。　人口7,400人
　　　　　　　クナシリ（国後）島　　　1,489km^2。　人口6,700人
　　　　　　　シコタン（色丹）島　　　248km^2。　人口2,800人[1]
　この他、歯舞群島は全部で95km^2。現在、定住人口はない。

　ちなみに、日本の南方地域である沖縄県の面積は2280km^{2}であり、全部をあわせてもエトロフ島より小さい。また沖縄本島の面積は1,200km^{2}で、クナシリ島よりやや小さい。

　現在のクリル諸島で定住者がいるのは4島に限られ、パラムシル島を除いて人口は南部の3島に集中している。総人口は全部で約2万人程度である。産業的には、漁業が主力となっている。

　サハリン島の面積は7万6,000km^{2}で、北海道とほぼ等しい。人口は47万人で、極東の他地方と同じくソ連崩壊後は人口減少が顕著だ（1990年に71万4,000人だった州人口は2021年に48万6,000人に減少した）。ソ連期から油田が開発されていたが、ソ連崩壊後に海底油田・ガス田の開発が進展して主力産業となった。また漁業も盛んである。

　比較のために島としての北海道のデータを挙げると、面積7万8,000km^2、

人口520万人（2021年 5 月）で、面積はサハリン島とほぼ同じだが人口は10倍以上ある。

3．近世の蝦夷地とクリル諸島、サハリン島

　江戸時代、現在の北海道は蝦夷地と呼ばれ、その南部に松前藩が置かれていた。松前藩は幕府から蝦夷地の支配を委ねられていたが、和人が住むことができる範囲を、渡島半島南部の一部の地域に限定していた。蝦夷地の大部分は先住民であるアイヌが住み、松前藩は幕府の承認のもとにここでアイヌを使役して、漁場を独占的に経営していた。

　松前藩は、当初家臣たちに漁場を経営させた（商場知行制）が、その後ほぼ18世紀なかばまでに、和人の商人に漁場の経営を委ね、上納金を受け取るやり方（商場請負制）に変えた。主な産物としてはニシン、鮭・鱒、昆布などのほか、木材や鷲羽、砂金等を産出した。

　一方、ロシアはシベリアを征服して東に勢力を広げ、17世紀なかばにオホーツクに達すると、17世紀末にはカムチャッカに根拠地を築いた。18世紀に入るとヴィトゥス・ベーリング（Vitus Bering, 1681-1841）による 2 度の探検（第一次1725〜1730、第二次1733〜1743）が行われ、その後アメリカ大陸方面に進出した。ロシアが支配した地域は露領アメリカとよばれている。ロシアは、1799年に露米会社という特許会社を設立してこれを経営したが、1867年にアメリカに売却した。それが現在のアラスカ州である。

　第二次ベーリング探検隊でマルティン・シュパンベルク（Martin Spangberg, 1696〜1761）が率いたその支隊は、クリル諸島を南下して調査し、その先に日本があることを認識した。この探検隊に参加したステパン・クラシェニンニコフ（Степан Крашенинников, 1711〜1755）は、『カムチャツカ誌』（1755年刊）[2] の中で、クリール人のうち日本人に服属しているのはマツマイ島（北海道）のクリール人だけで、ウルップ島以北のクリール人たちはロシア人の支配下にあり、ウルップ、エトロフ、クナシリの住民たちは、いかなる支配にも属していないが、ロシアの北千島進出によってクリル諸島の南北の交易

図6-1　19世紀のサハリンとクリル諸島
(出典：秋月俊幸『千島列島をめぐる日本とロシア』(北海道大学出版会、2014) 見返し (一部改変))

が中断されたと記した[3]。

　こうして、ウルップ島以北のクリル諸島はロシアの勢力範囲に組み込まれる一方、エトロフ島以南のアイヌは蝦夷地と往来して交易し、1750年代にはクナシリ島に交易場所が設けられた。18世紀後半になるとロシア人はさらに南下し、1778年にはノッカマップ（現在の根室）に現れて松前藩に交易を求めたが、翌年、厚岸でこれを拒絶された。なお、松前藩はこのことを幕府に報告しなかった。

　このころまで、蝦夷地は日本の外にある地域と認識されることが普通だった。しかし、林子平（1738〜1793）は『三国通覧図説』（1786年刊行）の中で、日本の外にありつつそれに従属する「分内」だとする見方を示した。当時ロシアをはじめとする外国勢力の進出が意識される状況で、国土認識の転換が生じつつあったことがうかがわれる。なお、このころクリル諸島のことを千島とよぶようになったが、その位置や形などの地理的認識はあやふやなものだった[4]。

　ここで幕府は1785〜1786年に蝦夷地に調査隊を派遣し、サハリン、クリル諸島を含めて実地を検分させた。最上徳内（1755〜1836）らはクリル諸島方面を担当し、アイヌの案内によってエトロフ島、ウルップ島まで渡って調査し、現地についての正確な情報をもたらした。またこの時に最上が現地のアイヌやロシア人から聴取したロシアの動静についての情報は、『蝦夷拾遺』『魯西亜聞略』等の写本で広く流布した[5]。

　この後、アイヌが和人に対して蜂起して鎮圧されたクナシリ・メナシ事件（1789年）を期に、クナシリ島までが松前藩の統制下に入ることになった。幕府はいったん中止した蝦夷地調査を再開し、1791年に最上徳内等を蝦夷地に再び派遣した。幕府の調査隊はクナシリ島、エトロフ島まで渡って調査したあと、翌1792年にサハリン島を調査した[6]。

　この1792年から翌年にかけて、アダム・ラクスマン（Адам Кириллович Лаксман, 1766〜？）が大黒屋光太夫らを伴って交易を求める遣日使節として蝦夷地に来航し、1796年と翌1797年にはイギリス人ウィリアム・ブロートン（William Robert Broughton, 1762〜1821）が測量のため蝦夷地に来航した。海防の必要性について意識を高めた幕府は、1798年に大規模な調査団を

蝦夷地に派遣した。幕府はこれによってロシア人の勢力範囲がウルップ島まで
であることを確かめると、エトロフ島を防備の最前線とすることに決定した。
近藤重蔵（1771～1829）が「大日本恵登呂府」の標柱を建てたのは、この調
査の時のことである[7]。

　幕府はまた、1799年に東蝦夷地（北海道の太平洋岸から知床半島南面まで
の沿岸地域）を幕府の直轄地とし、さらに1807年には西蝦夷地も直轄地に加
えて、松前藩を暫定的に奥州梁川に移封した。この間エトロフ島掛に任じられ
た近藤重蔵は、高田屋嘉兵衛（1769～1827）に依頼してエトロフ島への航路
を開かせ、会所や漁場を設けさせた。こうしてエトロフ島は1800年に日本の
版図に入った。しかしエトロフ島の番所は、1807年にニコライ・レザノフ
（Николай Резанов, 1764～1807）の指示を受けた露米会社の海軍士官ニコ
ライ・フヴォストフ（Николай Хвостов, 1776～1809）とガヴリール・ダ
ヴィドフ（Гавриил Давыдов, 1784～1809）らにより襲撃されると、あっ
けなく敗退した[8]。

　次にサハリン島に話を移すことにしよう。

　ロシアは17世紀なかばに太平洋岸に進出しオホーツクを拠点としたが、その
南のアムール河流域では清と衝突し、ネルチンスク条約（1689年）などによ
りこの地域は清の勢力範囲となった。ナナイ、ウリチ、ギリヤークなどアムー
ル下流域の先住民たちは清に朝貢していた。アムール河口の対岸に位置するサ
ハリン島の北部には対岸と同じギリヤーク人などが住み、南部には主にアイヌ
が住んでいた。彼等は大陸と交易し清朝へ朝貢していた。

　サハリン島でのロシア人の活動は、17世紀以来記録があるものの、上記のよ
うな状況からロシアの勢力圏ではなかった。

　一方、日本側では松前藩士が17世紀に見分のため訪問したのがはじめとされ
る。蝦夷地北端のソウヤ（宗谷）場所はすでに1680年代に開かれていたが、
サハリン島との往来は長く中断し、1751年になって松前藩士加藤嘉兵衛が、
松前商人の船に乗ってシラヌシに出かけた。その後、松前藩は商人村山伝兵衛
（1738～1813）に命じてサハリン島に船を送るなどしたが、恒常的な漁場と交
易所を現地に設けたのは1790年のことである[9]。

　この間、上述のように1785～1786年に幕府が役人を派遣してサハリン島を見分させた。その踏査範囲は島の南部に限られたが、アイヌや山丹人からの聞き取りも行い、幕府は現地の状況を把握するようになった。

　その後1792年に最上徳内を派遣するなど、幕府は数度にわたってサハリン島の調査を進めた。さらに1808年には松田伝十郎（1769～1842）と間宮林蔵（1780～1844）にサハリン島奥地の探検を命じ、サハリンが大陸と接続しているか確認させた。松田たちは、北東岸の一部を除いて島の海岸の大部分を踏査して精度の高い地図を作成し、さらに大陸にも渡って調査した。

　幕府は、1807年に西蝦夷地を直轄地に追加することに決めたが、その直後に、ロシア人によるサハリン島襲撃の知らせを受け取った[10]。

　この間、ロシアは1799年に露領アメリカの経営のため露米会社を設立し、北太平洋で活動を展開していた。幕府が、ラクスマンに与えた信牌を持って1804年に長崎に来航したレザノフは、露米会社の総支配人だった。レザノフは、日本との通商交渉が不調に終わると、1805年に皇帝アレクサンドル1世（Александр I, 在位1801～1825）に書簡を送ってサハリン島とクリル諸島南部の襲撃許可を求め、またサハリン島をロシア領とするように上申した。その後、露米会社員のフヴォストフとダヴィドフに指示して襲撃を実行させ、幕府に大きな衝撃を与えたのである。しかしこの後しばらく、ロシアがサハリン島への進出を進めることはなかった。

　北方の動勢が落ちつきを見せた1821年、松前藩は再び蝦夷地の支配を委ねられることになった。

4．幕末のサハリン島と国境画定問題

　ロシアでは、イギリスと清が戦って清が敗北したアヘン戦争（1840～1842年）の状況から、アムール河をイギリスに押さえられた場合、シベリア経営が打撃を受けかねないという見方が政府内に生じ、アムール河下流域の調査が企画された。ここで重要なポイントだったのは、サハリンが島かどうか、アムール河が海から遡行可能かどうかの問題だった。

　ニコライ・ムラヴィヨフ（Николай Муравьёв-Амурский, 1809～1881）は、1847年に東シベリア総督に就くと、1849年に始まるゲンナージー・ネヴェリスコイ（Геннадий Невельской, 1813～1876）によるアムール調査を支援した。ネヴェリスコイは露米会社の支援を得ながら数年にわたる調査を行い、サハリンが島であり、アムール河を海から遡行できることを確認した。

　ロシア政府はアムール下流域とサハリン島への進出をはかり、アムール河を少し遡ったニコラエフスクなどに拠点を設けると、さらにムラヴィヨフを清国に派遣して沿海州を獲得した。

　こうしてロシアはサハリンへの進出を始めたが、この過程は、マシュー・ペリー（Matthew Calbraith Perry, 1794～1858）による日本開国交渉（1853～1854）と重なることになった。この時使節としてエフィーミー・プチャーチン（Евфимий Путятин, 1803～1883）を日本に派遣したロシアは、サハリンでの国境画定を議題としたものの、画定は先送りされ、両国は「これまで通りの仕来りたるべし」として1855年に日露通好条約を結んだ。

　日露両国はそれぞれサハリン島での勢力圏の拡充・確保をはかり、紛争が生じた。日本側はサハリン島への進出を急ぐ一方、「これまで通り」を日本とロシアがそれぞれの勢力範囲を維持しそれを越えて進出しないという意味だとして、ロシアの進出を抑制しようとした。しかしロシア側は、これまで境界がなかったことを続ける、つまり両国は島の任意の場所に進出できるという意味に解釈して、理解が食い違った。また日本側は、アイヌは日本になついているので、アイヌのいるところは日本の勢力範囲だと主張する一方、アイヌがロシア側と接触し交易を行うことを規制した。ロシア側はアイヌについての日本側の主張を認めなかった。

　その後、外国奉行兼勘定奉行の竹内 保徳（たけのうちやすのり）（1807～1867）らがペテルブルクに派遣され、1862年にサハリン島内の国境設定について外務省アジア局長ニコライ・イグナチエフ（Николай Павлович Игнатьев, 1832～1908）と交渉を行った。この時ロシア側は、島が細くなっている北緯48度線に国境を設定することを検討していたが、日本側は北緯50度の主張を譲らず、妥協は成立せずに終わった。

　そのままではロシア側がサハリン島南部に進出することを抑えることができない。そこで小出秀実（1834〜1869）外国奉行・箱館奉行を正使とする使節団がペテルブルクに派遣された。使節団は外務省アジア局長ピョートル・ストレモウーホフ（Петр　Стремоухов，1823〜1885）と交渉したが、この時ロシア側はサハリン島内に国境を設けることを認めず、使節団はロシア側の主張に沿った「雑居」を明確化する内容の「カラフト島仮規則」（1867年）に調印して帰国した。ロシア側はさっそくサハリン島南部のアニワ湾にムラヴィヨフ哨所を築いて兵を常駐させ、島の南部に進出した一方、幕末の日本側は諸藩の警備兵が撤退し、武備を欠いた状態で明治維新を迎えた。

　明治政府は、1868年に岡本監輔をサハリン島行政の責任者として派遣した。岡本は「カラフト島仮規則」を否定したが、ロシア側の活動を抑えることはできず、上京して政府に出兵を求めた。しかし明治政府は、イギリスのハリー・パークス駐日公使（Sir Harry Smith Parkes，1828〜1885）から紛争を起こさない方がよいと助言されたこともあり、慎重な姿勢だった。

　1870年、樺太開拓使が設置され、黒田清隆（1840〜1900）が開拓次官としてサハリン問題を担当することになった。黒田はサハリン島を視察すると、それを維持することは困難な状況だと認め、翌年、ロシアとサハリン島をめぐって争うよりも、これを放棄して北海道（蝦夷地を1869年に改称）の開発に注力すべきとする上申書を提出した[11]。

5．ペテルブルク条約（樺太千島交換条約）とサハリン、クリル諸島

　1870年にロシア軍が日本側の拠点であるクシュンコタンに隣接するハッコトマリに砦を築き、軍隊を常駐させたことは、日本側に大きな脅威を与え、翌年にはハッコトマリにあった日本側の倉庫の出火事件も生じた。

　明治政府はロシアの進出に対応するため、これまでの漁場経営に加えて農業移民を送り出すことを始めた。1873年にサハリン島に住む日本人は660人（夏期の季節労働者を入れると1,512人）、アイヌは2,374人、ロシア人1,162人だっ

た。またロシア側の資料には、1872年にロシア人と日本人をあわせて1,928人が居住していたとある。しかし、翌1874年に開拓使がサハリン島を維持しがたいとしてサハリン島から北海道への移住者を募ると、その年のうちに400人以上の日本人居留民が島を退去してしまった。

1874年、明治政府は榎本武揚（1836～1908）を駐露公使に任命し、領土問題の交渉を托してペテルブルクに派遣した。

翌1875年、榎本はサハリン全島をロシア領とする代わりにクリル諸島全部を日本領とするほか、サハリン島の漁業権維持、クシュンコタンでの領事館設置、同港の10年間の無関税などで合意し、アレクサンドル・ゴルチャコフ外相（Александр　Горчаков, 1798～1883）とペテルブルク条約を締結した。これがいわゆる樺太千島交換条約であり、こうして日露間の領土問題は解決を見た[12]。

このような解決の背景のひとつに、ロシアのアジア・太平洋政策の転換が考えられる。クリル諸島は、18世紀以来ロシアのカムチャツカ進出によって北方からその影響が及んでいた地域だったが、1867年の露領アメリカの売却と露米会社の清算は、クリル諸島に対する関心低下をもたらした。

一方でサハリン島は、ロシアのアムール河流域進出に伴ってその影響が及ぶことになると、シベリアの経営上、アムール河の航行を確保するために重視された。露米会社の清算は、ロシアがカムチャツカ方面からアムール河流域・沿海州方面に重点を移したことのあらわれで、クリル諸島を譲ってもサハリン島の確保を優先するという判断につながったと考えられる。

ペテルブルク条約は、サハリン島に居住する住民は、それぞれの希望により国籍を保ったまま自由に残留可能としたが、現地に入った日本側理事官は日本人全員に退去を勧告しただけでなく、出稼ぎ漁業の中止を約束させた。その後漁業者たちは政府に訴え出てサハリンでの漁業を再開させたが、継続漁業者として条約が定めた特権の適用外となり、その条件をめぐってロシア当局との間で紛糾が生じることとなった。

条約はまた、サハリンとクリル諸島の先住民について、そのまま居住するならばそこを領土とした国の国民となり、国籍の変更を望まないときは3年以内

に移住することとした。この時、サハリンのアイヌに北海道北部の宗谷に移住を希望する者はいても、それ以外の土地に移住を希望する者はいなかった。しかし、いったん宗谷に移住したサハリン・アイヌ841人は、黒田清隆開拓使長官の意向で北海道対雁（現江別市）への移住を強制され、天然痘の流行などにより、その半数近くが死亡することになった。生き残ったアイヌの多くはさまざまな口実を設けて対雁を離れ、結局のところ多数がサハリン島に再移住することになった[13]。

日露通好条約によって日本領と確認されたクリル諸島南部では、明治に入っても場所請負制の延長線上にある漁場持制が行われていたが、1876年に開拓使はこれを廃止した[14]。1873年の資料には、国後には63人のアイヌが住み241人の和人が寄留、択捉には388人のアイヌが住み230人の和人が寄留していたとある。クリル諸島南部では、以後役場が設けられるなど整備が進められ、漁業者を中心に徐々に和人の移住が進むことになった。

ペテルブルク条約によりクリル諸島中部・北部の引き渡しを受けた明治政府は、1876年にこれを千島国に編入し、得撫・新知・占守の三郡を設置した。クリル諸島北部および中部に住むアリュート人と一部のアイヌは、ロシア国籍を希望し、条約締結後カムチャツカに移住した。1881年現在、クリル諸島（南部を含む）に住むアイヌは約500人だった。

クリル諸島北部に住むアイヌに対して、開拓使（1882～1886年は根室県庁）は何度か役人を派遣し、物資を給与するとともにその状況調査と意向の確認を行った。とはいえ住民の数も十分に把握できていない実情があった。1884年に政府の役人安場保和（1835～1899）らがクリル諸島北部を訪問し、現地のアイヌに色丹島への移住を説いた。現地のアイヌ97人全員が色丹島に移住することになったが、移住を強制した面があったと指摘されている。これによって北千島は無人島状態になり、郡司成忠（1860～1924）の報効義会による移住・開拓の試みにより数十人が住んだ時期もあったが、定住者はごく少数のまま推移することになる[15]。

一方のサハリン島は1870年ごろまで主に軍隊の駐在地だったが、条約が締結されると部隊は転出し、もっぱら流刑植民地として利用されるようになった。

1879年以降、囚人たちはロシア南部の港町（現在はウクライナ）のオデッサを起点とするロシア義勇艦隊の船でインド洋を経由してサハリンに運ばれ、石炭採掘または農業に従事した。彼等は刑期を終えると流刑移住者に移行したが、1880年に内務省監獄局が発した規則により大陸への移住を禁じられ、禁制の解除後も大陸に戻る者は多くなかった。こうして19世紀末までに島内に130のロシア人の村がつくられた。

　サハリンの沿岸では、日本人漁業家が出稼ぎ漁民やアイヌを使役して、日本向けのニシン粕や昆布を主とする漁業を営んでいた。19世紀末になると、ここにジョージ・デンビー（Георгий　Демби、スコットランド出身でロシアに帰化）やフリサンフ・ビリチ（Хрисанф　Бирич）などのロシア人漁業家が参入し、中国・ロシア向けに水産物を出荷するようになった。

　1897年の国勢調査によると、サハリンの人口は2万8,000人余りで、その7割以上が男性だった。これには流刑囚の多くが男性だった影響が大きい。民族構成はロシア人が56％、ウクライナ人8％、ポーランド人6％と続き、ニヴフやアイヌなどの先住民が15％を占めた。

　日露戦争の直前、サハリンの人口は4万人を超え、流刑囚の比率が低下して自由農民が多数を占めるようになり、流刑植民地の廃止が検討され始めた。

6．日露戦争による北緯50度線国境の設定と日本の樺太統治

　日露戦争（1904～1905）において、陸戦の主戦場は満州だったが、戦争の終盤になって和平交渉を有利に進めるため、ロシア側の兵備が手薄なサハリン島の占領が企画され実行された。日本は短期間のうちにサハリン全島を占領し、講和会議でその割譲を求めた。これは講和する上での絶対条件ではなかったが、ぎりぎりのところでロシアが譲歩し、北緯50度以南のサハリン島の南半分が日本領樺太となった（図6-2を参照）。

　日本は、統治をはじめるに当たって大多数のロシア人を本国に送還し、アイヌを中心とする先住民族以外の住民をごくわずかに抑えた状態から統治を開始した。

　ポーツマス条約によりサハリンは武備を施さない地域ということになり、当初は現地軍のもとに樺太民政署を置いたものの、熊谷喜一郎長官をはじめ多くの職員は文官から任命された。

　ロシアはサハリンの行政拠点を西海岸北部のアレクサンドロフスクに置いていた。日本の行政機関である民政署は当初コルサコフ（大泊）に置かれたが、1907年に民政に移行して樺太庁が設置された後の1908年に、内陸部のウラジミロフカを豊原と改称してそこに移転した。豊原では、札幌に似た碁盤の目状の都市計画を施し大泊に通じる鉄道を敷設するなど、都市基盤の整備が進められた。

　樺太は植民地として特別会計が行われ、法的には、本国の法令を勅令で個別に施行、または法律・勅令で樺太限定の法令を制定することになった。朝鮮総督と台湾総督は、それぞれ制令（朝鮮）・律令（台湾）という法令を独自に発布・施行する権限を与えられるなど、強い独立した権限を持っていた。また歴代の朝鮮総督は（斎藤実を除いて）現役の陸軍大将が任命されるなど、朝鮮では陸軍が大きな影響力を持っていた。樺太の統治体制については軍と政友会の間で綱引きがあったが、政友会の考えに近い形となった。樺太庁長官は文官（内務省の県知事クラス）が任じられ、朝鮮総督や台湾総督のような独自の立法権は持たず、軍の関与が小さい制度設計が行われたのである[16]。

　こうした植民地体制の違いの背景には、それぞれの統治の目的の違いがあった。樺太は朝鮮や台湾と違い、少数の先住民族が住む場所に日本人が進出して日本人中心の社会をつくる移住型植民地だった。

　北海道も樺太も、江戸時代はもっぱらアイヌ・先住民が住み、松前藩が管理しているとはいえ、商人に委託してアイヌを使役する漁場経営を行うだけの地域だった。明治になると、新政府は北海道に和人を移住させて海岸部だけでなく内陸部にも入り込ませ、農・鉱業による開拓を推進した。植民地となった樺太でも似通ったプロセスが展開することになる。樺太と北海道との類似には、制度面だけでなく歴史的・社会的背景があったのである。

　北海道は植民地の数に入れられないのがふつうだが、当初は府県ではなく開拓使（1869〜1882）が置かれて「拓殖政策」が推進され、市制・町村制など

の自治機構や選挙制度は本土に遅れて施行されるなど、さまざまな差があった。たとえば、本土では1878年に府県会が設置されたが、北海道に道会が設置されたのは1900年である。また木土で市制・町村制が施行されたのは1888年だが、北海道は独自の区制・町村制を1899～1902年に施行した（ただしクリル諸島南部への適用は1920年代）。第1回衆議院議員選挙は1890年に行われたが、北海道で衆議院議員選挙が行われたのは1902年第7回総選挙からである。また、徴兵が「国民皆兵」の原則で行われることになったのは1889年だが、北海道への適用が始まったのは1896～1898年にかけてだった[17]。

　樺太では、領有当初町村制もなければ衆議院議員選挙もなかったが、1922年になって町村制が施行された。当初、住民の政治参加を担保する制度はなかったため、住民の政策に対する不満は樺太庁を飛び越えて国会議員に訴えられることになった。この状況に対して、樺太庁としても、むしろ町村会を設けて住民の意見を把握できた方がよいと考えたという。また、1924年に徴兵制が施行された。ただし、樺太に道府県会にあたる地方議会が設けられることはなく、官選の諮問機関として樺太庁評議会が設置された（1937年）にとどまる[18]。

　戦時中の1943年、樺太庁官制が改正されて樺太は本国に編入された。ただし、樺太庁特別会計は廃止されなかった。衆議院議員選挙法は1945年に施行されたが、一度も選挙を実施することなく、同年8月に対ソ戦が始まってたちまち敗戦となり、樺太はソ連の占領下に入った[19]。

　日本が領有を開始して間もない1907年、樺太の人口は約2万人で、その90％以上は先住民以外の日本人だった。領有当初、樺太に入ったのは主に漁業者だった。つまり従来の出稼ぎ漁場を発展させる形で日本人が流入したのだったが、その後、1910年代中盤になると、豊富な森林と石炭を活用してパルプ・製紙工場が各地に建設され、主要産業に成長していく。これに並行して鉄道の建設と築港、道路の建設などのインフラ整備が徐々に進められた。

　樺太を経営する上で、交通インフラの問題はきわめて重要だった。というのは、島には港湾の適地が少ない上、冬季はオホーツク海に面する東岸を中心に海が結氷してしまうため、通年運航が困難だったのである。また、漁業による

開発が先行したため道路の整備が立ち遅れ、領有当初は、冬場に犬橇で移動する方が容易な場合も多かった。しかしそれでは大量の貨物や人員を動かすことはできない。港湾・鉄道・道路の整備が進むことでこうした問題は徐々に解決されていったが、ここに製紙業が選択された理由があった。つまり、木材や石炭をそのまま原料として出荷するより、それを使って製造した紙・パルプを出荷する方が、付加価値を高めた上で、輸送の負担を大幅に軽減することができたのである[20]。

樺太と北海道を結ぶ航路は小樽発着が多かったが、1922年に稚内に鉄道が延びて翌1923年に大泊との間に稚泊航路が開通し、砕氷船が運航されるようになると、稚内が樺太の玄関口として通年で機能するようになった。

樺太の人口は大正期（1912～1926）まで南の沿岸部に集中していたが、1920年代前半に日本が北サハリンを一時占領したことをひとつのきっかけに、交通路の整備や日本領樺太の北部への人口流入が進み、日本人の居住範囲が広がっていった。

日露戦争の結果締結された日露漁業協約（1907年）は、カムチャッカ、オホーツク沿岸方面での漁業に日本人を進出させ、以後、多数の漁船がカムチャッカ方面に出漁するようになった。カムチャッカの手前にあるクリル諸島北部にも漁業資本が進出し、パラムシル島やシムシュ島に缶詰工場が建てられた。

日露漁業協約はロシア革命・シベリア出兵中の1919年に期限を迎え、その後1928年に日ソ漁業協約が調印された。しかし旧協約に比べて条件が不利になったこともあり、カムチャッカとクリル諸島北部の海域や公海に漁業の重点が移り、クリル諸島北部の漁業の発展が促進されることになった。

7. ロシア領北サハリンの展開

日露戦争直後、日本軍はサハリン島から数千人の島民を大陸のデカストリに船で運び出し、サハリンの人口は大幅に減少した。日本軍が撤退した後の北サハリンでは、流刑植民地制度が廃止され、自由移住者が募集された。このころ、シベリアには多数の農業移民が流入していたが、北サハリンに入植する者はほ

とんどなく、先住民を除いた北サハリンの人口は革命まで6〜8,000人程度で推移した。北サハリンには、その他に先住民が2,000人および若干の中国人、朝鮮人等が居住していた[21]。

　1914年にロシア政府はサハリン州の行政区画を変更し、サハリン州は、ニコラエフスクを中心とするアムール河最下流部を含む、大陸と島にまたがる地域として再設定された。同年第一次世界大戦が開始された。ロシアは連合国の一員としてこれに参戦し、戦争の負担に苦しむことになった。1917年の二月革命により帝政が倒れ、臨時政府が発足した。

　臨時政府は、1917年4月にサハリン州の行政機関をアレクサンドロフスクからニコラエフスクに移転し、またシベリア・極東にゼムストヴォという地方自治機関を導入した。臨時政府は同年の十月革命によって倒され、ボリシェヴィキ政権が発足した。これに呼応してロシア各地にソヴィエト政権がつくられ、革命の波が全国に広がった。しかし、1918年3月に同盟諸国と休戦したボリシェヴィキ政権に対して、英米仏日などの連合諸国は共同出兵を開始することになった。

8．シベリア出兵と北サハリン占領

　1918年8月、日本は、アメリカ、イギリスなどの連合諸国と共同で極東ロシアに出兵した。シベリア出兵の始まりである。日本はウラジオストクなどシベリア鉄道沿線に加えて、当初からニコラエフスクに派兵し守備隊を駐留させたが、北サハリンには出兵しなかった。日本は、北サハリンの石油資源の可能性と、アムール河口を押さえる戦略上重要な位置にあるという理由から、北サハリンに関心を持っていたが、ソヴィエトに圧迫されるチェコスロヴァキア軍団を救援するという出兵理由は、北サハリンへの出兵を正当化できるものでなかった。また、軍事力によらなくても、反ボリシェヴィキ的な現地の政権に影響力を行使して目的を達成できると考えていたのであろう。

　日本は、北サハリンに石油開発権を得ようとして、利権を持つロシア企業や反ボリシェヴィキ系政権に働きかける一方、開発を推進する合弁企業として

1919年に北辰会を組織し、農商務省地質調査所に委託して油田・炭田の現地調査を実施した[22]。

1918年11月に西シベリアのオムスクに成立したコルチャーク政権は、シベリア・極東地域の反ボリシェヴィキ政権を統合して一時大きな勢力となったが、1920年初めにこれが崩壊すると、ウラジオストクをはじめとする極東の各地で革命派の政権が成立した。

サハリン州の州都ニコラエフスクでは、1920年3月にパルチザンと日本軍が武力衝突してニコラエフスク事件（その1）が発生し、駐留した守備隊を含めて現地の日本人の大部分が死亡した。日本軍にとってこの事件は、状況判断を誤って撤収も増兵もできないまま部隊が殲滅された大失態だった。しかし日本軍は、この際パルチザンの暴虐を訴えることで北サハリンの占領を正当化する方向に舵を切った。

3月31日、日本政府は出兵目的を修正してシベリア駐兵を継続すると宣言した。日本軍は4月4/5日、ウラジオストクなど沿海州の主要都市で現地政府軍を強襲してこれを武装解除し、ハバロフスクの革命派を武力で追い出した[23]。また同月、アレクサンドロフスクに軍艦を派遣して北サハリンににらみを効かせ、帝政末期にサハリン州知事を務めた軍人上がりのドミトリー・グリゴーリエフ（Дмитрий Григорьев, 1866～1932）の擁立を図ったが、現地の人々からそっぽを向かれて日本に連れ戻した。3月の事件後、ニコラエフスクでは100人余りの日本人が投獄されていたが、派遣軍は革命派との接触を避け、交渉によって捕虜を解放する可能性を排除した[24]。5月には、北サハリンの革命派指導者アレクサンドル・ツァプコ（Александр Цапко, 1884～1920）を密かに殺害した[25]。

ニコラエフスクの前を流れるアムール河の解氷は5月である。同月、陸軍の「救援隊」は海軍の支援を受けてニコラエフスクに向けて進み、6月6日に同市に入った。この時、ヤコフ・トリャピーツィンの率いるパルチザンは投獄した日本人をはじめ多数の市民を殺害し、市街に放火し（ニコラエフスク事件その2）、西方のケルビという小村に向けて退去した後で、日本人の生存者を救出することはできなかった。ニコラエフスク事件の死者の数は3月の（その1）

の方がずっと多い（600人余対100人余）が、投獄者が虐殺された（その2）の5月24日が記念日とされることが通例である。これは、日本軍がパルチザンを夜襲して始まった3月の事件に対して、5月の事件の方が、一方的虐殺としてパルチザンの残虐を強調できるためと考えられる。

　日本政府は、現地からの報告を踏まえたとして事件の概要を発表すると、7月3日、補償の交渉相手となるべきロシア側の責任ある政府が成立するまでとしてサハリン州の占領を宣言し、8月には現地の行政機関を接収して直接軍政を開始した。

　派遣軍は、臨時軍事費により東海岸の栄浜から国境を越えて北サハリンのデルビンスコエまで延びるサハリン南北縦貫道路を建設し、突貫工事でこれを冬を迎える前に完成させた（図6-2を参照）。アレクサンドロフスクやニコラエフスク、デカストリまでの航路が運航された。アレクサンドロフスクに朝鮮銀行の支店が設けられた。北サハリンは日本領樺太の延長ではなかったにせよ、将来日本の領土となりえる勢力圏として数千人の日本人が渡航し、その発展に与ろうとした。アレクサンドロフスクから内陸部に向けて軽便鉄道が建設された。北辰会による石油調査・試掘が行われ、石油の採掘に成功した[26]。

　日本は1922年秋にシベリア大陸部から撤兵し、シベリア出兵は終了した。日本はニコラエフスクなどサハリン州の大陸部から撤兵したが、北サハリンの占領は継続された。

　北サハリンの占領解除は、ソ連との国交交渉において最大の論点となった。一時、買収による解決が検討されたが、価格が折り合わず、北サハリンの石油・石炭コンセッションをソ連が提供することで合意し、日ソ基本条約（1925年）が結ばれた。日本は北サハリンをソ連に引き渡し、日ソの国交がスタートした[27]。

9．日ソ戦争までのクリル諸島とサハリン島

　クリル諸島の住民は南部に集中していた。主産業は漁業で、昆布のほかタラバガニ、ナマコ、鯨などを出荷した。缶詰製造などの水産加工、林業、農牧業

の経営も行われた。なお、漁業権や加工場の所有権は、大半が島外居住者のものだったという。根室や函館から定期船が運航し、1924年には町村制が敷かれ、学校や病院などが徐々に整備された[28]。1945年のクリル諸島南部の人口は、1万7,000人あまりだった[29]。

　クリル諸島中部は、養狐に従事するごく少数の人々以外、立ち入り困難な地域だった[30]。

　クリル諸島北部は、漁業根拠地として発展したが、統計上の人口は1933年の600人台が1939年には3,700人台になるなど、年によって激変する。ただし漁業労働者の主力は出稼ぎ漁夫であり、その数は1万8,000人に達したという。

　クリル諸島に軍は駐留していなかったが、1937年、陸軍はクリル諸島北部のパラムシル島に北千島要塞を設置した。1941年に対米戦が始まると、クリル諸島の軍備はアリューシャン方面の後備として増強され、北部を主力に、中部のマツワ島やシムシル島、南部のエトロフ島にも兵力が配置されていった。1943年5月から7月にかけてアリューシャン方面の日本軍が消滅すると、クリル諸島は対米戦の最前線となり、最盛期には陸海軍をあわせて3万人以上が配備された。しかし次第に潜水艦による船の攻撃、艦砲射撃、空襲に見舞われるようになり、船舶が沈められるなど大きな損害が出るようになった。

　戦争中、クリル諸島北部の漁業は継続されていたが、次第に事業が困難になり、1944年になると漁獲は激減し、1945年はほとんど操業できない状況だった。

　1944年、クリル諸島では兵備の増強が進められたが、アメリカの潜水艦の攻撃や艦艇の来襲、空襲などにより、しばしば船が沈没させられるなどの大きな被害が生じた。その後軍の方針が転換し、クリル諸島に配備された部隊は1945年に入ると次々と転出していった[31]。

　この間、1945年2月にヤルタで米英ソ首脳会談が行われ、ソ連は対独戦争終結から3か月以内に対日参戦すること、クリル諸島とサハリン島をソ連に引き渡すことが合意された。1945年4月にソ連は日ソ中立条約を更新しないと通告した。5月にドイツが敗北すると、ソ連は急速に対日戦の準備を進めていく。

　1941年に独ソ戦が始まって以降、レンドリースによってアメリカはソ連に大量の戦略物資を提供したが、その過半は北太平洋ルートで運ばれた。大多数の輸送船はクリル諸島の間と宗谷海峡を通ってウラジオストクに物資を運び、ソ連の戦争遂行を支えたのである。宗谷海峡を警備する日本海軍は、大量の物資がアメリカから宗谷海峡を通過してソ連に運ばれていると承知していたが、日ソ関係の悪化を避けるため厳しい措置に出ることを差し控えた[32]。一方ソ連側も、アメリカから極東に基地提供を依頼されても、当面の対日関係悪化を避けるため、これに応じることはなかった。

　日露戦争後に日本領に加わったサハリン島南部、すなわち樺太の発展については第6節に略述したが、1920年に10万人だったその人口は、1945年には40万人に達した。なおこのうち約2万人は朝鮮人で、特に1940年代に急増し、炭鉱での労働や港の荷役作業に従事する人が多くいた[33]。

　朝鮮人労働力移入の背景には石炭の増産政策があった。しかし戦時中、樺太や北海道で増産した石炭を本土に輸送することが困難となってきたため、1944年に「急速転換」として北海道と樺太の一部炭鉱を閉鎖し、労働者を九州などの炭鉱に振り向けることが行われた[34]。

　ポーツマス条約により、樺太は兵備をほどこさないことになっていたが、戦時中の1943年、日ソ関係の悪化に備えて樺太混成旅団が配置され、1945年2月にはこれを増強した第88師団が編成された。

　1925年にソ連の統治が行われるようになった北サハリンからは、ほとんどの日本人と一部のロシア人が退去した。1926年時点の人口は約2,000人の先住民を含めて約1万2,000人だったとされるが、それに加えて、中国人757人、朝鮮人487人、日本人244人が住んでいた。日本の占領下でインフラが整備され、生活条件も悪くないと感じていた住民の間には、親日的気分が残っていたと指摘されている[35]。

　農業移民が募集され、交通費の支給や資金供与などの優遇措置を講じられて、北サハリンの人口は増加を始めた。しかし播種面積はすぐに増加せず、当初の数年間はむしろ日本占領期に比べて大きく減少している。農業では集団化が強制され、多くの農民がコルホーズまたはソフホーズに組織された。

　北サハリンでは、農業の他に、石油・石炭業や漁業の発展に力が注がれた。
1920年代末以降、北サハリンの人口は大幅に増加し、1939年にほぼ10万人に
達した[36]。

　日本は、北辰会を改組した北樺太石油（株）がコンセッションの供与を受け
て、北サハリンのオハなどで油田を開発・経営し、最盛期の1930年には19万
3,000トンを採取した[37]。コンセッション契約により鉱区は市松模様状に設定
され、ソ連側が容易に開発できるようになっていた。また契約は一定割合のソ
連人の雇用を義務づけていた。三菱がコンセッションの供与を受けて炭鉱を経
営した。1928年にソ連は「サハリンネフチ」トレストを創設して、自分の石油
鉱区の開発を開始した。サハリンネフチの事業は次第に発展し、1934年以降
は北樺太石油を上回る量の石油を採掘するようになった。当初、サハリンネフ
チは原油を日本側に売却していたが、その後ハバロフスクに設けた製油所に輸
送して自国で利用するようになり、1939年以降日本に売却することをやめた。

　その一方で、北樺太石油と三菱の石油・石炭業は操業が困難に突き当たった。
満州事変後の日ソ関係の悪化に加えて、ソ連国境地域の国家統制が大幅に強化
された結果、北サハリンから多くの人々が追放された。コンセッション企業で
働く労働者もその対象となったのである[38]。

　1941年の日ソ中立条約の締結に際してソ連はコンセッションの廃止を強く
求め、コンセッションは1944年に解消された。

10.　日ソ戦争とその後のクリル諸島・サハリン島

　1945年8月8日、ソ連は日ソ中立条約を破棄して対日宣戦し、クリル諸島、
樺太、満州などに進攻を開始した。8月14日、日本はポツダム宣言の受入を宣
言したが、ソ連の進攻は止まらず、樺太は8月23日までに全部が占領され、ク
リル諸島は9月初めまでに占領された。

　樺太とクリル諸島南部の人々はソ連軍の統治下に入った。また、軍人たちは
労働力として収容所に送られた。いわゆるシベリア抑留である。

　1945年9月、アナスタス・ミコヤン（Анастас　Микоян, 1895〜1978）

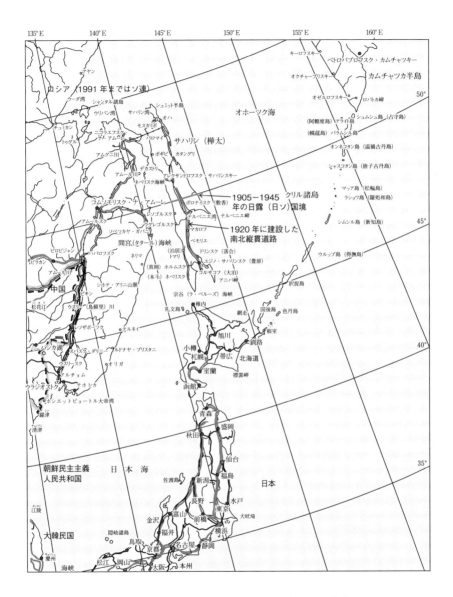

図6-2　第二次世界大戦後のサハリンとクリル諸島
（出典：『世界大地図帳』（平凡社、1984）「アジア東部」（p.8-9）（一部改変））

共産党政治局員が極東に派遣され、南サハリンの統治体制を確認すると、現地の幹部を伴って南サハリンとクリル諸島、カムチャッカを視察した。南サハリンにソ連による民政局を設置し、当初は樺太庁を通じた間接統治を行ったが、1946年に入るとソ連人の移民を送り込むとともに、日本の行政機関を廃止してソ連の制度を導入した。またクリル諸島にも行政官を派遣して直接統治に移行した[39]。

　1945年8月時点で約40万人の住民中、日ソ戦争開始直後に緊急疎開により約8万人が島外に出たほか、南部の漁民を中心に自力で、船で北海道に脱出した者も少なからずあり、ソ連の統治下に入った日本人・朝鮮人は約30万人だった。クリル諸島南部に住む日本人は、1万人余りだった。その一部は自力で北海道に脱出したが、多くの人々はしばらくソ連の統治下に暮らした。

　1946年11月以降、米ソの交渉により南サハリンの日本人を船で函館に送ることになり、1949年までに約28万人が帰国した。ただし朝鮮人は対象外とされてサハリンに残ることになった。クリル諸島南部の日本人もこの時サハリン経由で函館に送られた[40]。サハリン、クリル諸島とも、ソ連人の移住が促進されて人口が増加した。1950年のサハリン州（南北サハリンとクリル諸島）の人口は65万人を越えた[41]。

　1952年、日本はサンフランシスコ平和条約により独立を回復するとともに、南サハリンとクリル諸島の領有を放棄した。ただしソ連はこの条約に調印せず、そのため、個別に国交を回復し平和条約を結ぶことが課題となった。

　1956年、日ソは日ソ共同宣言により国交を回復した。この時ソ連は歯舞群島と色丹島を返還する提案をしたが合意できず、平和条約の締結とクリル諸島南部について領土画定の問題が残されることになった。背景には米ソの冷戦があった。ソ連はニキータ・フルシチョフ（Никита Хрущев, 1894〜1971）のもとで西側との現実的な外交を模索し、多少の譲歩を用意したのだが、アメリカにはこれによって日ソが接近することへの警戒があった[42]。

　その後の領土問題の推移については関係する書籍が多くあり、ここでは省略することにする。

11.　おわりに

　サハリンおよびクリル諸島周辺の日露国境は、幕末以後何度か変遷した。こ
れらの地域は、18世紀までは松前藩が経営を委ねられた蝦夷地の外縁部であり、
幕府の支配地域の中ではなかったが、ロシアが進出するとそれに対応すること
が必要になり、現状を調査し、さらに勢力圏の確保に努めることになった。そ
の結果はその時の国力と国際情勢に左右され、日露両国は、あるときは妥協し
たり協力したり、またあるときは対立し戦争まで行って国境の変更を試み、失
敗したり成功したりしてきたのである。

　第一次世界大戦が終結し国際連盟が発足したことは、国際政治の流れを大き
く変えることになった。いわゆる新外交の登場である。日本はシベリア出兵か
ら成果なく撤収し、北サハリンの領有を断念した一方、南洋諸島の委任統治や
満蒙の特殊権利の承認を得て、国際協調の枠組みに踏みとどまった。

　1930年代以後日ソ関係は冷却した。ソ連の国内統制が厳しくなる一方、日
本は満州国を建国してソ連の勢力圏を奪い、さらに北方への進出をちらつかせ
た。ソ連は、大量の囚人を建設に動員するなどして極東の経済建設を進め防備
を固めるとともに、国際連盟に加盟し中国と外交的に連携するなど、日本の外
交的孤立をはかった[43]。1939年のノモンハン事件をはじめとする国境衝突は、
日本軍に多大の損害を与え、安易に対ソ戦を行うことはできないことを示し
た[44]。

　第二次世界大戦の終盤に行われた日ソ戦争は、北方の国境を大きく変えた。
1941年4月に日ソは中立条約を結んだが、同年6月に独ソ戦が始まり、12月
に日本が太平洋戦争を始めたため、ドイツと同盟国である日本は、ソ連に対し
て微妙な立場に立たされることになった。つまり、ドイツ側に立ってソ連と戦
争しないとドイツが負ける可能性が高まるが、ソ連と戦争をするならば、自分
がアメリカとソ連に挟み撃ちされて敗北しかねない。そのため、中立条約を維
持しながら様子を見ていたのである。しかし、ソ連の戦争継続の鍵となったレ
ンドリースの最大の経路が、宗谷海峡を通る形で維持されたことは、米ソに
とって大きな利益となった。結局、1945年5月にドイツは敗北した。ソ連は

急ピッチで対日戦を準備し、8月8日に日ソ戦争が始まるとたちまち日本は降伏し、南サハリンを含めた日清戦争以後に獲得した領土や勢力圏のすべてに加えて、クリル諸島まで放棄することになったのである。

【注】

1) 2010年のロシア国勢調査結果Всероссийская перепись населения 2010 года. т. 1. Численность и размещения населения. Москва, 2012. C. 207-208.による。ただし、国後島と色丹島については合計が掲載されているため、ロシア語版Wikipediaのデータなどを参考に按分した。

2) Крашенинников С.П. Описание земли Камчатки. В Санктпетербурге, 1755.

3) 秋月俊幸『日露関係とサハリン島－幕末明治初年の領土問題』筑摩書房、2014年、50-61頁。

4) 菊池勇夫『エトロフ島－つくられた国境』（歴史文化ライブラリー）吉川弘文館、1999年、48-54頁。

5) 菊池、前掲書、55-58頁, 秋月、前掲書、84-98頁。

6) 同上書。

7) 秋月、前掲書、127頁。

8) 菊池、前掲書、140-152頁。

9) 秋月、前掲書、38頁。

10) 同上、45-47頁。

11) 同上書。

12) 同上、第6章「サハリン問題の終焉」、醍醐龍馬「榎本武揚と樺太千島交換条約―大久保外交における『釣合フヘキ』条約の模索」（一）、（二）『阪大法学』第65巻第2号, 第3号、2015年。

13) 秋月、前掲書、251-255頁。

14) 川上淳『千島通史の研究』北海道出版企画センター、2020年、357頁。

15) 同上、「第12章 三県時代と北千島アイヌの色丹島移住」

16) 塩出浩之「第7章 日本領樺太の形成：属領統治と移民社会」原暉之編著『日露戦争とサハリン島』（スラブ・ユーラシア叢書 10) 北海道大学出版会、2011年。

17) 田端宏ほか著『北海道の歴史』第2版（県史シリーズ）山川出版社、2010年。

18) 浅野豊美『帝国日本の植民地法制－法域統合と帝国秩序』名古屋大学出版会、2008年、316-317頁、塩出浩之「第5章 南樺太の属領統治と日本人移民の政治行動」同著『越境者の政治史－アジア太平洋における日本人の移民と殖民』名古屋大学出版会、2015年を参照。

19) 原暉之・天野尚樹編著『樺太四〇年の歴史：四〇万人の故郷』全国樺太連盟、2017年、

272-284頁。

20）三木理史『国境の植民地・樺太』（塙選書 104）塙書房、2006年、75-79頁。

21）原暉之「第8章　日露戦争後ロシア領サハリンの再定義－一九〇五～一九〇九年」原暉之編著『日露戦争とサハリン島』（スラブ・ユーラシア叢書 10）北海道大学出版会、2011年、Щеглов В.В. Опыт сахалинских переселений (1853-2002 гг.). Южно-Сахалинск：Сахалинская областная типография, 2019. C. 58.

22）村上隆『北樺太石油コンセッション 1925-1944』北海道大学図書刊行会、2004年、66-70頁。小林瑞穂「日本海軍の北樺太油田獲得と水路部 － シベリア出兵期における北樺太測量を中心に」『史窓』78号、2021年。

23）原暉之『シベリア出兵：革命と干渉 1917-1922』筑摩書房、1989年、529-535頁。

24）『大正四年乃至九年海軍戦史』付録「第6編秘密補輯」JACAR Ref. C14120061500を参照。

25）原暉之「ポーツマス条約から日ソ基本条約へ－北サハリンをめぐって」原暉之・外川継男編『講座スラブの世界 ⑧ スラブと日本』弘文堂、1995年。なお、尼港事件と北サハリン占領とのつながりについては、原暉之ほか編『シベリア出兵とサハリン・樺太』北海道大学出版会、2022年刊行予定で改めて取り上げる予定である。

26）竹野学「保障占領下北樺太における日本人の活動（1920～1925）」『経済学研究』第62巻第3号、2013年等を参照。

27）吉村道男「日本軍の北樺太占領と日ソ国交問題－石油利権をめぐる諸問題」吉村道男『日本とロシア』増補版、日本評論社、1991年、原、前掲論文等を参照。

28）秋月俊幸『千島列島をめぐる日本とロシア』北海道大学出版会、2014年、276-282頁。

29）川上　前掲書、689頁。

30）同上、650頁。

31）同上、第20章「第二次世界大戦期の千島の軍隊とソ連の千島占領」

32）兎内勇津流「第二次世界大戦期サハリン周辺海域の航行問題」『ロシア史研究』第99号、2017年。

33）三木理文『移住型植民地樺太の形成』塙書房、2012年、349-359頁。

34）原・天野編著、前掲書、267-268頁。

35）Щеглов Указ. соч. C. 78-79.

36）Щеглов Указ. соч. C. 110.

37）村上、前掲書、144頁。

38）同上　第9章「トラスト・サハリンネフチによる石油開発」～第11章「ソ連当局による北樺太石油会社への圧迫」。Чернолуцкая Е.Н. Принудительные миграции на советском Дальнем Востоке в 1920-1950-е гг. Владивосток：Дальнаука, 2011.

39）エレーナ・サヴェーリエヴァ（小山内道子訳）『日本領樺太・千島からソ連領サハリン州へ——一九四五年－一九四七年』成文社、2015年。

40）竹野学「樺太からの日本人引揚げ（1945〜49年)」今泉裕美子ほか編『日本帝国崩壊期「引揚げ」の比較研究』日本経済評論社、2016年等を参照。

41）Щеглов Указ. соч. С. 139.

42）最近では鈴木美勝が『北方領土交渉史』（ちくま新書）筑摩書房、2021年でこれについて書いている。

43）原暉之『インディギルカ号の悲劇: 1930年代のロシア極東』筑摩書房、1993年、ボリス・スラヴィンスキー（高橋実・江沢和弘訳）『考証日ソ中立条約: 公開されたロシア外務省機密文書』岩波書店、1996年を参照。

44）ノモンハン事件は満州国とモンゴル人民共和国という、それぞれ日本とソ連の影響下にあった非承認国家の「国境」で発生した。1930年代の日本とソ連は、その領土の周辺にこうした非承認国家の形をとった勢力圏をいくつか設けていたのである。

【参考文献】

秋月俊幸『日露関係とサハリン島─幕末明治初年の領土問題』筑摩書房、1994年。

同上『千島列島をめぐる日本とロシア』北海道大学出版会、2014年。

浅野豊美『帝国日本の植民地法制─法域統合と帝国秩序』名古屋大学出版会、2008年。

海軍軍令部『大正四年乃至九年海軍戦史』巻3、第4編、海軍軍令部、1924年、※国立国会図書館が、米国議会図書館の製作したマイクロフィルムを所蔵する。

川上淳『近世後期の奥蝦夷地史と日露関係』北海道出版企画センター、2011年。

同上『千島通史の研究』北海道出版企画センター、2020年。

菊池勇夫『エトロフ島: つくられた国境』（歴史文化ライブラリー）吉川弘文館、1999年。

グートマン, アナトーリー（長勢了治訳）『ニコラエフスクの日本人虐殺─一九二〇年、尼港事件の真実』勉誠出版、2020年。

小林瑞穂『戦間期における日本海軍水路部の研究』（歴史科学叢書）校倉書房、2015年。

同上「日本海軍の北樺太油田獲得と水路部─シベリア出兵期における北樺太測量を中心に」『史窓』78号、2021年。

サヴェーリエヴァ、エレーナ（小山内道子訳）『日本領樺太・千島からソ連領サハリン州へ──一九四五年─一九四七年』成文社、2015年。

塩出浩之「第5章　南樺太の属領統治と日本人移民の政治行動」同著『越境者の政治史─アジア太平洋における日本人の移民と殖民』名古屋大学出版会、2015年。

同上「第7章　日本領樺太の形成: 属領統治と移民社会」原暉之編著『日露戦争とサハリン島』（スラブ・ユーラシア叢書 10）北海道大学出版会、2011年。

シュラトフ, ヤロスラヴ「ロシア革命とサハリン─日露関係から日ソ関係へ、1917 - 1922年『スラヴ研究』第67号、2020年。

『新北海道史』第3巻通説2、北海道、1971年、同第4巻通説3、北海道、1973年。

鈴木美勝『北方領土交渉史』（ちくま新書）筑摩書房、2021年。

スラヴィンスキー，ボリス（高橋実・江沢和弘訳）『考証日ソ中立条約: 公開されたロシア外務省機密文書』岩波書店、1996年。

醍醐龍馬「榎本武揚と樺太千島交換条約─大久保外交における『釣合フヘキ』条約の模索」（一）、（二）『阪大法学』第65巻第2号, 第3号、2015年。

竹野学「保障占領下北樺太における日本人の活動（1920〜1925)」『経済学研究』第62巻第3号、2013年。

同上「樺太からの日本人引揚げ(1945〜49年)」今泉裕美子ほか編『日本帝国崩壊期「引揚げ」の比較研究』日本経済評論社、2016年。

田端宏ほか『北海道の歴史』第2版、（県史シリーズ）山川出版社、2010年。

兎内勇津流「第二次世界大戦期サハリン周辺海域の航行問題」『ロシア史研究』第99号、2017年。

同上「第7章　ゲンナージー・ネヴェリスコイのアムール調査（遠征）と幕末の日本」牧野元紀編『ロマノフ王朝時代の日露交流』勉誠出版、2020年。

原暉之『シベリア出兵─革命と干渉1917〜1922』筑摩書房、1989年。

同上『インディギルカ号の悲劇─1930年代のロシア極東』筑摩書房、1993年。

同上「ポーツマス条約から日ソ基本条約へ─北サハリンをめぐって」原・外川編『講座スラブの世界　⑧スラブと日本』弘文堂、1995年。

同上「第8章　日露戦争後ロシア領サハリンの再定義──一九〇五〜一九〇九年」原暉之編著『日露戦争とサハリン島』（スラブ・ユーラシア叢書 10）北海道大学出版会、2011年。

原暉之・天野尚樹編『樺太四〇年の歴史─四〇万人の故郷』全国樺太連盟、2017年。

三木理史『国境の植民地・樺太』（塙選書 104）塙書房、2006年。

同上『移住型植民地樺太の形成』塙書房、2012年。

村上隆『北樺太石油コンセッション1925〜1944』北海道大学図書刊行会、2004年。

吉村道男「日本軍の北樺太占領と日ソ国交問題─石油利権をめぐる諸問題」同著『日本とロシア』増補版、日本評論社、1991年。

Всероссийская перепись населения 2010 года. т. 1. Численность и размещения населения. Москва, 2012.

История Сахалина и Курильских островов с древнейших времен до начала XXI столетия. Южно-Сахалинск: Сахалинское книжное издательство, 2008.

Чернолуцкая Е.Н. Принудительные миграции на советском Дальнем Востоке в 1920-1950-е гг. Владивосток: Дальнаука, 2011.

Щеглов В.В. Опыт сахалинских переселений (1853-2002 гг.). Южно-Сахалинск: Сахалинская областная типография, 2019.

第7章

戦後日本が抱える領土および海洋境界画定問題

1．はじめに

　四方を海に囲まれた日本の領土上には、他国との間の領土の境であり、国家主権の及ぶ限界を意味する「国境」が存在しない。しかしながら、日本はロシア、韓国、中国といった国々と海を挟んで隣接しており、これら周辺国との間にはそれぞれの国が主張する管轄権の境界が存在する。

　現在の日本の領土は、第二次世界大戦の後、1951年9月の「日本国との平和条約（サンフランシスコ平和条約）」[1] によって法的に確定した。同条約第2条は、日本が第二次世界大戦までに拡大した朝鮮、台湾、千島・樺太、南洋諸島、南沙諸島といった領域に対するすべての権利、権原[2] および請求権を放棄すると定める。これを受け、日本の領土は、1945年7月のポツダム宣言が述べるように「本州、北海道、九州及び四国ならびに連合国の決定する諸小島」[3] に限定されることになった。なお、この「諸小島」には、琉球諸島や南方諸島のほか、北方四島、対馬、五島列島などが含まれるとされている[4]。

　日本の領土を統計的に見てみると、総面積は約37万8,000km^{2}であり、6852の島嶼[5] から構成されている。また、その領土・島々を基点として約43万km^{2}の領海（内水を含む）および約405万km^{2}の排他的経済水域ならびにそれに付随する大陸棚を有する[6]。

　その日本の領土をめぐる情勢は、周辺国との間で常に緊張にさらされている。ロシアとは、第二次世界大戦後、不法占拠が続く北方領土の返還をめぐって今現在も外交交渉が続けられている。韓国とは、1954年以来不法占拠が続く竹

図7-1　日本の領海等概念図
（出典：海上保安庁ホームページ）

島をめぐって、日本側は国際法に則った解決を要求しているが、韓国側は一切応じない状況が続いている。中国（および台湾）とは、日本が実効支配をしている尖閣諸島をめぐり、1971年以降、領有権の主張、さらには近年、政府公船による度重なる領海侵入などを受けている状況にある。

　こうした背景を踏まえ、以下本章では、第二次世界大戦後の日本が抱える領土問題およびそれに付随する海洋境界画定問題について、それぞれの問題をめぐる法的構造や各国の主張に焦点を当てて考察をする。

2. 北方領土

北方領土とは、北海道の北東洋上に連なる火山列島で、面積の順でいえば、択捉島、国後島、色丹島および歯舞群島の四島からなる地域を指す。このうち、歯舞群島は、貝殻島、水晶島、秋勇留島、勇留島、志発島、多楽島といった島々によって構成されており、貝殻島は納沙布岬からわずか3.7kmの沖に位置する[7]。四島の総面積は、約5,000km²に及び、千葉県や福岡県とほぼ同じ大きさである。面積比でいえば、択捉島が3,167km²、国後島が1,489km²、色丹島が248km²、歯舞群島が95km²となっている[8]。

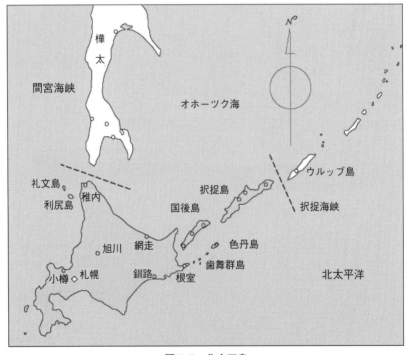

図7-2 北方四島
(出典：外務省ホームページ)

（1）「北方領土問題」とは

　「北方領土問題」[10] とは、端的に言えば、第二次世界大戦直後に発生した、択捉島、国後島、色丹島および歯舞群島からなる北方四島の領有権をめぐる日本とロシア（旧ソビエト連邦）との間の紛争のことを指す。そして、北方領土問題の特徴は、領土・国境をめぐって日露両国間に様々な関連する条約や国際文書があるという点にある[11]。

　歴史的に見てみれば、日本とロシアとの国境は、1855年の「日魯通好条約」によって最初に成立した。同条約は、当時自然に成立していた択捉島とウルップ島の間を日露間の国境に定めた[12]。その後、1875年の「樺太・千島交換条約」によって、日本が有する樺太に対する諸権利をロシア側に譲渡するのと引き替えに、ロシアが領有権を有していた千島列島（クリル諸島：ウルップ島以北の18島）が日本に平和裡に譲渡された[13]。また、日露戦争の結果締結された1905年の「日露講和条約（ポーツマス条約）」では、北緯50度以南の樺太（南樺太）が日本に譲渡されることになったが、北方四島の地位に影響はなかった。

　現在の北方領土問題の発端といえるのは、第二次世界大戦中の1945年2月に米英ソの三国首脳間で合意された「ヤルタ協定」[14] である。ヤルタ協定は、ソ連の対日参戦の条件としてソ連に対する「南樺太の返還」と「千島列島の引き渡し」を密約した文書である。これを受けソ連は、当時まだ1941年の「日ソ中立条約」[15] が有効であったにもかかわらず日本へ宣戦布告し、日本がポツダム宣言を受諾し全面降伏をした後の8月18日から千島列島への侵攻を開始、北方四島は、樺太から進撃してきた部隊が8月28日から9月5日にかけて占領した。その後、1946年の2月2日に、ソ連政府は最高会議幹部会令を発し、占領した南樺太および北方四島を含む千島列島を自国領に編入することを宣言、その効力を1945年9月20日に遡って適用することを決定した。これによって北方四島は、新しく設置された南サハリン州に位置づけられることになった。以降、現在に至るまでソ連、ロシアによる占拠が続いている状況にある。

　一般的に、戦争に基づく領土の変更を最終的に決定するのは平和条約である

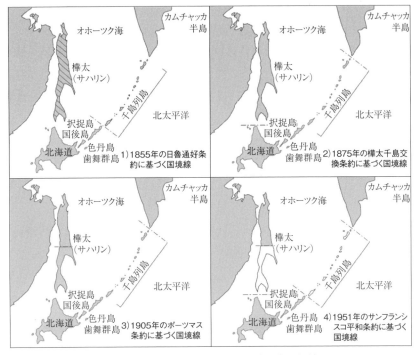

図7-3　北方領土をめぐる国境線の変遷経緯
(出典：外務省『われらの北方領土2020年版 (資料編)』)

が、外国軍の駐留条項や樺太・千島がソ連に帰属することが明記されなかった
ことなどを理由にソ連がサンフランシスコ平和条約に署名をしなかったことか
ら、日本とソ連との間の第二次世界大戦後の処理のために、別途平和条約の締
結が必要となった。しかしながら、北方四島をめぐる領土条項に関する立場の
相違から、現在も両国間で平和条約の締結には至っていない。そのため、ひと
まず両国間の戦争状態を終結させ、外交関係を回復させるために、1956年10
月19日に「日ソ共同宣言」が調印され、北方四島のうち歯舞群島および色丹島
については、平和条約の締結後に日本に引き渡すことが合意された（第9項。
いわゆる、二島返還論）。

　しかしながら、その後、1960年の日米安全保障条約を受け、ソ連の立場が
一転硬化し、「日本との間の領土問題は第二次世界大戦の結果解決済みであり、

領土問題は存在しない」という立場が主張されるようになった。この事態に進展が見られるのは、1991年の「日ソ共同声明」の採択以降である。これによって、北方四島が両国間で解決されるべき問題であることが初めて文書で確認され、また、1993年10月13日に署名された「東京宣言」では、四島すべての帰属の問題を解決して平和条約を締結することが確認された（第2項）。以降、現在まで様々な共同声明が採択されているが、北方四島をめぐる両国間の基本的な合意内容は変わっていない[16]。

（2）北方領土をめぐる日本とロシアの主張

以上の歴史的経緯と関連する国際文書を踏まえ、北方領土に対する日本とロシアそれぞれの主張と法的論点を整理する[17]。

1）日本の主張

日本の基本的立場は、北方四島は1855年の日魯通好条約でウルップ島と択捉島の間が国境となって以降、一度も外国の領土となっていない「日本固有の領土」であり、歴史的経緯や法的背景から、1951年のサンフランシスコ平和条約第2条(c)で日本が権利を放棄した千島列島（the Kuril Islands）の中には、択捉島、国後島、色丹島、歯舞群島の四島は含まれないというものである。また、ロシアが領有権を正当化するための根拠として主張するヤルタ協定については、あくまでも米英ソの三国間の合意に過ぎず、領土の最終的処理に関する決定ではなく、また当事国でない日本は法的にも政治的にも拘束されないと主張する。したがって、第二次世界大戦後も続くソ連、ロシアによる占領は法的根拠がないというものである。

2）ロシアの主張

これに対してソ連、ロシアの主張は、端的に言えば、第二次世界大戦の結果、戦勝国ソ連の領土となったのであり、ロシアが北方領土に主権を有しているのは疑いない、という戦勝国の理論に基づく[18]。法的根拠としては、ロシアはまず1945年2月のヤルタ協定を挙げ、その第3項で「ソ連邦へのクリル諸島

（千島列島）の引渡し」が定められていることから、北方四島のロシアへの引き渡しの法的確認が得られていると主張する。また、サンフランシスコ平和条約についても、千島列島と北方四島の区別はされておらず、全体として千島列島が扱われており、四島を特別に扱うという規定にはなっていないこと、さらには、ソ連は署名をしていないものの、同条約に基づき日本は千島に対する権利、権原、請求権の放棄をしている以上、何ら要求する権利はない、というのである。

3）法的論点

　前述の両国の主張から、北方領土をめぐる最大の法的論点は、サンフランシスコ平和条約第2条（c）にいうところの放棄された「千島列島（the Kuril Islands）」に択捉島、国後島、色丹島、歯舞群島の四島が含まれるか否か、という地理的範囲の認識をめぐる問題といえる[19]。

　冒頭に述べたように、戦後日本の領土問題は1951年のサンフランシスコ平和条約によって法的に位置づけられたのであり、日本は、「千島列島（the Kuril Islands）並びに日本国が1905年9月5日のポーツマス条約の結果として主権を獲得した樺太の一部及びこれに近接する諸島に対するすべての権利、権原及び請求権を放棄する」（第2条（c））ことになった。しかしながら、前述の日魯通好条約や樺太・千島交換条約からも明らかなように、ここでいう「千島列島」には日本開国当時から日本領であり、一度も外国の領土となったことがない北方四島は含まれないと解するのが自然である[20]。いずれにせよ、ソ連は同条約に署名をしていないことから、サンフランシスコ平和条約の解釈権限を有していない[21]。したがって、ソ連、ロシア側が主張するところの、「千島列島と北方四島の区別はされておらず、全体として千島列島である（四島を含む）」という主張は根拠に欠けるといわざるを得ない。また、ヤルタ協定については、あくまでも三国間の政治的な合意でしかなく、日本を拘束する性質の文書ではない[22]。以上のことから、ソ連、ロシア側の、ヤルタ協定に基づき北方四島の権利、権原が認められたとする主張は法的根拠に欠ける。

（3）北方領土をめぐる現状と課題：ロシアによる実効支配の正当化の試み

　ロシア側も、北方領土をめぐる国際法上の根拠が弱いことは認識をしていると思われる。そのためロシアは、北方領土に対する実効支配を国内外に誇示するために様々な措置を講じている。その一つとして、政府高官による北方領土の視察がある[23]。2021年7月には、当時のロシア首相が択捉島を訪問し産業視察などをしており、日本側がそれに対する抗議をしている[24]。

　またロシアは、2020年7月に領土割譲交渉を禁止する条文を盛り込んだ改正憲法を成立させた。この改正は、主に国内の分離主義や2014年のロシアによるクリミア併合の合法性を疑問視する意見を抑え込むためのものであるが、日本を含むロシアとの領土問題を抱える国との関係への影響は明らかである[25]。ロシア側からすれば、北方領土は自国の領土であり、現在その帰属をめぐって日本側と交渉をしている状況にある。しかしながら、この改正憲法における「領土割譲禁止条項」を根拠に、北方領土交渉を拒否する可能性がある。実際、憲法改正以降、ロシア側からは平和条約交渉と領土問題を切り離そうとする意図を持った発言や行動が示されており[26]、今後の交渉は更に不透明といえる。

3．竹島

　竹島は、日本の本土からは約211km、最も近い隠岐諸島からは北西に約158kmの日本海に位置しており、東島（女島）、西島（男島）の2つの小島とその周辺の数十の岩礁から構成されている群島である。これに対して、韓国では「独島（ドクト）」と呼ばれており、韓国本土からは約217km、鬱陵島からは約88kmに位置する。総面積は約0.2km²であり、東京の日比谷公園よりやや広い程度である。各島は、断崖絶壁の岩の島であり、海風が強く、海岸線は波浪も高いため樹木が育たず、また、飲料水に乏しく人の居住には適さない環境である[27]。

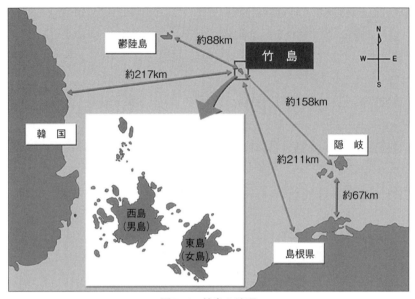

図7-4 竹島の地理
(出典：首相官邸ホームページ[28])

(1)「竹島問題」とは

「竹島問題」[29]とは、1952年1月18日に、韓国が一方的に竹島を含む周辺水域に対して「主権宣言」を行い、いわゆる「李承晩ライン」を設定し、竹島をその内側に取り込み自国領であると主張したことに対して日本政府が抗議をしたことにより発生した、日本と韓国との間の竹島（独島）の領有権をめぐる紛争である。

竹島をめぐる紛争を検討する上で、いくつかの客観的事実について整理しておく必要がある。ただし、ここで歴史的資料の真偽の程を判断することは困難であるため、本稿においては、とりわけ竹島の経営や地理的認識が明確になった1905年の日本による領土編入以降の事実や行為の法的評価を中心に検討する[30]。

1904年9月、1903年頃から竹島におけるアシカ漁の活発化による乱獲を懸念した隠岐の実業家・中井養三郎が、内務・外務・農商務三大臣宛に、「りやんこ島[31]」（現在の竹島）の日本への編入および向こう10年の貸下げを願い出

た。これを受け、1905（明治38）年1月28日、日本政府は閣議決定で、「北緯37度9分30秒、東経131度55分、隠岐島から西北85里にある無人島は、他国による占領の形跡がなく、……関係書類から中井が漁猟活動を行っていることが明らかであることから、国際法上の占領の事実があるものと認められる」として、島根県の所属とすることを決定した[32]。その後、島根県知事に対して、無人島の名称を竹島とし島根県の所属、隠岐島司の所管とすることを告示するよう訓令が発出され、同年2月22日に「島根県告示第40号」として公示された。これを受け、竹島周辺水域におけるアシカ猟が知事の許可制となり、また、竹島が官有地として登録、ならびにアシカ猟に対して課税がされるなどの措置が行われた。このアシカ猟の許可制は、第二次世界大戦によって中止される1941年まで続けられた[33]。

これに対して韓国側は、1900年10月24日に、鬱陵島の地方行政の強化を定める「大韓帝国勅令41号」を官報に掲載し、その第2条において鬱島郡が管轄する区域を「鬱陵全島と竹島・石島（＝現在の独島）」と定めており、日本よりも早く韓国領に編入をしていると主張する[34]。しかしながら、韓国は一方で自国の歴史資料から「于山島が独島であり」とも述べており[35]、なぜ、この勅令でいう「石島」が独島であるのかについては何ら証拠を提示していない。

次に重要な事実・資料として、第二次世界大戦後に日本政府の行政権が停止される範囲を示す1946年1月の「連合国総司令部覚書（SCAPIN）第677号」[36] および1946年1月の「SCAPIN第1033号」[37] が挙げられる。これらの文書において、日本の行政権が及ぶ範囲から竹島が除外され、また船舶での接近・接触も禁止された。しかしながら、これらの文書は戦後統治における一時的な措置であり、日本の領土の範囲や国境線、漁業権に関する最終決定をするものではないことに注意する必要がある[38]。

竹島問題においても、決定的な役割を果たすのが1951年のサンフランシスコ平和条約である[39]。日本の領土の範囲を法的に確定した同条約第2条(a)は、「日本国は、朝鮮の独立を承認して、済州島、巨文島及び鬱陵島を含む朝鮮に対するすべての権利、権原及び請求権を放棄する」とある。この条文の起草過程において、「独島（竹島）」を含めるよう韓国から米国に対して修正要求が出

された。しかしながら、米国側は、竹島は「朝鮮の一部として取り扱われたことが決してなく、1905年頃から日本の島根県隠岐島支庁の管轄下にある。この島は、かつて朝鮮によって領有権の主張がなされたとは見られない」として、韓国側の主張を否定している[40]。仮に、連合国が日本の領土から竹島を除外する意図があったのであれば、朝鮮本土からは距離のある済州島や鬱陵島が明記されたのと同様に、「竹島（Liancourt Rocks）」と明記したであろう[41]。そのようになっていない以上、竹島に対する日本の主権は国際法上、1905年の閣議決定において確立していると考えるのが妥当である[42]。

　サンフランシスコ平和条約によって竹島が日本の領土であると確認された4か月後の1952年1月18日、当時の韓国大統領の李承晩は突如「海洋主権宣言」[43]を出し、竹島を取り囲む形で公海上に境界線、いわゆる「李承晩ライン」を一方的に設定し、その内側の水域の資源に対する主権を主張した。これに対して日本は直ちに抗議をしている。

　1953年6月以降、日本人による竹島への渡航が再開されたが、一方で、韓

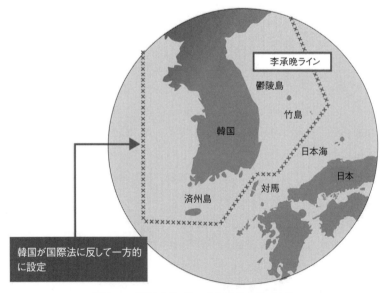

図7-5　李承晩ライン（1952年1月18日）
（出典：外務省ホームページ[44]）

国人による不法上陸が頻発したことから、海上保安庁と島根県による密航・密漁の取締りの上陸合同調査が行われた。しかしながら、韓国人による竹島上陸はその後も続き、同年7月には海上保安庁巡視船への銃撃事件も発生している。そのような中、1954年6月に韓国内務部は沿岸警備隊の駐留部隊の竹島派遣を発表、同年8月に海上保安庁の巡視船が竹島から銃撃される事件が発生したことから、竹島への警備隊駐留が確認された。以降、今日まで占拠が続いている。この間、日本政府は領土問題を平和裡に解決すべく、1954年、1962年そして2012年に国際司法裁判所への付託を提案したが、いずれも韓国政府から拒否をされている。

（2）竹島をめぐる日本と韓国の主張

竹島・独島をめぐる日韓両国の基本的立場は以下のとおりである。

1）日本の主張

日本政府は、竹島の領有権に関して、「歴史的事実に照らしても、かつ国際法上も明らかに我が国固有の領土です。韓国による竹島の占拠は、国際法上何ら根拠がないまま行われている不法占拠であり、韓国がこのような不法占拠に基づいて竹島に対して行ういかなる措置も法的な正当性を有するものではありません。我が国は竹島の領有権をめぐる問題について、国際法にのっとり、冷静かつ平和的に紛争を解決する考え」であると主張する[45]。日本の主張は、1905年の竹島編入以降、他国の抗議を受けることなく平穏かつ継続して主権を行使してきており、国際法上の領有権が確立しているというものである。また、竹島は、1951年のサンフランシスコ平和条約による放棄の対象ではなく、韓国こそ、竹島を不法に占拠しているとも主張する。

2）韓国の主張

韓国政府は、竹島（独島）に対する基本的立場として、「独島は歴史的にも、地理的にも、国際法的にも明白な大韓民国固有の領土です。独島をめぐる領有権紛争は存在せず、独島は外交交渉及び司法的解決の対象になり得ません」と

主張する[46]。地理的根拠としては、「独島から最も近い韓国の鬱陵島（独島から87.4km）では、天気の良い日には肉眼で独島を眺めることができます。こうした地理的な特性から、独島は歴史的に鬱陵島の一部として認識」[47] されてきたと、地理的近接性を理由に挙げる。歴史的根拠としては、「朝鮮初期の官撰書『世宗実録』「地理志」（1454年）には、鬱陵島（武陵）と独島（于山）が江原道蔚珍県に属する2つの島であると記されています。また、この2つの島が6世紀初頭（512年）に新羅に服属した于山国の領土と記されていることから、独島に対する統治の歴史は新羅時代にまで遡（る）」[48] とし、日本より早く竹島を発見・統治してきたと主張する。そして、1905年2月22日の島根県告示による領土編入は、「韓国の主権を侵奪する過程の一部であり、韓国の独島領有権を侵害した不法行為であるため、国際法的にも無効」[49] であるという。さらには、カイロ宣言やポツダム宣言、サンフランシスコ平和条約といった一連の文書によって、「独島は終戦後独立した大韓民国の不可分の領土とな」[50] ったと述べる。

3）法的論点

　前述の日韓両国の基本的立場からも分かるように、両国の主張は島名を入れ替えただけで、ほぼ同様の主張となっている。重要なことは、証拠価値の疑わしい古い歴史的資料ではなく、いずれの方が島を実効的に支配してきたのかということに直接関係する証拠である[51]。この点、日本は1905年の領土編入以降、竹島に対する土地管理、漁業規制、産業の許可可、課税など、継続的な主権の行使をしてきており、その証拠資料も残っている。これに対して、韓国側は歴史資料・文献における独島（竹島）の記載などを主張するが、韓国が竹島を実効的に支配したことを示す証拠は提示されていない。また韓国は、「独島から最も近い韓国の鬱陵島から、……天気の良い日には肉眼で独島を眺めることができ」るという地理的な特性を領有権の根拠として主張するが、国際法上、地理的近接性のみを理由とする領域権原の確立は確認されていないことに留意する必要がある[52]。

（3）日本と韓国との間の海洋境界画定問題

　国際法上、「海の領域は陸地領土の必然的な従属物である」[53] といわれる。
1982 年の国連海洋法条約によって最大 200 海里に及ぶ排他的経済水域が設定で
きるようになったことから、日本と韓国との間でその境界を画定する必要が生
じた。しかしながら、前述の原則が述べるように、島の領有権問題が解決しな
ければ、日韓の海洋境界画定問題も解決しない。排他的経済水域の境界画定を
めぐって両国間で交渉が続けられているが、双方が基準とする島が竹島である
ため、交渉が進展しない状況にある[54]。そのため、排他的経済水域における漁
業に関しては、日韓の間で漁業協定を締結し、竹島を考慮しない形で排他的経
済水域における暫定的な漁業水域を設定した。協定では、暫定水域において相
手国の漁船に対して漁業に関する自国の関係法令を適用しないことになってお
り、管轄権上の問題を回避するよう調整されている。

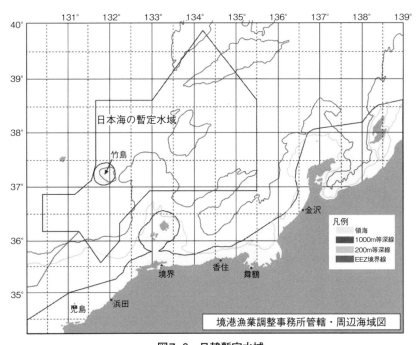

図7-6　日韓暫定水域
（出典：水産庁ホームページ[55]）

4．尖閣諸島

　尖閣諸島は、南西諸島の西端、石垣島の北約170km、沖縄本島からは約410kmのところに位置する、東シナ海上に散在する島々であり、魚釣島、久場島、大正島、北小島、南小島、飛瀬、沖の北岩、沖の南岩で構成されている島々の総称である。総面積は、約5.53km^{2}であり、最大の魚釣島は約3.81km^{2}である。行政区分上は、沖縄県の石垣市に属する[56]。明治時代には、魚釣島や久場島に工場が作られ一定の居住者もいたが、1940年の事業終了に伴い、それ以降は無人島となっている。

　現在、尖閣諸島に対して中国や台湾が領有権を主張しているが、北方領土や竹島と異なり、尖閣諸島を現に実効支配しているのは日本である。当然のことながら、日本からすれば「解決すべき領土問題はそもそも存在しない」のであって、他国による一方的な現状変更の試みに対抗をしている状況にある。

　なお、前述のように、尖閣諸島は「日本の領土」であり、民法上、それぞれの島には所有権者が設定されている。このうち、大正島のほか、沖ノ北岩と沖ノ南岩、飛瀬の3つの岩礁は領土編入以降、今日に至るまで一貫して国が所有、

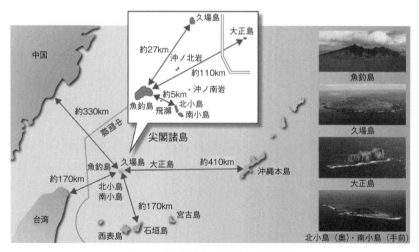

図7-7　尖閣諸島の地理的位置関係
（出典：海上保安レポート2020[57]）

つまり、国有地として登録されている。魚釣島、北小島、南小島、久場島の面積が大きい4つの島は、民間人への無償貸与の後、1932（昭和7）年に民間人へ払い下げとなり、うち魚釣島、北小島、南小島の3島については2002年4月から再度日本政府が借り上げをし、2012年9月には民間人と日本政府との間で売却が合意され、国有化された。したがって、現在では、久場島のみが民間人の所有となっている。

（1）「尖閣諸島問題」とは

　前述のとおり、尖閣諸島を現に実効支配しているのは日本であることから、自ら紛争の存在を認める必要はない。しかしながら、これも現に、中国および台湾から尖閣諸島に対する領有権の主張を受けている状況にあり、そこには明らかな意見の対立がある。そこで本稿では、問題把握のために議論の発端と経緯、そして中国の主張に焦点を当て整理する[58]。

　尖閣諸島が注目を集めるようになったのは、1968年に国連アジア極東経済委員会（ECAFE：現ESCAP）の下で実施された日本、台湾、韓国の科学者による東シナ海および黄海の地球物理調査の結果、日本と台湾の間の大陸棚（尖閣諸島周辺海域の大陸棚）が世界的な油田となる可能性が大きいと1969年5月の報告書で判明したことに端を発している。これを受け、同年7月にいち早く主権行使宣言をしたのが台湾であり、翌1970年7月には、米国の石油会社に対して尖閣列島周辺の海域の石油鉱区権を付与している[59]。そして、1971年6月に、台湾が初めて公式に尖閣諸島に対する領有権を主張し、続く12月に中国も領有権を主張する声明を発した。以降、中国は「釣魚島（Diaoyu Dao）」、台湾は「釣魚台島（Diaoyutai Islets）」と呼称し、様々な理由から自国の領有権を正当化するようになった。この間、中国は、1992年に「領海及び接続水域法」を制定し、法令上初めて「釣魚島（尖閣諸島）」を法執行の対象とするなど既成事実化を進めている[60]。

　他方で日本は1885年から現地調査を行うなど、中国・台湾に先んじて尖閣諸島に対する実効支配を積み重ねてきている。当時、列強国の東シナ海への進出の動きを受け、明治政府は沖縄県に対して、沖縄県と清国（中国）との間に

ある無人島の状況について調査を命じた。当時は様々な資料から、魚釣島、久場島、大正島が無人島であることは分かっていたが、無人島であるが故にどこの国に帰属するのかが明白ではなかった。沖縄県の現地調査の結果、冊封史録に記載されている島嶼と同一の可能性があるが、そうであれば航海における目標としてきたものであるとして、沖縄県は国標の建設を上申したが、同年12月、明治政府は当時の国際情勢などを踏まえ[61]、国標建設を見送った。

　その後、沖縄県から漁業取締りの必要から、1890年と1893年にも上申がされるが、いずれも見送られた。最終的に、当初の調査から10年が経過した1895年1月、明治政府は沖縄県の主張を認め、漁業者の取締りなどのため、無人島である魚釣島と久場島に日本の領土であることを示す標杭を建設、つまり、日本の領土へ編入し、沖縄県の所管とすることを閣議決定した[62]。ただし、前述のように、国際法上は、領域権原の成立のためには実効的占有、つまり、「継続的かつ平穏な主権の表示」が必要なのであり[63]、単なる標杭の建設やそれによる領有の宣言のみでは領域の取得は成立しない。したがって、これ以降の日本の実行が重要となる。

　1895（明治28）年の領土編入決定の後、日本政府は尖閣諸島に対する実行を積み重ねてきた。翌年には、南小島・北小島・魚釣島・久場島の4島は民間人に貸与され、以降、開拓がされた。無人島だった各島にも家屋が建設され、アホウドリの羽毛採取事業や漁業、加工業、燐鉱資源の採取などの鉱業が行われている。その後、政府から貸与された4島については1932年に払い下げとなり、民有地となった[64]。この間、中国政府から抗議というものは行われていな

写真7-1　尖閣諸島における日本人の経済活動
（出典：国立公文書館）

い。このように、日本側は、1895年の尖閣諸島の領土編入以降、地方自治体による島の管理、漁業取締り、官有地貸し下げに伴う使用料の徴収、売却、燐鉱資源の採掘の許認可など、法の適用を含めた実効支配を長期間にわたり継続して平穏に実施してきた。

　ここでもサンフランシスコ平和条約が重要な役割を果たす。サンフランシスコ平和条約第2条は領土の放棄に関して定めるが、尖閣諸島について言及をしていない。他方で、同条約第3条は、米国による信託統治地域として、「北緯29度以南の南西諸島（琉球諸島及び大東諸島を含む)」を対象としており、沖縄の一部として、尖閣諸島はこの範囲に含まれる。したがって、尖閣諸島は1971年の沖縄返還とともに日本に復帰したことになる。

　1971年の中国や台湾による突然の領有権の主張以降、漁船などの民間人による尖閣諸島への接近などが散発されるようになる。この状況が一変するのが、2012年9月の日本政府による魚釣島、北小島、南小島3島の売買、国有化以降である。2012年の国有化以降、とりわけ、中国の政府公船による尖閣諸島周辺海域における活動が活発化し、領海へ侵入する事案が多く発生している[66]。その意味については後述する。

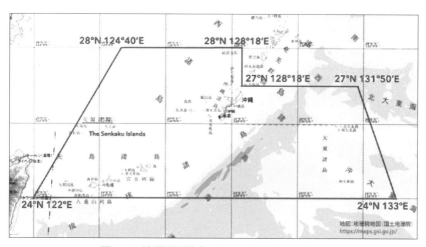

図7-8　沖縄返還協定によって返還された範囲
（出典：内閣府領土・主権対策企画調整室ホームページ[65]）

（2）尖閣諸島をめぐる日本と中国の主張

　尖閣諸島をめぐる日本と中国の基本的立場は以下のとおりである。

1）日本の主張

　日本政府の公式見解は、「尖閣諸島が日本固有の領土であることは歴史的にも国際法上も明らかであり、現に我が国はこれを有効に支配しています。したがって、尖閣諸島をめぐって解決しなければならない領有権の問題はそもそも存在しません」というものである[67]。前述のとおり、1895年1月14日の領土編入に関する閣議決定以降、四半世紀にわたり他国からの抗議を受けることなく継続的かつ平穏に主権の行使をしてきたのであり、サンフランシスコ平和条約によっても放棄した領土に含まれていないことからも、国際法上、日本の尖閣諸島に対する権原は確立しているという。

2）中国の主張

　これに対して中国は、「釣魚島およびその付属島嶼は、中国の領土の不可分の一部である。歴史、地理、法理のいかなる角度から見ても、釣魚島は中国固有の領土であり、中国は釣魚島に対して争う余地のない主権を有している」と述べており、日本側とほぼ同じ主張となっている[68]。その中国の主張の根拠は要約すると以下のとおりである。まず、「固有の領土」論として、中国は、1400年代の歴史資料などをもとに、自国が最も早く釣魚島（尖閣諸島）を発見、命名、利用してきたと述べる。また、釣魚島を長期的に管轄してきた根拠として、1600年代から防衛区域に組み込まれており、国内外の地図にも釣魚島が中国に帰属すると記されていると述べる。日本による1895年の領土編入に対しては、同年に終結した甲午戦争（日清戦争）の結果、「中国にとって不平等な『馬関条約（下関条約）』の締結を強いて、台湾全島および釣魚島を含むすべての付属島嶼を割譲させた」として、日本が釣魚島を不法に「窃取した」とまで主張する。したがって、1951年のサンフランシスコ平和条約に基づく委任統治も、1971年の返還措置も、2012年の国有化も、中国の領土主権に対する重大な侵犯であり、不法かつ無効であるというのである。

3）法的論点

　竹島の場合と同じく、ある領域に対して国家の領域権原が成立するためには、歴史的資料における記述だけではなく、明確な領有の意思を持って、継続的かつ平穏に領域主権を行使していることが必要となる。尖閣諸島の場合、日本は、1895年の閣議決定による編入以来、尖閣諸島に対する実効支配を積み重ねてきたが、中国や台湾は70年以上にわたり日本の領有権主張に対して異を唱えてこなかった。また、中国が主張する「日本は釣魚島を窃取した」（不平等条約を締結させて割譲させた）という点に関しては、日本による領土編入の閣議決定が日清戦争の終了する3か月前のことであり、下関条約の締結時には既に日本の領土となっていたことからも時系列的に中国の主張は成り立たない。これらのことから、尖閣諸島は中国から「窃取」したものでも「割譲」されたものでもなく、中国による尖閣諸島に対する領有権の主張は、国際法上の根拠を欠くものである[69]。

（3）忍び寄る中国の「実効支配」

　南シナ海における中国の海洋進出や、その結果引き起こされた2016年7月の南シナ海仲裁裁判[70] に対する態度を見ても分かるように、中国は、国際法を軽視し、力による現状変更を試みる傾向にある。その傾向は、尖閣諸島においても現れている。とりわけ、日本政府による尖閣諸島3島の取得、すなわち国有化以降、中国海警局に所属する船舶などによる尖閣諸島領海への侵入行為が繰り返されており、緊張が増している。では、この中国海警局の船舶、とりわけ「政府公船」[71] による領海侵入はどのような意味があるのだろうか。

　陸域と同様に領海には国家の主権が及ぶが、国連海洋法条約によって外国船舶は（民間船、公船問わず）「無害である限り」領海の航行が認められている[72]。すなわち、日本の領海である尖閣諸島周辺海域であっても、その航行が無害である限り、中国海警局の船舶の航行を妨げることはできない。しかしながら、中国海警局の船舶は当該海域を「徘徊」したり、操業中の日本漁船を監視・追跡したりと、「無害でない」航行をしており、これに対して海上保安庁の巡視船が警告、退去を要求するという事例が頻発している。この海上保安庁

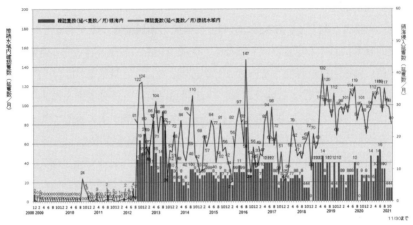

図7-9　尖閣諸島周辺海域における中国公船の動向（2021年11月末時点）
（出典：海上保安庁ホームページ[75]）

の巡視船による要求に対して中国側は、「中国の領海から直ちに退去するように」と応答し、また、日本政府による外交ルートを通じた抗議に対しても、「釣魚島及びその付属島嶼は中国の固有の領土であり、釣魚島海域を巡航し法執行を行うことは中国の固有の権利」であるとして自らの行動を正当化する回答をしている[73]。

　こうした中国による行動や発言は、尖閣諸島周辺海域における法執行活動、すなわち、管轄権行使の実績を狙うものであり、それを通じて、尖閣諸島に対する領域権原の確立を狙っているものと考えられる[74]。重要な点は、こうした活動が国連海洋法条約上の免除を有する政府公船によって行われており、日本側は警告や退去要求以外にできることがほとんどないということである。こうした中国のしたたかさには今後も警戒が必要である。

5．おわりに

　以上見てきたように、日本は島国という性質上、他国と国境を接していないものの、周辺国であるロシア、韓国、中国との間で領土（島）をめぐって対立がある状態にある。重要な点は、日本が抱える領土問題には、「島の帰属」と

「海洋境界画定」の2つの側面があるということであり、それぞれを区別して考えなければならず、また、北方四島、竹島、尖閣諸島でそれぞれ問題の性質が異なるということである。

　実際、北方四島については、島の領有権そのものが争点となっており、現在のところ海洋境界画定は議論の対象になっていないが、竹島と尖閣諸島をめぐっては、その島が境界画定の基点となっていることから、境界を画定させることが困難な状況にある。さらにこの問題を解決困難にしているのは、中韓両国がこの問題を歴史問題に結びつけている点である[76]。

　確かに、それぞれの島が日本に編入された際の時代背景を考慮する必要があるかもしれない。しかしながら、日本の領土問題は第二次世界大戦後のサンフランシスコ平和条約によって法的に確定しており、条文の解釈からも、北方四島、竹島、尖閣諸島のいずれに関しても日本の領土であることが確認されている。国際法上、領土帰属を確定させるのはいずれの国が当該領域に対して実効支配をしてきたか、つまり、継続的かつ平穏に主権の表示をしてきたかに拠る。ロシアや韓国による不法占拠や中国の力による現状変更の試みといった国際法を無視した行為が領域権原を確立することはない。「不法から法は生じない」（*ex injuria non oritur jus*）のである。他方で、日本も消極的態度を取るべきではなく、外交ルートを通じた抗議のみならず、仲裁または司法的解決の提案などを通じて、積極的な領有権の主張をしていかなくてはならない。そうでなければ、現状の黙認と受け取られかねないからである。

　いずれにせよ、当事者に求められていることは、領土帰属および海洋境界画定の問題に関して、国際法に基づいて合意に達することであり、力による現状変更の試みではない。島の帰属や海洋境界が確定しないことで不利益を受けるのはお互いであるということをすべての当事者は理解すべきなのである。

【注】
1）サンフランシスコ平和条約第2条、第3条参照。サンフランシスコ平和条約における領土問題の位置づけに関しては、高野雄一『日本の領土』（東京大学出版会、1962年）、41-84頁。
2）国家に対して領域主権を付与する事実またはその基礎のことを指す。許淑娟『領域権

原論—領域支配の実効性と正当性』(東京大学出版会、2012年)、5-6頁参照。

3) ポツダム宣言第8項参照。

4) なお、この「諸小島(minor islands)」の範囲について、戦後日本の統治機関であった連合国軍最高司令官総司令部(GHQ)の指令「連合国総司令部覚書(SCAPIN)第677号」(1946年1月(1952年4月失効))には、日本政府の行政権の及ぶ範囲から竹島や琉球列島、小笠原諸島、歯舞群島、色丹島などを除くという規定があるが、本覚書を含む関連指令において、この規定が領土帰属の最終決定に関する連合国側の政策を示すものと解釈してはならないことが明示されている点に注意が必要である(「若干の外郭地域を政治上行政上日本から分離することに関する覚書」(SCAPIN第677号)第3項および第6項参考)。https://www.mofa.go.jp/mofaj/area/takeshima/pdfs/g_taisengo01.pdf(2021年12月11日アクセス。以下同。)

5) 日本では、高潮時において海岸線の長さが100メートル以上で、橋や防波堤などの細い構造物でつながっているもの(埋立地は除く)を島としての基準としている。海上保安庁『海上保安の現状』(海上保安庁、1987年)、200頁参照。

6) 海上保安庁ホームページ参照:https://www1.kaiho.mlit.go.jp/JODC/ryokai/ryokai_setsuzoku.html

7) ただし、満潮時には水没してしまうため、国連海洋法条約上は低潮高地に該当する。

8) 北方領土をめぐる史資料やその分析については、海洋政策研究所島嶼資料センターのホームページを参照。https://www.spf.org/islandstudies/jp/info_library/northernterritories--index.html

9) https://www.mofa.go.jp/mofaj/area/hoppo/hoppo.html

10) 詳細は、高野、前掲書(第5章「千島・樺太の地位」)、163-291頁;芹田健太郎『日本の領土』(中央公論新社、2002年)、67-105頁;塚本孝「北方領土問題の経緯【第4版】」『調査と情報』697号(2011年)、1-10頁参照。

11) 芹田、前掲書、67頁。

12) 日露通好条約第2条。なお、樺太については国境を定めず両国民の混住の地とされた。

13) 樺太・千島交換条約(またはサンクトペテルブルク条約)第2条。

14) ヤルタ協定の存在は1946年2月まで秘匿されていた。なお、ヤルタ協定の正式名称は「ソビエト連邦の対日参戦に関する合意("Agreement Regarding Entry of the Soviet Union Into the War Against Japan")」であり、条約というよりも三首脳間の政治的合意といえる。米国政府も、当該協定の法的効果を否定している。当然ながら、当事者でない日本は同協定の内容に拘束されない。

15) 有効期限は5年間(1946年4月まで)であり、期間満了の1年前までに破棄を通告しなければ5年間自動延期される。ソ連は1945年4月に延長しない旨を通告。したがって、条約上の中立義務は1946年4月までであった。

16) 北方領土をめぐる歴史的経緯や関係文書の内容については、内閣官房領土・主権対策

企画調整室のホームページ：https://www.cas.go.jp/jp/ryodo/taiou/index.html#hoppou および外務省『われらの北方領土2020年版（資料編）』：https://www.mofa.go.jp/mofaj/files/000035454.pdfを参照。

17）北方領土問題をめぐる日本とロシア（ソ連）の公式見解については、両国外務省が共同で作成した「日露間領土問題の歴史に関する共同作成資料集」の1992年版と2001年版を参照。https://www.mofa.go.jp/mofaj/area/hoppo/ryodo.html

18）塚本孝「北方四島をめぐるロシアの領有権主張について」『島嶼研究ジャーナル』第7巻1号（2017）、6-9頁参照。現在もロシアの公式見解としてしばしばこのように主張される。

19）高野、前掲書、165-187頁；芹田、前掲書、53-55頁参照。

20）また、放棄の範囲に疑いがある場合は、放棄者に有利な意味に解釈されなければならないことが国際裁判において確認されている。1968年の「インド・パキスタン西部国境（Rann of Kutch）事件」仲裁判決など。中谷和弘「日本の領土関連問題と国際裁判対応」『島嶼研究ジャーナル』第7巻1号（2017年）、22-23頁参照。

21）中谷、前掲論文、22頁。ただし、日本が条約を締結している以上、ソ連、ロシアが締約国かどうかにかかわらず第2条(c)は有効である。

22）この点は、当事国である米国側も同協定が領土移転に関する法的効力を持たないことを1956年の公式見解で述べている。内閣府の仮訳参照：https://www8.cao.go.jp/hoppo/shiryou/pdf/gaikou14.pdf

23）国際法上、首相などの政府高官の係争地訪問という単独の事実で領域権原が認められることはない。この点について、1953年の国際司法裁判所（ICJ）マンキエ・エクレオ事件判決を参照。*The Minquiers and Ecrechos case, Judgment of November 17th, 1953, I.C.J. Reports 1953*, pp.70-71.

24）https://www.mofa.go.jp/mofaj/press/release/press4_009100.html

25）Lauri Mälksoo, "International Law and the 2020 Amendments to the Russian Constitution," *American Journal of International Law*, Vol.115(1), 2021, pp.80-82.

26）宮崎雅史、寺林裕介「2021 年における外交・防衛分野の課題」『立法と調査』432号（2021年）、55-56頁。

27）竹島をめぐる史資料やその分析については、海洋政策研究所島嶼資料センターのホームページを参照。https://www.spf.org/islandstudies/jp/info_library/takeshima-index.html

28）https://www.kantei.go.jp/jp/headline/takeshima.html

29）詳細は、太寿堂鼎「第3章　竹島紛争」『領土帰属の国際法』東信堂、1998年、125-156頁；芹田、前掲書、146-165頁；塚本孝「竹島領有権問題の経緯【第3版】」『調査と情報』701号（2011年）、1-10頁参照。

30）竹島をめぐる歴史的経緯や関係文書の内容については、内閣官房領土・主権対策企画

調整室のホームページ：https://www.cas.go.jp/jp/ryodo/taiou/index.html#takeshima 参照。

31）当時の通称は、西洋名の "Liancourt Rocks" にちなみ、「りやんこ島」と呼ばれていた。

32）https://www.cas.go.jp/jp/ryodo/shiryo/takeshima/detail/t1905000000101.html. これ は、領域権原としては無主地の先占に該当する。

33）https://www.cas.go.jp/jp/ryodo/shiryo/takeshima/detail/t1905000000101.html

34）大韓民国外交部『韓国の美しい島、独島』（日本語版）24頁：https://dokdo.mofa.go. kr/jp/pds/pdf.jsp なお、ここでいう「竹島」は鬱陵島の近傍にある「竹嶼」という小島 を指す。

35）同上、6頁。

36）脚注4参照。

37）「日本の漁業及び捕鯨業に許可される区域に関する覚書」：https://www.mofa.go.jp/ mofaj/area/takeshima/pdfs/g_taisengo02.pdf

38）SCAPIN第677号第3項および6項、ならびに、SCAPIN第1033号第3項および5項参考。

39）サンフランシスコ平和条約と竹島の法的地位に関しては、塚本孝「対日平和条約と竹 島の法的地位」『島嶼研究ジャーナル』第2巻1号（2012年）、40-53頁が詳しい。

40）ラスク極東担当国務次官補から梁駐米韓国大使に宛てた書簡（いわゆるラスク書簡） 参照。https://www.mofa.go.jp/mofaj/area/takeshima/pdfs/g_sfjoyaku03.pdf

41）芹田、前掲書、159頁参照。

42）中谷、前掲論文、23-24頁。また、中谷教授は、北方領土の例と同じく、国際法上、放 棄の範囲に疑いがある場合は、放棄者に有利な狭い意味において解釈されなければなら ないと指摘する（同24頁）。

43）「隣接海洋に対する主権宣言」

44）https://www.mofa.go.jp/mofaj/area/takeshima/g_senkyo.html

45）内閣府領土・主権対策企画調整室ホームページ：https://www.cas.go.jp/jp/ryodo/ taiou/index.html#takeshima および外務省ホームページ：https://www.mofa.go.jp/ mofaj/area/takeshima/index.html

46）大韓民国外交部『韓国の美しい島、独島』（日本語版）4頁。

47）同上、5頁。

48）同上、6頁。

49）同上、10頁。

50）同上、11頁。

51）脚注23、1953年の国際司法裁判所（ICJ）マンキエ・エクレオ事件判決を参照。また、 竹島問題との比較で右判例を解説したものとして、中野徹也『竹島問題と国際法』（ハー ベスト出版、2019年）、20-52頁参照。

52）国際法における近接性に基づく領域権原の確立については、中野徹也「「近接性」に基

づく領域権原確立の可能性」『関西大学法学論集』第70巻2・3号（2020年）、401-427頁参照。

53) グリスバダルナ事件仲裁裁判。*Affaire des Grisbadarna, Reports of International Arbitral Awards (RIAA)*, Vol.XI, 1909, p.159.

54) 芹田、前掲書、223-227頁；坂元茂樹「海洋境界画定と領土紛争―竹島と尖閣諸島の影」『国際問題』No.565（2007年）、15-29頁参照。

55) https://www.jfa.maff.go.jp/sakaiminato/org/area/pdf/ks_2.pdf

56) 尖閣諸島をめぐる史資料やその分析については、海洋政策研究所島嶼資料センターのホームページを参照。https://www.spf.org/islandstudies/jp/info_library/senkaku-islands--index.html

57) https://www.kaiho.mlit.go.jp/info/books/report2020/html/tokushu/toku20_02.html

58) 詳細は、芹田、前掲書、106-145頁；松井芳郎『国際法学者が読む尖閣問題』（日本評論社、2014年）、特に42-50頁参照。

59) 松井、前掲書、43頁。

60) 中国における尖閣諸島の国内法上の位置づけについては、坂元茂樹「尖閣諸島をめぐる中国国内法の分析」『島嶼研究ジャーナル』第4巻1号（2014年）、28-53頁参照。

61) 1884年の甲申政変をめぐる日本と清国との対立や、その結果を受け1885年4月に天津条約が作成された状況のことを指す。

62) https://www.cas.go.jp/jp/ryodo/shiryo/senkaku/detail/s1895011400101.html

63) 許淑娟、前掲書、第2章（95-194頁）；同「領土帰属法理の構造―権原と*effectivités*をめぐる誤解も含めて」『国際問題』No.624（2013年9月）、20-34頁参照。

64) 内閣府領土・主権対策企画調整室ホームページ：https://www.cas.go.jp/jp/ryodo/taiou/senkaku/senkaku01-04.html

65) https://www.cas.go.jp/jp/ryodo/taiou/senkaku/senkaku02-02.html

66) 2020年は、尖閣諸島周辺海域における中国海警船の活動日数が延べ333日に達した。また、防衛省の報道発表によると、領海侵入は2021年7月末の時点で、最大157日連続で行われたという。https://www.mod.go.jp/j/press/kisha/2021/0730a.html

67) 内閣府領土・主権対策企画調整室ホームページ：https://www.cas.go.jp/jp/ryodo/taiou/index.html#senkaku および外務省ホームページ：https://www.mofa.go.jp/mofaj/area/senkaku/index.html.

68) 中国の公式見解については、「釣魚島白書」を参照。日本語仮訳が中華人民共和国日本大使館のホームページに掲載されている：http://www.china-embassy.or.jp/jpn/zrgxs/zywj/t973306.htm また、国家海洋局付属機関である国家海洋情報センターの釣魚島に関するホームページも参照：http://www.diaoyudao.org.cn/jp/

69) 芹田、前掲書、108-132頁；中谷、前掲論文、24-25頁参照。

70) *The South China Sea Arbitration, Award, PCA Case N° 2013-19*, 12 July 2016.

71) 国連海洋法条約上の定義はないが、一般的に、条約第31条などにいう「非商業的目的のために運航するその他の政府船舶」に該当し、軍艦とは異なるカテゴリーであるが同様に、条約における規定の免除対象となる。したがって、拿捕を含む法執行措置をすることはできない。森田章夫「政府の非商業的役務にのみ使用される船舶の免除」『海洋権益の確保に係る国際紛争事例研究（第3号）』（2011年）、15-31頁参照。

72) 国連海洋法条約第17条。

73) 人民網日本語版（2020年05月12日）：http://j.people.com.cn/n3/2020/0512/c94474-9689463.html

74) 尖閣諸島周辺海域における中国公船の動きやその法的分析と対応については、坂元茂樹『侮ってはならない中国―いま日本の海で何が起きているのか』（信山社、2020年）、とりわけ、第2部東シナ海を参照。

75) https://www.kaiho.mlit.go.jp/mission/senkaku/senkaku.html

76) 芹田、前掲書、106-165頁；坂元、前掲論文（脚注54）、16-20頁。

（注：本章脚注のウェブサイトは全て2021年12月11日に最終アクセスした。）

【参考文献】

海上保安庁『海上保安の現状』海上保安庁、1987年。

坂元茂樹「海洋境界画定と領土紛争―竹島と尖閣諸島の影」『国際問題』No.565、2007年、15-29頁。

坂元茂樹「尖閣諸島をめぐる中国国内法の分析」『島嶼研究ジャーナル』第4巻1号、2014年、28-53頁。

坂元茂樹『侮ってはならない中国―いま日本の海で何が起きているのか』信山社、2020年。

芹田健太郎『日本の領土』（中央公論新社、2002年）。

太寿堂鼎『領土帰属の国際法』（東信堂、1998年）。

高野雄一『日本の領土』（東京大学出版会、1962年）。

塚本孝「北方領土問題の経緯【第4版】」『調査と情報』697号、2011年、1-10頁。

塚本孝「竹島領有権問題の経緯【第3版】」『調査と情報』701号、2011年、1-10頁。

塚本孝「対日平和条約と竹島の法的地位」『島嶼研究ジャーナル』第2巻1号、2012年、40-53頁

塚本孝「北方四島をめぐるロシアの領有権主張について」『島嶼研究ジャーナル』第7巻1号、2017、6-19頁。

中谷和弘「日本の領土関連問題と国際裁判対応」『島嶼研究ジャーナル』第7巻1号、2017年、20-30頁。

中野徹也『竹島問題と国際法』ハーベスト出版、2019年。

中野徹也「「近接性」に基づく領域権原確立の可能性」『関西大学法学論集』第70巻2・3号、2020年、401-427頁。

許淑娟『領域権原論―領域支配の実効性と正当性』東京大学出版会、2012年。

許淑娟「領土帰属法理の構造―権原と*effectivités*をめぐる誤解も含めて」『国際問題』 No.624、2013年9月、20-34頁。

松井芳郎『国際法学者が読む尖閣問題』（日本評論社、2014年）。

宮崎雅史、寺林裕介「2021年における外交・防衛分野の課題」『立法と調査』432号、2021 年、51-65頁。

森田章夫「政府の非商業的役務にのみ使用される船舶の免除」『海洋権益の確保に係る国際 紛争事例研究（第3号）』（2011年）、15-31頁。

Mälksoo, Lauri, "International Law and the 2020 Amendments to the Russian Constitution," *American Journal of International Law*, Vol.115(1), 2021, pp.78-93.

グリスバダルナ事件判決（ノルウェー対スウェーデン）：*Affaire des Grisbadarna, Reports of International Arbitral Awards (RIAA), Vol.XI, 1909, pp.147-166.*

マンキエ・エクレオ事件判決（フランス対英国）：*The Minquiers and Ecrechos case, Judgment of November 17th, 1953, I.C.J. Reports 1953.*

南シナ海仲裁判断（フィリピン対中国）：*The South China Sea Arbitration, Award, PCA Case N° 2013-19, 12 July 2016.*

コラム　変化する日本の領土・境界

　国家領域は不変ではない。それは、法的、政治的な原因だけでなく、自然物理的な要因によっても変化しうる。これは、私たちが住む日本も例外ではないが、とりわけ、火山列島である日本にとってその事例は少なくない。

　1973年5月、本州の東京から南方に約930kmに位置する小笠原諸島に属する無人の火山島である西之島至近の海底火山が噴火し、新島（西之島新島）が形成された[1]。噴火は翌1974年5月まで続き、島は元からあった西之島と新島が結合するまで成長した。その後、新島の大半が波浪による浸食を受け消失し、馬蹄形状の島が残された。当時は、まだ国連海洋法条約が採択されておらず、排他的経済水域や大陸棚といった概念が導入される前だったため、領土・管轄水域の拡大は若干に留まった。それから約40年後の2013年11月、西之島は再び噴火をし、島の南東沖に新たな陸地が誕生した。以降、本稿執筆時点においても断続的な噴火を繰り返しており、その島は西之島（旧島）の約10倍にまで成長をした。

　ここで注目すべき点は、その領土面積の拡大ではなく、管轄水域の拡大である。海上保安庁の発表によると、2016年の測量の結果、日本の領海は約70km²拡大し、また排他的経済水域は約50km²拡大したという[2]。また、2018年の測量の結果、日本の管轄水域は約50km²（領海：約4km²、排他的経済水域：約46km²）が拡大したことが発表された[3]。西之島の場合、陸域の形成・拡大が西側へ向かっていることから、管轄水域が日本の排他的経済水域に囲まれた公海域である四国海盆海域へ迫り出す形となった。

　国際法上、ある領域が国家に帰属するということは「領域権原（title to territory）」という概念で説明される。領域権原とは、一般的に、国家に対して領域主権を付与する事実またはその基礎とされ、それを取得した国には領域主権が認められる[4]。その領域権原の取得方式として、伝統的には、先占、添付、割譲・併合、時効、征服が挙げられるが、西之島新島の場合は、溶岩や火山灰などの堆積によって形成され、元からあった西之島（旧島）に接続する形で現在の島となったため、先占ではなく添付に該当する。西之島のような事例は他にもある。

　南硫黄島から北北東に約5kmの地点に、「福徳岡ノ場」と呼ばれる海底火山があり、2021年8月にその火山が噴火し新島の存在が確認された。しかしながら、この火山はこれまでにも噴火による新島の形成を繰り返しているが、いずれも島を維持できず海没・消滅しており、今回の新島も存続できるかどうか未知数である。

　新しくできる島もあれば、当然、「消える」島もある。日本には、領海や排他的

平成4年発行の地形図	平成29年発行の地形図	今回発行予定の地形図
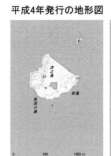	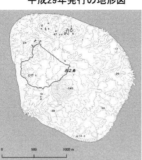	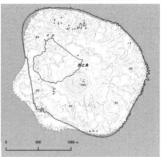
面積：0．29km²	面積：2．72km²	面積：2．89km²
最高標高：25m	最高標高：143m	最高標高：160m

図1　西之島の面積と最高標高の推移（2019年5月22日発表）
（出典：国土地理院ホームページ5)）

　経済水域の外縁を根拠づける離島（国境離島）が484島あり（北方領土と竹島の国境離島を除く）6)、まさしく島国日本を形作っている。しかしながら、そのほとんどの離島は無人であり、十分な保全管理措置がなされていない。そのため、その重要な国境離島が消滅する事態も発生している。

　2019年9月、海上保安庁は、北海道猿払村の沖約500mに位置する「エサンベ鼻北小島」が消失しており、水深の浅い浅瀬のみが存在していると発表した7)。波や流氷などの浸食によるものと考えられている。エサンベ鼻北小島は領海の外縁を根拠づける離島であり、その消失は国土の消滅だけでなく管轄水域の減少も意味しかねない。今回の場合、残された浅瀬が、国連海洋法条約でいう「低潮高地」8)と定義づけることができれば領海を維持することができる。この他にも、同じく北海道新冠町の沖約200mに位置する「節婦南小島」や、函館市沖約100mの沖に位置する「汐首岬南小島」も、地震の地形変化や護岸工事の影響で水没するなどして消失した可能性があることが報じられている。

　こうした海面上昇などによって半永久的に水没してしまった島や沿岸域が、領海や排他的経済水域などの基準や島としての地位を維持できるかという問題は、実は、国際法上、未だに明確な答えは出されていない。この問題は、国連海洋法条約の起草時には想定されていなかった問題であり、直接に対応できる条文というものはない。

　現在、国連の国際法委員会においてこの問題に関する検討作業が続けられている9)。新型コロナウイルス感染症の影響で、2020年以降の議論は停滞しているが、2018年に出された予備的検討の結果としては、国家慣行が不十分であるため、現

時点で特定の国際法原則や慣習法について結論を出すのは時期尚早としつつも、海洋境界画定に関しては、海面上昇を理由とする頻繁な境界線の変更は、法的不確実性や不安定性をもたらすことから望ましくないとして、合意または裁判によって確定した既存の海洋境界は維持されることを支持する見解が示された[10]。

【注】

1）海上保安庁海洋情報部：https://www1.kaiho.mlit.go.jp/GIJUTSUKOKUSAI/kaiikiDB/kaiyo18-2.htm

2）海上保安レポート2017：https://www.kaiho.mlit.go.jp/info/books/report2017/html/honpen/5_02_chap1.html

3）国土地理院報道発表資料：https://www.gsi.go.jp/kanri/kanri61003.html

4）許淑娟『領域権原論—領域支配の実効性と正当性』（東京大学出版会、2012年）、5-6頁；同「領土帰属法理の構造—権原と*effectivités*をめぐる誤解も含めて」『国際問題』No.624（2013年9月）、20-34頁参照。

5）国土地理院（資料2参照）：https://www.gsi.go.jp/kanri/kanri61003.html

6）内閣府国境離島WEBページ：https://www8.cao.go.jp/ocean/kokkyouritou/yakuwari/eez.html

7）海上保安庁発表「エサンベ鼻北小島の調査結果等について」（令和元年9月24日）：https://www.kaiho.mlit.go.jp/info/kouhou/r1/k20190924/k190924.pdf

8）国連海洋法条約第13条。「自然に形成された陸地であって、低潮時には水に囲まれ水面上にあるが、高潮時には水中に没する」浅瀬のことを指す。

9）https://legal.un.org/ilc/guide/8_9.shtml

10）A/CN.4/740(28 February 2020), paras.105-141, pp.43-55.

第3部　世界の国境問題

第**8**章

欧州における国境/境界問題

1. はじめに

近代以後、北・西欧諸国のほとんどの境界や領域は変化しなかったが、ドイツは1871年、1919年、1945年、1990年といった機会において、政治体制を変更させる傍ら、国境の変更を伴った唯一の国であり、欧州国際秩序の動揺や破壊の震源地となってきた。こうした背景から、欧州における主権国家の国境問題の事例として、ドイツの国境問題を取り上げる。また21世紀には境界の再定義が発生しているが、これを欧州統合の事例を通じて検証する。

ドイツとデンマークの国境問題やザール問題に関する邦語の研究は[1]、1945年以後の検証を行っていないか不十分である。また先行研究は、ドイツの「国境」問題の個別事例について歴史的分析を行っている。しかし、EUや、EU下のドイツの「境界」政策も包摂した、過去から現在に及ぶドイツの国境／境界問題に関して、観念的要素が同問題の克服に与えた影響を検証した研究はない。

こうした背景から、本章は特に1945年以後のデンマークとの国境問題やザール問題に焦点をあてつつ、ドイツの主要な国境問題を再構成する。加えて、EUの境界制度やEU下のドイツの境界政策を扱い、欧州で生じている境界概念の複雑化と曖昧化を再構成する。

本章では、国境問題の史的起源を探る「問題解明手法」を用いて、「どこに線を引くかを国家間で協議する過程」としての国境確定や、「国境をどう維持し、物流と人の往来を管理するか」を問う国境管理の様態を議論する[2]。さらに本章では構成主義理論を援用しながら、少数派保護や民族自決、国境不可侵

性といった規範が国境確定や境界再編に影響を及ぼしたことを明らかにする。

　陸続きの欧州では他民族との混住地域であることが一般的であり、ドイツ人の居住地域全てを含む国家の建設は不可能であった。飯田芳弘によれば、16世紀以後、統一国家以前におけるドイツの国民的一体感は、「文化国民」の用語が語るように、言語的統一体という文化共同体に見いだされたが、この文化共同体に基づく一体感は、連邦主義に基づく国家共同体を前提としていたという。19世紀には、ドイツ連邦という国家体制の下で、言語や文化共同体としてのドイツが想起されたという[3]。

　1841年にファラースレーベン（Hoffmann von Fallersleben）が作詞した「ドイツ人の歌」は、1922年に正式にドイツ国歌となり、NSDAP（国民社会主義ドイツ労働者党）率いるナチス・ドイツはその第1節、ドイツ連邦共和国（西独）は第3節を国歌に定めたことで有名である。しかし、この歌の第1節は、東は現在のリトアニアやロシア、西はベルギー、北はデンマーク、南はイタリア領の河川や海峡をドイツ国境として描いていた[4]。この「ドイツ」像は言語的統一体としてのドイツの理想郷に過ぎず、その領域空間は、連邦主義に基づく国家統一体のそれとは符合しない。

　近代には、言語や文化共同体に基づく統一体構想は、経済統一体としてはドイツ関税同盟、政治的統一体としては小ドイツ主義や大ドイツ主義といった構想と結合して登場した。

　境界とドイツ国民の形成との関係は、四方の境界毎に様相を異にした。西部および北部の境界が政治争点化される場合には、ドイツの国民意識の高揚に繋がったが、東部および南部の境界が政治争点化する場合、ドイツの国民意識の高揚化を導くことは困難であったという[5]。

2．ドイツの国境問題

（1）国境/境界とアイデンティティ、規範

　国境は多次元的である。国境は地理的空間における物理的実態であると同時に、人々の認識を左右する。国境は社会的構成物であると同時に、社会的関係

性を構築する。たとえば国境は、国境地域における主体と制度との関係性を規定する。

　近代以前の社会においては階層的秩序が存在したため、国境はほとんど不可視的な存在であった。しかし、近代国民国家は、統治と主権の範囲を確定する目的から可視的な境界を不可欠とした[6]。

　規範やアイデンティティといった観念的要素は、政策行動に影響を及ぼす[7]。観念的要素は、個々の具体的な決定というよりも、一国の根本的な方向性や、国民が実行可能で適当とみなす行動や条件の枠組みを与えたり、社会の争点や国益に関する社会の認識を定める[8]。規則的規範は、適切な行動の基準を明らかにし、構成的規範は行為主体のアイデンティティを構成する。国際規範が国内で作用するには、国内の規範や認識との調整など、「共鳴」が必要である。

　民族アイデンティティは帰属や一体感と区別、政治活動への原動力として機能する。民族アイデンティティを形成するには、自己と他者、あるいは内部と外部との峻別や他者との多様な一体性が必要である。それが多様な自己—他者関係の構成を可能とする。自己と他者の区別が誇張される場合、自己を善として肯定し、他者を悪として否定する階層化や善悪二分法が発生し、「他者化」が発生する。「他者化」は領域の形成や序列付けと関連している[9]。

　政策決定者は様々な友好的ないし敵対手段を用いて、国家毎に異なる質を持った関係を構築する。彼らは政治空間を組織し、民族アイデンティティと結合させ、政治的空間の維持や拡大に関する主張を行うことで国益を規定する[10]。

　国境は領域、権威や権利の関連性を決定する複雑な制度であり、市場活動、強制力、政治行政権のための制度を定める[11]。

　境界とアイデンティティは相関関係にある。アイデンティティは境界を通じて創出されるし、境界は集団的アイデンティティや世代を超えた共通の記憶を形成する。境界は特定空間における権力関係、階層制や秩序を反映しており、アイデンティティの形成に多大な影響を及ぼす。境界は領域を支配する国家の本質的な構成要素であり、ある国家の領域と他の国家の領域を分けることで、その国民としてのアイデンティティを高める。境界は、ベルリンの壁のように、その構成条件が消失した後も存続する[12]。

　アイデンティティは共有価値のみならず、特定の領域を伴う共同体を規定する。アイデンティティは一定の空間領域と結びついて構成され、領域と関連した、情動的な政治的帰属意識をもたらす。国家の帰属を問う住民投票は、政治的アイデンティティの核心を衝く行動であり、国民アイデンティティを強化する。

（2）デンマークとの北部国境問題

　北はコンゲオー川、南はアイダー川に挟まれた南ユトランドには、1864年までスリースヴィ公爵領、アイダー川からエルベ川まではホルシュタイン公爵領が存在した。両公爵領は、デンマーク王国と同君連合関係にあった。

　ホルシュタインはドイツ語住民から成り立っていた。一方、北部スリースヴィではデンマーク語住民が多く、南部スリースヴィでは両者が混在した。もっとも南部スリースヴィは徐々に「『ドイツ文化』化（fortyskning）」した結果、ドイツ語住民が優勢になった。

　1840年代以後、デンマークとドイツ両国で民族ナショナリズムが勃興した。デンマーク・ナショナリズム運動は、スリースヴィ南端のアイダー川をドイツとの国境と主張する一方、ドイツの自由主義ナショナリズム運動は、「スリースヴィとホルシュタイン両公国は永遠に不可分である」として両公国を一体化させたまま、ドイツに編入することを主張した。デンマーク政府がスリースヴィを併合する中、それに反発するドイツ連邦、プロイセン、オーストリアがデンマークと戦端を開いた。

　プロイセンは1864年のデンマークと

図8-1　ユトランド半島地図
（出典：https://commons.wikimedia.org/
wiki/File:Jutland_Peninsula_map.PNGを
もとに筆者作成）

の第2次スリースヴィ戦争や1866年の普墺戦争での勝利を通じて、スリース
ヴィ、ホルシュタイン両公爵領を領有化した。その後、プロイセン主導により
小ドイツ主義に基づくドイツ統一がなされ、1871年、ドイツ帝国が成立した。
このように北部国境問題は、ドイツの国民アイデンティティの形成に大きな役
割を果たした。ただし、ここでは言語ではなく、国家秩序の観点から北部の境
界認識が成立した[13]。

　第1次世界大戦後のヴェルサイユ体制下では、国際規範として民族自決規範
や少数派保護規範が普及した[14]。デンマークでは北部スリースヴィ母国復帰運
動が生じ、1918年10月、ハンセン (Hans Peter Hanssen) ドイツ帝国議員が北
部スリースヴィの住民投票の実施を要求した。またドイツ政府も民族自決主義
の下、当該地域住民に問題解決を委ねるべきと判断した。

　連合国は北部スリースヴィに民族自治権を与えた。しかし、デンマークは将
来ドイツが復興後、国境の変更を要求することを恐れ、ポーランドやフランス
とは異なり、住民投票による厳正かつ十分な根拠を背景とした国境線の確定を
求めると共に、住民投票の対象地域も最小限にしようとした[15]。デンマーク政
府顧問の歴史家クラウセン (Hans Victor Clausen) が、南部スリースヴィは
ドイツ語圏であることを明らかにしたため、当初、デンマーク政府は北部ス
リースヴィだけの住民投票を企図した。後に中部住民の希望で中部地域の帰属
も問うたが、第3投票区とされたデンマーク領としての歴史上最南線、ダーネ
ヴィアケ線（保塁）までの南部スリースヴィについては、デンマーク政府は投
票の実施を拒絶した。

　デンマーク政府は、第3投票区のドイツ系住民が敗戦後の貧困を逃れるため
に一時的にデンマーク帰属を求め、多数のドイツ人を自国領に抱え込む結果、
国境地帯が不安定化することを恐れた。その結果、第1投票区は国境として検
討されたクラウセン・ライン以北とされ、帰属の判定は全体の過半数の意思に
よって決定するとされた。中部地域の第2投票区では、各自治体の投票結果に
基づいて判定するとされた。クラウセン・ラインは、19世紀中葉以後のドイツ
語とデンマーク語の分割線であり、歴史的・民族的かつ自然地理的境界線に相
当する「適従境界線」であった[16]。こうして1920年に行われた住民投票では、

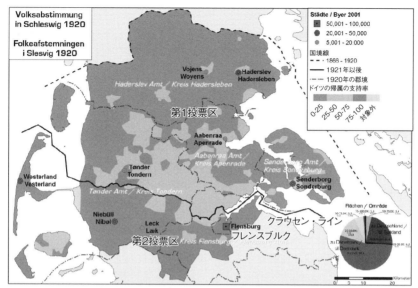

図8-2　1920年のスリースヴィ国民投票結果
（出典：https://en.wikipedia.org/wiki/North_Schleswig_Germans#/media/File:Abstimmung-
　schleswig-1920.pngをもとに筆者作成）

　北部スリースヴィはデンマーク票が4分の3を占める一方、中部スリースヴィ
はドイツ票が4分の3弱を占めたため、北部スリースヴィのみがデンマークに
復帰した。

　第2次世界大戦後、連合国は中部スリースヴィのデンマーク帰属を提議した。
また南部スリースヴィでも、ドイツ旧東部領からドイツ被追放民が多数流入す
る混乱や貧困を背景に、デンマークへの復帰要求が高まった。しかし、デン
マーク政府は将来の紛争を恐れて両地域の領有化を拒み、現状を追認する政策
をとった。西独の復興に伴い、両地域のデンマーク復帰要求の声は沈静化した。

　国境の固定化に伴い、デンマーク・西独両国では、自国内のドイツ・デン
マーク少数民族への対応が求められるようになった。1949年9月29日、西独
下のシュレースヴィヒ・ホルシュタイン（以下SH）州政府は「キール声明」
の下で、デンマーク人とフリースランド人に、民族性に対する信条の自由を含
む自由民主主義の諸権利を保障したが、彼らへの文教活動に対する公的支援は
限られ、彼らの活動は事実上制約されていた。同10月27日、デンマーク政府

も「コペンハーゲン綱領」において、少数派ドイツ民族への自由民主主義の諸権利を保障した。デンマーク選挙法は北スリースヴィの少数派ドイツ民族政党・シュレースヴィヒ党（SP）が比較的容易にデンマーク議会で議席を獲得できるよう配慮していた。しかし、ドイツ人少数派は自給自足を強いられた。

　SH州政府は1951年、国境変更や流入するドイツ被追放民への迅速な対処を求める、デンマーク民族政党SSW（南シュレースヴィヒ有権者団体）の議会入りを阻むため、西独の選挙制度において5％阻止条項として規定された閾値を本来の5％から7.5％へと増大させたが、これは連邦憲法裁判所により違憲と判断された。

　1954年9月のSH州選挙でSSWの得票率は5％を超えず、SSWは州議席を失った。また10月に西ドイツのNATO加盟が争点化した際、国境や少数民族の権利問題が、西独の加盟を阻んだ。こうした背景の下で1955年3月28日、西独・デンマーク政府は、「ドイツ・デンマーク書簡」を手交し、アデナウアー（Konrad Adenauer）西独首相とハンセン（Hans Christian Hansen）デンマーク首相は29日、「ボン・コペンハーゲン声明」に署名した。同声明は、両国内のドイツ及びデンマーク少数民族の普遍的人権と同権を保証した[17]。同声明は少数派に特別な権限を付与するものでも、法的拘束力を有するものでもなかったが、第1項は少数民族の権利、第2項は各民族への信条の自由を謳っていた。第3項はデンマーク少数派が、ラジオ番組や独自の新聞紙への広告を通じて民主主義的生活に参加すべきことを謳うと共に、独自の幼稚園や小学校の設立と母語教育を認めていた[18]。同声明では少数派の問題は内政案件とされたが、これは隣国の内政介入を避け、国内の安定を維持することを目的としていた。さらに同声明は、SH州議会におけるSSWへの、5％阻止条項の適用除外を規定していた。

　「ボン・コペンハーゲン声明」は、欧州における少数民族問題の平和的解決の成功モデルとして賞賛されたが[19]、一般的な同権を規定したに過ぎず、現実には権利上の不平等を排除していないという批判や、EUの一連の少数民族保護条約に劣るという批判が存在する。ホルシュタインでのみ過半数票を獲得するSSWが、デンマーク民族を真に代表しているのかという疑義も提示された。

後にSH州でのデンマーク人学校への助成金問題や、ドイツ人であるSP党首の
デンマーク議会・文化地域振興委員長就任問題が生じたが[20]、これらはボン・
コペンハーゲン声明の精神に基づき解決された。同声明50周年を記念する
2005年には、両国首脳が少数民族の人権尊重を確認するほか、両国間の越境
協力関係が推進された。

　2012年にはSPD（ドイツ社民党）、90年連合／緑の党、SSWによる、史上
初の「デンマーク人信号機連合」SH州政権が成立し、SSWは2017年まで州政
治への影響力を最大限に発揮する機会を得た。2021年の連邦議会選挙では、
同党は70年ぶりに1議席を獲得し、国政に復帰した。

　1920年のデンマーク・ドイツ国境は今日なお安定した国境として成立して
いる。この背景には、クラウセン・ラインが自然地理的要素や民族的要素に依
拠して設定されたこと、北部スリースヴィが農業地帯であり、係争の焦点が国
民性に限られたこと、デンマークが将来に禍根を残しかねない国境の変更を排
除し、慎重な外交をとったことに依拠する[21]。

（3）フランスとの西部国境問題

　ニッパーダイ（Thomas Nipperdey）は、近代ドイツ史の著作の冒頭で「初
めにナポレオンありき」と著した[22]。ナポレオンによる統治とフランスに対す
る憎悪は、言語に基づく境界意識を媒介にドイツとフランスの領域を峻別する
思考を生みながら、初めて領邦国家を超える「ドイツ人」としての国民意識を
喚起し、愛国心を沸きあがらせた。その際ナショナリスト達は、ライン川を国
民意識の中枢として位置づけ、「ラインはドイツの川であり、（フランスが考え
るような）独仏間の自然国境ではない」「14世紀以来ドイツ語が話される、全
ライン流域はドイツに帰属するべき」と主張した。ただし、欧州の権力政治上
の関係から、現実に国境の修正と失地回復を求めることは軽率か、夢想に過ぎ
ないという認識が一般的であった[23]。

1）エルザス・ロートリンゲン（アルザス・ロレーヌ）問題
　アルザス（エルザス）地方とロレーヌ地方の約3分の1を合わせたエルザ

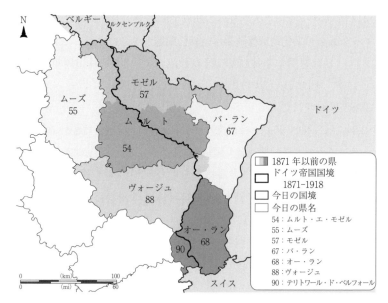

図8-3　アルザス及びロレーヌ地域圏をめぐる国境線の変容
（エルザス・ロートリンゲン州はモゼル、ムルト、ヴォージュ県の一部（ロレーヌ地域圏）とバ・ラン及びオー・ラン県（アルザス地域圏）より構成）
（出典：https://commons.wikimedia.org/wiki/File:Alsace_Lorraine_departments_evolution_map-de.svgをもとに筆者作成）

ス・ロートリンゲン地域は、文化的にはフランスの影響が強かったが、ドイツ語系民族集団が多数を占めたため、19世紀にドイツ人ナショナリスト達は、同地域のドイツ編入を要求した。普仏戦争後、フランスは同地域をプロイセンに割譲し、プロイセンは豊富な石炭鉄鋼資源を獲得した。この結末は、フランスの対独報復的ナショナリズムの原点となった。

　ヴェルサイユ条約でドイツは同地域を返還し、ドイツ語系住民は追放された。またライン川両岸地域が非武装化され、連合国軍の保護占領下に置かれた。1940年には再びドイツ軍の侵攻によりエルザス・ロートリンゲン地域はドイツに併合されたが、戦後フランスに返還された。

　2）ザール問題

　ザール地方は言語民族的にはドイツ語地域である。ドイツの工業化において、

同地域は良質の石炭と鉄鉱石を産出する、ルール地方に次ぐ産業の要所であった。こうした背景から、フランスは同地域の確保を強く目指した。

　ヴェルサイユ条約下、1920年1月にザール地域は国際連盟の管理下に置かれたが、フランスの経済圏に属し、15年間フランスに石炭採掘権を認める協定が締結されるなど、石炭産業はフランスの管理下に置かれた[24]。ザール地域は1935年、住民投票の結果、「ザールラント」としてドイツに復帰した[25]。

　第2次世界大戦後、アデナウアー・CDU/CSU（キリスト教民主社会同盟）主導政権は、NSDAPへの反省から、軍事的権力政治の拒絶と軍事的自制、自由民主主義や多国間主義規範の下、西側統合や独仏協調を軸とした欧州統合を追求した。しかしザール問題により、独仏協調は危殆に瀕した。フランスは、ザールラントをドイツから分離独立させようと試み、経済的一体化を推進した。ザールラントは、1946年にフランスと関税及び経済通貨同盟の下でフランス関税地域に加えられ、1947年12月に独自憲法の成立により自治権を得て以後は、1956年まで、フランスの保護領と化した。フランスは1950年3月、経済統合、鉄道敷設、石炭採掘権の委譲などを定めたザールラント・フランス間一般協定をザールラントと締結した。政治的には、親独政党の禁止と親仏政党の優遇が図られた。

　1951年8月3日の覚書において、連合国（西側戦勝3か国）高等弁務官は、ザールラントの最終的地位を将来の平和条約において規定することを約束した。この覚書は、西独がザールラントの最終的地位の規定をめぐる協議に参加することを承認した点で意義があった。1952年、ロレーヌ、ルールやザール地方といった西独とフランス両国の石炭と鉄鉱の生産を管理下に置く西欧

図8-4　ザールラントの西独復帰を祝う絵葉書
（出典：https://yvimu.com/exhibit/
52220117-saargebiet）

の超国家的機構・不戦共同体として、ECSC（欧州石炭鉄鉱共同体）が成立した。ザールラントはザールラント・フランス経済共同体の一員として、ECSCに参加した。

1954年、アデナウアー西独首相とマンデス＝フランス（Pierre Mendès France）仏大統領は、フランス国民議会が西独のNATO加盟や広範な主権回復を規定したパリ諸条約を批准する条件として、住民投票によりザール問題を解決することに合意し、1954年10月23日、パリ諸条約の一部として「第2ザール規約」に調印した。マンデス＝フランスは、ザールラントの西独からの分離は諦めたものの、将来の衝突やドイツの報復を恐れたため、住民投票により同規約への支持、すなわちザールラントの「欧州化」を問うことを求めた。「欧州化」とは、外交権はWEU（西欧同盟）欧州弁務官に委託するが、WEU下でザールラントは自立的地位を獲得し、フランスとの通貨連合や特権的経済関係を維持するというものであった。両者は住民投票での「欧州化」への支持を楽観視しており、アデナウアーは、ザールラントの喪失は、今後の独仏協力や西独の主権の回復のためにはやむなしと考えていた[26]。しかし、アデナウアーは西独国内の野党のみならず、与党CDU（キリスト教民主同盟）幹部会からも、この合意が割譲を既成事実化させかねないとして激しく非難された。

1955年10月23日に実施された住民投票は、ザールラント人がドイツ人としてのアイデンティティを放棄し、欧州アイデンティティを重視するか否かを問うていたが、彼らはドイツに文化的及び宗教上の紐帯や国民意識を抱いていた。またフランスの経済復興は、西独の後塵を拝した[27]。67.7％のザールラント住民は「第2ザール規約」、すなわちザールラントの「欧州化」を否決した。この結果は、彼らが西独への復帰を求めていると解された。フランスは譲歩し、1956年10月の西独・フランス間の「ルクセンブルク（ザール）条約」を通じて、ザールラントは1957年1月1日に西独に復帰した。経済的には1959年7月までフランが通貨として使用され、以後、ザールラントは西独に完全復帰した[28]。

（4）東部国境問題

オーデル・ラウジッツァー・ナイセ（以下、オーデル・ナイセ）線とは、

オーデル川とその支流ナイセ川を結んだ線のことであり、現在のドイツとポーランドの国境である。1937年当時のドイツは、同国境線よりも東に自国領を有していた。オーデル川上流にあるシュレージエン、ポンメルン、ブランデンブルク東部、東プロイセン地方はドイツ人が数百年にわたり在住した地域であった。

　NSDAPは、ヴェルサイユ体制の打破と、民族共同体に基づく領域思想を基盤に、東欧にゲルマン民族の「生存圏（Lebensraum）」を確立することを目指した。NSDAPは少数派であるドイツ系民族の保護という規範を根拠に、1938年3月にオーストリアを併合した。また10月のミュンヘン会談で、ドイツ系住民が多数居住するチェコスロヴァキアのズデーテン地方の割譲を認めさせた。1939年以後は、東欧の広範な地域を「生存圏」と設定し、残部チェコの保護国化、ソ連、ポーランドやバルト地方の割譲といったように、武力による欧州の覇権と領土の拡張を図り、欧州に甚大な被害をもたらした。

　1945年8月2日に米・英・ソで締結されたポツダム協定では、ドイツの東部の国境線はオーデル・ナイセ線とされ、ドイツとの講和条約が締結されるまでの暫定的国境とされた。ドイツは9,900km^{2}の領土を喪失すると共に、1,100万人とされるドイツ人の追放が正式に決定され、彼らは強制的な移住を強いられた。西独に逃れた被追放民達は出身地毎に団体を組織したが、その最大のものは被追放民団体であった。

　東部国境問題はドイツの再統一と連繋する問題であった。アデナウアー政権はドイツの再統一を達成するために、磁石理論や「強者の政策」を基盤に西側統合を展開した。その際、同政権は東独を承認する国とは国交樹立を拒否するという「ハルシュタイン原則」を提示した。同政府は「1937年12月31日時点での国境線におけるドイツは、戦後も存続している」という立場の下、オーデル・ナイセ川は「国境」ではなく、ただの「線」にすぎないし、東部国境の最終的確定は、「自由に合意された平和条約」が締結されるまでは未決であるという立場を取った[29]。

　東独は1950年7月のゲルリッツ協定で、オーデル・ナイセ国境線を承認した。しかし、西独連邦議会は反対決議を行い、「オーデル・ナイセ線の東部地

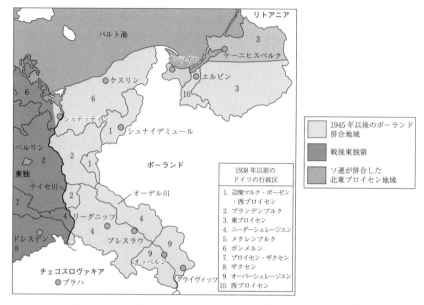

図8-5　オーデル・ナイセ線と1945年以後のドイツの喪失領
（シュテッティンと周辺地域はオーデル・ナイセ線より西であるが、ポーランドにより併合）
（出典：https://de.wikipedia.org/wiki/Oder-Nei%C3%9Fe-Grenze#/media/Datei:Oder-neisse-line_border.gifをもとに筆者作成）

域はドイツの一部である」とする超党派の声明を出した。世論もこの国境線を認めなかった[30]。

　西独政府は、東西間の緊張緩和の情勢下でのみドイツ再統一が可能であることを徐々に理解し、政策の変容を開始した。エアハルト（Ludwig Erhard）政権（1963～66）は文化通商関係の拡大を梃子に、東欧諸国との関係正常化を試みた。しかし、たとえばポーランドによるオーデル・ナイセ国境線の承認といった、東欧諸国の要求に対する調整の不備や、東欧諸国に規制をかけるソ連との関係改善の不在から、同政権の外交は限界を示した[31]。

　大連立政権（1966～69）では、SPD（ドイツ社民党）のブラント（Willy Brandt）が外相を務めた。同政権はハルシュタイン原則を弱め、ルーマニアやユーゴスラビアとの国交正常化には成功した。しかし、大連立政権は基本原則において譲らなかったため、オーデル・ナイセ国境線の承認や東独の国家承認を関係正

常化の条件に求めた、ソ連やその他の東欧諸国との交渉は行き詰まった。

　ブラント SPD・FDP（ドイツ自民党）政権（1969〜1974）は、その「新東方政策」において、緊張緩和の担い手へと変貌した。西独はドイツ分断という現実を受け入れ、様々な留保の下ではあれ、東独やオーデル・ナイセ国境線を承認することで、東欧諸国やソ連との関係改善に成功した。

　1970 年 8 月のソ連とのモスクワ条約で、西独はオーデル・ナイセ線や東西ドイツ国境を含む全欧州諸国の国境を不可侵とみなすとした[32]。また、12 月のポーランドとのワルシャワ条約で西独は、欧州の国境の不可侵性と領土保全を強調した。また西独は、ポーランド西部国境としてオーデル・ナイセ国境線を承認した。しかし、CDU/CSU と被追放民団体は両条約に強く反対した。さらに与党内の両条約反対者が CDU/CSU に移籍したため、ブラント政権は多数派の基盤を失った。

　このため、両条約の批准を可能にすべく、ブラント政権は 1972 年 4 月初頭に「ドイツ統一に関する書簡」をソ連に手交し、将来のドイツの再統一を排除しないことを間接的に認めさせた。

　また、西独連邦議会は 5 月 17 日に与野党三党の合同決議を採択し、その中で、両条約における国境確認は、ドイツ統一までの暫定的な性格を帯びたものに過ぎず、両条約は現存の国境線の法的基盤を成さないとした。こうして CDU（CSU）の承認を得た後、連邦議会は同日、最低数で両条約を批准した。結局、国際法上は国境問題の最終解決は戦勝 4 国と共に将来のドイツの国家統一を待たなければならないという留保の下で、西独はオーデル・ナイセ線がポーランド西部国境であることを政治的に承認した。12 月の西独・東独間関係基本条約でも、西独は全欧州諸国の国境不可侵と領土保全を確認した。

　1945 年以後の国際社会では、内政不干渉や領土保全の維持といった、国境の維持や強化を図る規範が大西洋憲章や国連憲章を通じて強化された。さらに一連の東方諸条約に加え、NATO 及びワルシャワ条約機構国が 1975 年に署名した、CSCE（欧州安全保障協力会議）のヘルシンキ最終議定書は、領土保全や国境不可侵を条文に明記していた[33]。確かに同議定書は平和的方法または合意による国境変更の余地を残していたが、オーデル・ナイセ国境線の修正は一

層困難となった。

　1989年11月9日にベルリンの壁が崩壊直後、コール（Helmut Kohl）首相は両ドイツの他の政治家に先駆けて、両ドイツの統一に向けた「10項目」案を提示した。しかし、同案においてドイツ・ポーランド間の国境問題は全く言及されず、コール首相は、統一ドイツのみが国境確認を行うことのできる主体であると法律論に固執するのみであった。

　米・英・仏・ソ4国は、第2次世界大戦後の現状の国境を維持するという見解で共通していた。ポーランド政府はオーデル・ナイセ国境線が修正されることへの強い懸念を抱き、ドイツ再統一にむけた国際会議である「2＋4」会議の開催に際して、ドイツが再統一前に国際法上、拘束力ある形でオーデル・ナイセ国境線を承認することを求めた。仏政府も、ポーランドの要求を支持した。ゲンシャー（Hans Dietrich Genscher）外相や外務省は、ドイツ・ポーランド間の国境に関する早期の条約締結を主張したが、コール首相や首相官房府は明確な態度を示さなかった。

　東独は、1990年3月に人民議会選挙を控えていた。同選挙は西独政党の代理戦であり、保守同盟ドイツ連合は両ドイツの早期統一を主張していた。コール首相は統一前に同国境線が承認されることで、CDU内右派、特に重要な票田である被追放民団体からの支持の喪失や、東独人民議会選挙への悪影響を恐れていた。コール首相は、オーデル・ナイセ国境線の承認がドイツの統一にとって不可欠な譲歩であるとして提示することで、被追放民団体から同国境線への同意を得られるように、ポーランドとの国境条約の締結を可能な限り遅らせようとしていた[34]。ゲンシャー外相はコール首相に、東部領土の放棄を明確に宣言することや、同主張を撤回しないことを促した[35]。

　結局コール首相は1990年3月2日に、「東独人民議会選挙後に両ドイツ議会が1989年11月8日の連邦議会決議の路線に沿った同文の声明を決議し、統一後、条約の交渉に入る」という両ドイツ議会決議案を示した。両ドイツ議会の声明は、ドイツ統一に際してポーランドとの国境の不可侵性を確認し、ポーランド政府との間で国境問題を調整するとしたが、オーデル・ナイセ国境線の「普遍性」ではなく、ブラント政権が東方諸条約の調印に際して、国際法上の

承認を回避するために用いた「不可侵性」という表現を使用したことから、議論を呼んだ。8日、西独連邦議会は同決議案を可決した。

国境問題をめぐる対立は頂点に達し、西独は国際的に孤立した。仏大統領やポーランド政府が公然と西独政府を非難したが、コール首相は持論を譲らず、最終的に米政府の仲介の下で、ポーランド政府は彼の案に納得した。6月21日、西独連邦議会と東独人民議会が共同決議として、オーデル・ナイセ線がポーランドとの国境線であることを確認した[36]。

9月12日、2＋4会議最終文書が6か国外相により調印され、この中でポーランド西部国境を含む統一ドイツ国境が確定した。11月14日にドイツ・ポーランド両外相は「ドイツ・ポーランド間に存在する国境線の承認に関する条約」に調印した。同条約により両国は国境の不可侵と領土要求の放棄を約し、オーデル・ナイセ国境線を正式に承認した[37]。ただし、同条約は国境確定に伴う両国間の政治的問題、特にオーデル・ナイセ線より東部に残留する、少数民族としてのドイツ住民の権利保護や、被追放民の財産問題などについては触れていなかった。1991年6月の「ドイツ・ポーランド善隣友好協力条約」では、東部地域に残留するドイツ少数民族、ポーランド国籍を有するドイツ系住民への保護規定が盛り込まれ、ポーランドの政府による少数民族のための委員会が設置されたが、残留ドイツ人の国籍問題や、被追放民の財産問題は解決されなかった[38]。

東部国境問題の解決を導いた要因は何であったのか。まずドイツ再統一を成し遂げるには、東欧諸国とソ連との緊張緩和が不可欠であったが、CDU/CSU主導の東方外交は原則に拘泥し、自縄自縛の状態に陥った。この閉塞状況を打開するため、ブラント政権の政策決定者達は「接近による変化（エーゴン・バール〔Egon Bahr〕）」を理念に東側諸国への譲歩を示し、オーデル・ナイセ国境線を承認した。

第2に、国際規範が与えた影響があった。冷戦期、領土保全や国境の不可侵性規範が浸透した結果、ドイツ東部国境の修正は困難となった。

第3に東部国境問題は、「ドイツ問題」と結びついていた。西独はシビリアンパワーとしてのアイデンティティを獲得した。政策決定者達はNSDAPの過去を克服すると共に「ヨーロッパの中のドイツ」として自己を規定し、欧州アイデン

ティティを重視することで、周辺諸国から信頼を獲得する必要があると認識していた。ブラント政権は、西独が過去を克服し、欧州の平和秩序の再確立に貢献することで信頼を獲得できると自覚しており、オーデル・ナイセ線の修正は、NSDAPによる過去の罪の責任を否定する行為として、禁忌規範とされた[39]。

ドイツ再統一が現実化し英仏が強い懸念を示す中、コール政権の政策決定者達は改めて、「ヨーロッパの中のドイツ」として自己を規定し周辺諸国から信頼を獲得する場合にのみ、ドイツの再統一が国際社会で認められると判断し、旧東部領の放棄は不可欠であると解した。西独世論もこれを受容した。1951年には西独国民の8割がオーデル・ナイセ国境線を認めなかったが、1980年代末には、ドイツ社会も同国境線を厳然たる事実として認識した。

3. 欧州統合と境界

（1）境界概念の多様化

21世紀、EUでは深化に至る統合から限定的統合まで、多速度的で多彩な統合が展開されている。EU制度は政府間主義制度ではないが、さりとて純然たる超国家的制度ではなく、連邦主義・多極共存型制度である[40]。

ウエストファリア体制において、国境の指定は主権国家の専管事項であった。しかし、欧州統合制度の下で、他国家や超国家機構との主権の分有が登場した。欧州の国境概念は流動的かつ多様化・多次元化しており、空間認識の新たな拡大や縮減が発生している。そこでは、多次元に亘る政治経済的境界は国民国家の境界とは一致していない。

第1にECSCの発足以来、加盟国の拡大や減少に伴い、欧州統合圏の内外を分かつ境界が移動した。冷戦期にEEC（欧州経済共同体）やEC（欧州共同体）は加盟国の増大を経験してきたが、冷戦終了後、EUは1995年の第4次拡大において、東方への境界線の拡大と加盟国の急増を経験した。他方で、2020年には英国がEUを離脱し、北西部境界が変更された。

第2に、EU域内では様々な分野において、加盟国間での国境の弛緩や開放が見いだされる。欧州統合制度の加盟国は脱権力政治の意図の下、主権の委譲、

自由民主主義、平和と繁栄の規範の普及と発展を目指した。加盟国は政治統合の進展に伴う国境の消滅を想定していた。EECは1957年、ローマ条約下で「人の自由な移動」原則を明記し、1968年、域内労働者は域内を自由に移動できるようになった。EUのマーストリヒト条約も第8条で、EU市民の加盟国間での移動・労働・居住の自由を保障しており、1993年1月から内部国境を撤廃した。「国境圏（borderland）」として位置づけられる、加盟国の不可視化された国境周辺では、相互繁栄規範の下、経済社会的連繋網を基盤に再編された統合空間が存在する。

　EUは、表面上は内部国境が消滅した状態にある。しかし、2015年の難民危機やCOVID-19危機は、政治共同体の組織化や集団的利益の保護を目的とする場合には、ナショナリズムが再燃し、主権国家が国境管理を行う状態へ立ち返ることを明らかにした[41]。COVID-19の蔓延の中、EUは外囲境界を閉鎖する傍ら、境界内のEU市民の移動の自由を認める限定的境界閉鎖政策を行ったが、加盟国は実質上独自に国境管理政策を行い、国境を閉鎖した。

　第3に、シェンゲン圏やダブリン圏といった非EUのガバナンス圏が存在する。参加国は公式なEU加盟国ではないが、EU規定やプログラムを受諾している。

　第4に、EU（加盟国）と非加盟国（第3国）間での二国間・多国間協定に基づく外囲境界が存在する。欧州近隣政策（ENP）を実施する地中海諸国やユーラシア圏といった「緩衝圏」や、EU加盟候補ないし賛同国圏域との境界が存在する。

　第1から第3の圏域においては、欧州コスモポリタン的価値が普及している。他方で加盟国内では、国家アイデンティティとEUアイデンティティとの軋轢、共存、融合と再編が発生している[42]。

　EUの境界は地政学・経済・安全保障上の考慮や、文化的要因により決定される。境界の範囲や性格が曖昧で、常に競合や変容の可能性に晒されているため、EU境界とアイデンティティの形成との関係は複雑である。EU境界の絶えざる変容は、EU市民のアイデンティティ形成を複雑なものとしている。EU境界が開放されるからといって、文化アイデンティティの融合がもたらされる訳で

もない。EU境界が曖昧で、「我々とは何か」に関する明確な解答が曖昧であるため、欧州アイデンティティも無制限で可変的、かつ曖昧なものとなっている[43]。

（2）欧州領域間協力と国境圏

　本項では、第2圏域の事例を検討する。EU域内では、欧州領域間協力（ETC/Interreg）と呼ばれる、地域間協力の促進を目指す越境統合制度が発展し、国境周囲には「国境圏」が成立した。1990年に越境協力計画として発足後、同制度は多様な利害関係者を包摂した越境及び地域間協力として制度的拡大を経ている。同制度下では、医療、交通輸送、再生可能エネルギーといった共通問題への取り組みと解決に向けた社会や経済、文化的協力が展開され、地域間の経済不均衡が一定程度是正された。

　SH州とデンマーク間での越境協力の事例として、1997年に「欧州地域」南ユトランド・シュレスヴィヒ地域で文化、労働市場、環境やインフラ設備分野での、当初は任意による協力関係が開始された。同協力は、数回の合意を経て技術や輸送、観光業への協力分野の拡大や制度的拡充を図り、2007年には南デンマーク一帯へと対象区域が拡充された。2015年の「基本計画」を皮切りに、地方自治共同体行政官によって、SH州と南デンマーク地域やシェラン島との経済やインフラ、教育、研究、文化、保健、少数民族分野における協力の拡充が図られた。

　また欧州領域間協力Aとして、1999年からは、北ドイツと北欧諸国を結合し、1,400万人の市場を見込んだメガ地域計画「南西バルト海広域地域領域（String）」が開始された。「持続的都市と共同体」という国連持続可能な開発目標に寄与する「緑の軸地域」として、高い流動性、GHG（温室効果ガス）のゼロ排出、経済発展と持続的な社会の発展を目指す[44]。

　さらに中軸国境地帯では、経済・文化・社会的発展を目指した西ドイツ、フランス、ルクセンブルク3国間の1980年の合意を基盤に、ザールラント州、ロレーヌ地域、ルクセンブルクを中心に、Saar-Lor-Luxが設立された。1995年には、主に経済部門での域内越境間協力の強化を目指す制度として、ワロン地域やラインラント・プファルツ州を加えた「欧州地域」・Saar-Lor-Lux-

Rheinが成立した。今日同制度は、欧州領域間協力A「大地域」として発展している。

　他方でこうした制度は、地域間での言語や民族の相違、否定的な記憶や偏見に基づく根深い「余所者」意識や、市民の活動が限定的であるといった問題に直面している[45]。

（3）シェンゲン協定とFrontex、ENP

　本項では、第3・第4圏域の事例を検討する。1980年代後半、欧州諸国は人の自由な移動を達成するため、国境管理、不法移民、難民への対応の共同化を試み始めた。西独、仏、ベネルクス3国は1985年に第1次シェンゲン協定を締結した。この「シェンゲン・ガバナンス」は、主権国家が主管である国境管理を協定締結国が共同で行う、史上初の制度であった。ただし同制度は超国家制度ではなく、連邦主義・多極共存型制度である。協定国間で国境検査の廃止、安全保障や司法の協力を実施し、域内では移動の自由が認められている。

　1990年の第2次協定を経て、1992年までにイタリアやスペイン、1995年に非EU加盟国の北欧諸国などがシェンゲン協定に加盟した。1999年にはシェンゲン協定はアムステルダム条約の付属議定書「シェンゲン・アキ」の下で、EU法体系（アキ・コミュノテール）に組み込まれた。この結果、EUは事実上主権国家の国境概念の論理を内在化した。2004年5月と2007年1月の拡大の際には、新加盟国市民は移行期を経て初めて、自由な域内移動が認められることとされた。

　シェンゲン圏で難民が庇護申請を複数回行ったり、複数加盟国内で申請を行うことで、EU域内への滞在期間を延長する事例が発生したため、EU共通難民政策を洗練する目的から、1990年にダブリン規則が成立した。同規則は、加盟国に難民の庇護審査の責任国を決定することを定めている。2003年には、ダブリン規則はEU法規に編成され（ダブリン規則II）、2013年には改訂版であるダブリン規則IIIが発効し、デンマークを除く全EU加盟国に適用された。

　シェンゲン協定により国境管理が廃止された結果、EUは域外との国境管理を強化した。効率的な境界の管理や安全保障のために、加盟国は難民、ビザ、

不法移民、警察や司法協力、共同情報システムに関する標準化を行った[46]。また、域外からの不法入国者についての情報を加盟国間で共有する、シェンゲン情報システム（SIS）が成立した。また二重申請を防ぐ目的から、全庇護申請が記録されたデータベースである欧州指紋データベースEURODACが導入されたり、洋上からの密入国を阻むために対外監視統合システム（SIVE）が設置された。

またEUは2004年、シェンゲン圏への移民の流入や対外国境警備を共同で管理し、脅威を予防的に排除することでシェンゲン内囲境界と加盟国の治安を確保する機関として、Frontex（欧州対外国境管理協力機関）を設置した[47]。同機構は、欧州への移民の増加とテロリズムの脅威と戦うために、対応に苦慮する加盟国に対して物資や技術支援を行う。しかし、同機構は独自の人員や物資を持たず、資源を加盟国に依存することや、加盟国の要請なしには国境管理活動を行えないことから、加盟国間の調整機関にすぎない。

Frontexは、イタリアが単独で従事した地中海の難民救助作戦「マーレ・ノストラム」を継受し、2014年以後のトリトン作戦や、2018年以後のテーミス作戦に従事して、イタリアを支援した。また同機構は、ミネルヴァ作戦を通じてスペイン、ポセイドン作戦を通じてギリシャを支援した。これらの作戦では、Frontexは国境管理、難民救助、密輸業者や違法漁業の摘発、海洋汚染の検出、犯罪組織網の情報の収集といった業務に従事した[48]。2016年7月の改組後、Frontexはシェンゲン圏の国境管理や国境沿岸警備を担当する各国の当局と合同で「欧州沿岸国境機関」を構成することとなった。

さらにEUはENPを導入した。ENPは周辺国との経済的交流と投資の促進を通した相互繁栄に加え、自由民主主義秩序というEU価値規範の普及によるEUの影響力の拡大や、主にテロリズムや難民の欧州への流入への予防的対処といった、安全保障の達成を目指している。

4．おわりに

ドイツのデンマークとフランスとの北部及び西部国境の問題は小ドイツ主義、東部国境の問題は民族統一体としての領域思想の産物であった。北部及び

西部国境の問題では、民族自決や少数派保護規範を背景に、住民投票による国境確定が図られた結果、国民アイデンティティが強化された。他方で今日、EU制度下で他の加盟国や地域との越境協力に基づく国境管理がなされ、欧州アイデンティティが強化された。また自由民主主義規範や、二国間条約やEU法による制度的補完の下で、国家単位による少数派への対処がなされている。東部国境問題をめぐっては、領土保全といった、国境の維持と強化を図る規範が国際社会で固定化された。こうした背景の下で政策決定者達は、NSDAPの過去に対する反省、「ヨーロッパの中のドイツ」として欧州アイデンティティを重視する意識や、同盟国や周辺国の信頼を維持する意識から、あえて旧ドイツ東部領を放棄し、他国に譲渡することを選択した。

　21世紀のEUでは、自由民主主義や繁栄、平和、主権の委譲の規範に基づく境界の再編と複雑化や曖昧化が生じており、他地域とは異彩を放っている。それは「新たな中世」への行程ではない。「コスモポリタンEU」へ向けて、内囲国境が排除され、統合が進化する一方、外囲国境の強化が図られる。またCOVID‒19の事例で示されたように、ナショナリズムと国境概念の再燃が見いだされる。さらに、同質性の高い「中核」と異質性の高い「辺境」、EU外囲「境界」へと再構成され、欧州アイデンティティが再定義されている。

【注】

1 ）村井誠人「デンマーク・ドイツ国境の成立とその性格」『歴史地理学紀要』17号、1975年、181-204頁、武田龍夫『北欧の外交』東海大学出版会、1998年、同『物語北欧の歴史』（中公新書、1993年）、板橋巧巳『アデナウアー―現代ドイツを創った政治家』中公新書、2014年など。

2 ）国境確定や国境管理の概念については、岩下明裕「ボーダースタディーズの胎動」日本国際政治学会編『国際政治』162号、2010年、1-2頁。

3 ）飯田芳弘『想像のドイツ帝国―統一の時代における国民形成と連邦国家建設』東京大学出版会、2013年、36-39頁。

4 ）松本彰「ドイツ統一への道」若尾裕司・井上茂子編『近代ドイツの歴史』ミネルヴァ書房、2005年、88頁。

5 ）飯田、前掲書、39頁。

6 ）Yndigegn, Carsten. "Between Debordering and Rebordering Europe: Cross-Border Cooperation in the Øresund Region or the Danish-Swedish Border Region," *Eurasia*

Border Review, 2 no. 1, 2011, pp. 48f.

7) Cf. Nakagawa, Yôichi. "Ideas matter, change policy, but how?: the reciprocal change of ideas and policy, and the relationship among ideas, discourse and policy," 日本グローバル・ガバナンス学会誌『グローバル・ガバナンス』vol.4. 2018, pp. 110-122.

8) Boekle, Henning, Nadoll, Jörg, Stahl, Bernhard. "Identität, Diskurs und vergleichende Analyse europäischer Auβenpolitiken," PAFE-Arbeitspapier, Nr. 1, 2000, S. 10. https://www.phil.uni-passau.de/fileadmin/dokumente/fakultaeten/phil/lehrstuehle/stahl/Theoretische_Grundlegung_und_methodische_Vorgehensweise.pdf（2021年12月9日最終アクセス）.

9) Reinke de Buitrago, Sybille. "The Meaning of Borders for National Identity and State Authority," Günay, Cengis, Witjes, Nina. eds., *Border Politics* (Springer, 2017), pp.146ff.

10) Ibid., p. 147.

11) Zielonka, Jan. "The EU and the European neighborhood policy," Schumacher, Tobias, Marchetti, Andreas, Demmelhuber, Thomas. eds., *The Routledge Handbook on the European Neighborhood Policy* (Routledge, 2018), p.143.

12) Yndigegn, op. cit., p. 49.

13) 飯田、前掲書、49頁。

14) 吉川元『国際平和とは何か』（中央公論新社、2015年）53、61頁。

15) 村井、前掲論文、188頁。

16) 村井、前掲論文、190-192頁。

17) Nordschleswig.dk, "Die Bonn-Kopenhagener Erklärungen von 1955" https://www.nordschleswig.dk/bke（2021年12月9日最終アクセス）.

18) Pergande, Frank. "Von Dänen und Deutschen" *FAZ* (Frankfurter Allgemeine Zeitung), 29. 3. 2005 https://www.faz. net/aktuell/politik/ausland/bonn-kopenhagener-erklaerung-von-daenen-und-deutschen-1209779.html （2021年12月9日最終アクセス）.

19) Auge, Oliver. "Der deutsch-dänische Grenzraum" 9. 3. 2020 http://ieg-ego.eu/de/threads/crossroads/grenzregionen/oliver-auge-der-deutsch-daenische-grenzraum（2021年12月9日最終アクセス）.

20) Schwarz, Tamo. "Der Geist des Miteinanders" *Kieler Nachrichten,* 26. 3. 2015. https://www.kn-online.de/Nachrichten/Politik/60-Jahre-Bonn-Kopenhagener-Erklaerungen-Der-Geist-des-Miteinanders（2021年12月9日最終アクセス）.

21) 村井、前掲論文、201-201頁。

22) Nipperdey, Thomas. *Deutsche Geschichte 1800-1866. Bürgerwelt und starker Staat* (C. H. Beck, 2017), p.11.

23) 飯田、前掲書、42-46頁。

24) ローヴェルト・ゲルヴァルト（大久保里香／小原淳／紀愛子／前川陽祐訳）『史上最大

の革命』みすず書房、2020年、300頁。

25）吉川、前掲書、56頁。

26）Geppert, Dominik. *Die Ära Adenauer* (Darmstadt: Wissenschaftliche Buchgesellschaft, 2002), p.99.

27）Linsmayer, Ludwig. (ed.), *Das Saarland. Eine europäische Geschichte* (Echolot, 2007), pp. 36-38.

28）H・K・ルップ著（深谷満雄訳）『現代ドイツ政治史』有斐閣、1986年、192-193頁。；Schöllgen, Gregor. *Deutsche Außenpolitik. Von 1945 bis zu Gegenwart* (C. H. Beck, 2013), pp.52f.

29）高橋進「西独のデタント」犬童一男／山口定／馬場康雄／高橋進編『戦後デモクラシーの変容』岩波書店、1991年、11頁。

30）佐藤成基「領土と国益—ドイツ東方国境紛争から日本を展望する」『ドイツ研究』48号、2014年、12頁。

31）高橋、前掲論文、18-20頁。

32）DocumentArchiv.de, "Vertrag zwischen der Bundesrepublik Deutschland und der Union der Sozialistischen Sowjetrepubliken vom 12. August 1970," http://www.documentarchiv.de/brd/1970/moskauer-vertrag.html（2021年12月9日最終アクセス）.

33）宮脇昇『CSCE人権レジームの研究』（国際書院、2003年）、21頁参照。

34）アンドレアス・レダー（板橋拓巳訳）『ドイツ統一』（岩波新書、2020年）、117-118頁。

35）Hacke, Christian. *Die Außenpolitik der Bundesrepublik Deutschland. Von Konrad Adenauer bis Gerhard Schröder* (Ullstein, 2003), p.375.

36）高橋進『歴史としてのドイツ統一』岩波書店、1999年、259-267頁。

37）同上、367、370頁。

38）小林公司「ドイツ統一と国境画定—ドイツ・ポーランド間における国境画定を中心として」『平和研究』vol. 24、1999年、96-97頁。

39）佐藤成基「領土と国益—ドイツ東方国境紛争から日本を展望する」『ドイツ研究』48号、2014年、18-19頁。

40）Dostál, Petr. "Changing in European Union. The Schengen Agreement," Havlíček, Tomáš, Jeřáek, Milan, Dokoupil, Jaroslav, eds., *Borders in Central Europe After the Schengen Agreement* (Springer, 2018), p.19.

41）Staudt, Kathleen, *Border politics in a Global Era. Comparative Perspectives* (Rowman & Littlefield, 2018), p.101.

42）Dostál, op. cit., p. 23.

43）Ibid., pp.144f.

44）Region Sønderjylland-Schleswig, "Deutsch-Dänische Vereinbarungen seit 1955," https://region.de/region/de/ueber_uns/region/Deutsch-DaenischeVereinbarungen.

php（2021年12月9日最終アクセス）.

45) Staudt, op. cit., pp. 104f, 110f.

46) Dostál, op. cit., p. 22.

47) 前田幸男「人の移動に対するEUの規制力」遠藤乾／鈴木一人編『EUの規制力』（日本経済評論社、2012年）、205、207頁参照。

48) https://frontex.europa.eu/along-eu-borders/main-operations/operation-themis-italy-/（2021年12月9日最終アクセス）.

【参考文献】

・邦語文献

飯田芳弘『想像のドイツ帝国―統一の時代における国民形成と連邦国家建設』東京大学出版会、2013年。

板橋巧巳『アデナウアー―現代ドイツを創った政治家』中公新書、2014年。

岩下明裕「ボーダースタディーズの胎動」日本国際政治学会編『国際政治』162号、2010年、1-8頁。

植田隆子『新型コロナ危機と欧州』文眞堂、2021年。

川喜多敦子『「東欧」からのドイツ人の追放』白水社、2019年。

吉川元『ヨーロッパ安全保障協力会議（CCCE）』三嶺書房、1994年。

吉川元『国際平和とは何か』中央公論新社、2015年。

木村靖二編『ドイツ史』山川出版社、2001年。

ローヴェルト・ゲルヴァルト（大久保里香／小原淳／紀愛子／前川陽祐訳）『史上最大の革命』みすず書房、2020年。

小林公司「ドイツ統一と国境画定―ドイツ・ポーランド間における国境画定を中心として」『平和研究』vol. 24、1999年、91-100頁。

佐藤成基『ナショナル・アイデンティティと領土』新曜社、2008年。

佐藤成基「領土と国益―ドイツ東方国境紛争から日本を展望する」『ドイツ研究』48号、2014年、8-28頁。

高橋進「西独のデタント」犬童一男／山口定／馬場康雄／高橋進編『戦後デモクラシーの変容』岩波書店、1991年。

高橋進『歴史としてのドイツ統一』岩波書店、1999年。

武田龍夫『物語北欧の歴史』中公新書、1993年。

武田龍夫『北欧の外交』東海大学出版会、1998年。

カトリーヌ・ヴィトール・ド・ヴァンダン（太田左絵子訳）『地図とデータでみる移民の世界ハンドブック』原書房、2019年。

橋本淳編『デンマークの歴史』創元社、1999年。

ニコリーネ・マリーイ・ヘルムス（村井誠人／大渓太郎訳）『デンマークを作った国民教科

書』彩流社、2013年。

前田幸男「人の移動に対するEUの規制力」遠藤乾／鈴木一人編『EUの規制力』日本経済評論社、2012年。

松本彰「ドイツ統一への道」若尾裕司／井上茂子編『近代ドイツの歴史』ミネルヴァ書房、2005年。

村井誠人「デンマーク・ドイツ国境の成立とその性格」『歴史地理学紀要』17号、1975年、181-204頁。

村井誠人『デンマークを知るための68章』明石書店、2009年。

宮脇昇『CSCE人権レジームの研究』国際書院、2003年。

百瀬宏・熊野聰・村井誠人編『北欧史』山川出版社、1998年。

H・K・ルップ著（深谷満雄訳）『現代ドイツ政治史』有斐閣、1986年。

アンドレアス・レダー（板橋拓巳訳）『ドイツ統一』岩波新書、2020年。

・洋語文献

Adenauer, Konrad. *Erinnerungen* (Stuttgart: Deutsche Verlags-Anstalt, 1965-68).

Auge, Oliver. "Der deutsch-dänische Grenzraum" 9. 3. 2020, https://ieg-ego.eu/de/threads/crossroads/grenzregionen/oliver-auge-der-deutsch-daenische-grenzraum（2021年12月9日最終アクセス）

Béland, Daniel. "Ideas, institutions, policy change," *Journal of European Public Policy*, vol.16, no. 5, 2009, pp. 701-718.

Boekle, Henning, Nadoll, Jörg, Stahl, Bernhard. "Identität, Diskurs und vergleichende Analyse europäischer Außenpolitiken," PAFE-Arbeitspapier, Nr. 1, 2000, S. 10. https://www.phil.uni-passau.de/fileadmin/dokumente/fakultaeten/phil/lehrstuehle/ stahl/Theoretische_Grundlegung_und_methodische_Vorgehensweise.pdf, （2021年12月9日最終アクセス）.

Reinke de Buitrago, Sybille. "The Meaning of Borders for National Identity and State Authority," Günay, Cengis, Witjes, Nina, eds., *Border Politics* (Springer, 2017).

DocumentArchiv.de, "Vertrag zwischen der Bundesrepublik Deutschland und der Union der Sozialistischen Sowjetrepubliken vom 12. August 1970," http://www.documentarchiv.de/brd/1970/moskauer-vertrag.html,（2021年12月9日最終アクセス）.

Dostál, Petr. "Changing in European Union. The Schengen Agreement," Havlíček, Tomáš, Jeřáek, Milan, Dokoupil, Jaroslav, eds., *Borders in Central Europe After the Schengen Agreement* (Springer, 2018),pp. 15-35.

Genscher, Hans-Dietrich. *Erinnerungen* (Berlin: Siedler Verlag, 1995).

Geppert, Dominik. *Die Ära Adenauer* (Darmstadt: Wissenschaftliche Buchgesellschaft, 2002).

Hacke, Christian. *Die Außenpolitik der Bundesrepublik Deutschland. Von Konrad Adenauer bis Gerhard Schröder* (Ullstein, 2003).

Linsmayer, Ludwig. (ed.), *Das Saarland. Eine europäische Geschichte* (Brüssel: Echolot, 2007).

Mehta, Jal. "The varied roles of ideas in politics. From "Whether" to "How"," Béland, Daniel, Cox, Robert Henry. eds., *Ideas and Politics in Social Science Research* (New York: Oxford university press, 2010), pp. 23-46.

Nakagawa, Yôichi. "Ideas matter, change policy, but how?: the reciprocal change of ideas and policy, and the relationship among ideas, discourse and policy," 日本グローバル・ガバナンス学会誌『グローバル・ガバナンス』vol.4. 2018, pp. 110-122.

Nipperdey, Thomas. *Deutsche Geschichte 1800-1866. Bürgerwelt und starker Staat* (München: C. H. Beck, 2017).

Nordschleswig.dk, "Die Bonn-Kopenhagener Erklärungen von 1955" https://www.nordschleswig.dk/bke (2021年12月9日最終アクセス).

Pergande, Frank. "Von Dänen und Deutschen" *FAZ*, 29. 3. 2005 https://www.faz.net/aktuell/politik/ausland/bonn-kopenhagener-erklaerung-von-daenen-und-deutschen-1209779.html (2021年12月9日最終アクセス).

Region Sønderjylland-Schleswig, "Deutsch-Dänische Vereinbarungen seit 1955," https://region.de/region/de/ueber_uns/region/Deutsch-DaenischeVereinbarungen. php (2021年12月9日最終アクセス).

Schwarz, Tamo. "Der Geist des Miteinanders" *Kieler Nachrichten*, 26. 3. 2015. https://www.kn-online.de/Nachrichten/Politik/60-Jahre-Bonn-Kopenhagener-Erklaerungen-Der-Geist-des-Miteinanders. (2021年12月9日最終アクセス).

Staudt, Kathleen. *Border politics in a global era. Comparative Perspectives* (London: Rowman & Littlefield, 2018).

Yndigegn, Carsten. "Between Debordering and Rebordering Europe: Cross-Border Cooperation in the Øresund Region or the Danish-Swedish Border Region," *Eurasia Border Review*, 2 no. 1, 2011, pp.47-59.

Zielonka, Jan. "The EU and the European neighborhood policy," Schumacher, Tobias, Marchetti, Andreas, Demmelhuber, Thomas. (eds.), *The Routledge Handbook on the European Neighbourhood Policy* (Routledge, 2018),

第9章

ラテンアメリカの国境問題
──チリ・ボリビア・ペルー
三国間の長い軋轢の歴史──

1. はじめに

　南米大陸の中央部西側で国境を接するチリ、ボリビア、ペルーの三国の間には、19世紀から続く国境をめぐる軋轢がある。今世紀に入ってからも、2008年にペルーがチリを、2013年にボリビアがチリを、2016年にチリがボリビアを国際司法裁判所（ICJ）に提訴する事案が生じているが、これらの訴訟の争点はいずれも国境問題に関係している。

　この三国間の対立の起源は、突き詰めれば19世紀初頭の独立期に生じた国境の線引きをめぐる論争にまで遡る。ただ、今日まで続く軋轢の直接的な要因となっているのは、1879年から83年までチリとボリビア・ペルー連合との間で繰り広げられた太平洋戦争（Guerra del Pacífico）[1]である。国境地帯に存する豊かな資源をめぐる争いから生じたこの戦争はチリの圧勝に終わるが、敗れたボリビアとペルーはそれぞれチリに広範な領土を割譲することを余儀なくされた。とくに15万km^{2}ほどに及ぶ海岸部の領土を失って内陸国として閉じ込められたボリビアにとって、その経済的・地政学的な打撃は甚大だった。

　ボリビアが海への主権的アクセスを求めている問題は、現地では外交文書なども含めて「海への出口」（salida al mar）問題と呼ばれるが、その解決はボリビアにとって国家の歴史的な課題となっている。しかし、領土返還がそう簡単に実現するはずもなく、ボリビアとチリの関係は冷え込み、両国の間には後述するとおりの経緯で1962年以降、75年から78年までの一時期を除き、国交は断絶されたままである。ただ他方で、ボリビアにとってチリの港湾は輸出入

のための最重要の玄関口であり、両国間の経済関係や人の往来が途絶えている
わけではない。とくに1990年代以降、自由貿易と地域統合がラテンアメリカ
地域全体の基調となってからは、国交回復問題や「海への出口」問題を棚上げ
にしての実利的な関係の強化も進んでいる。

　国境問題をめぐる三国の外交政策は、地域全体を覆う政治経済秩序の変化に
も影響され移り変わってきた。本章では、チリ、ボリビア、ペルーの国境問題
がどのように生じ、どのように展開してきたのかを振り返るとともに、今日の
状況と今後の展望について論じたい。

2．三国間の国境問題の発生

（1）ラテンアメリカにおける国境の誕生

　そもそもラテンアメリカの国ぐにを分ける国境はどのような理由で定められ
たのであろうか。そのことをまず確認しておこう。

　今日のラテンアメリカは1492年のコロンブスによる「発見」以降、その大
部分がスペインの植民地となった（ブラジルはポルトガルの植民地）。スペイ
ン王室はまず、国王の代理として行政や司法を掌る副王を派遣し、北側にヌエ
バ・エスパニャ副王領を、南側にペルー副王領を置いた。その後、植民地社会
が発展するにつれ、よりきめ細やかな統治が必要となり、行政の単位もいくつ
かの副王領や総監領、長官領などに細分化されていった。

　これらの植民地が独立を達成するのは19世紀初頭のことである。1808年、
ナポレオンがイベリア半島に侵攻しスペイン国王が退位させられたことを契機
に、かねて王室による徴税強化や貿易管理に不満をもっていた植民地生まれの
スペイン系白人エリート層が独立に踏み切ったのである。彼らはカラカスやリ
マやブエノスアイレスといった行政の中心地でそれぞれ臨時政府を樹立し、こ
れを阻止しようとする王党派を武力で撃破して新しい国家をつくっていった。

　このとき各国の間では、1810年時点での植民地の行政境界線をそのまま独
立後の国境とすることが合意された[2]。なお、この原則はウティ・ポシデティ
ス（uti possidetis）の原則と呼ばれ、このラテンアメリカの事例を起源として

国際的に定着していったものである。ただ、当時の科学的水準では地図にまだ不正確なところがあり、また各種の文書においても行政の境界線に関する記述は必ずしも厳密でなかった。チリとボリビアの国境もそうしたうちの一つである。植民地時代の末期、ボリビアの前身であるチャルカス長官領は太平洋岸にまで広がり、南でチリ総監領と接していた。しかしその境界がどこであったかについては歴史家の間でも見解が分かれており、コビハであったとの解釈もあればロア川であったとの解釈もある（図9-1参照）[3]。この一帯にはアタカマ砂漠というきわめて乾燥した砂漠が広がっており、おおよそ人間の居住には適していなかったため、行政の境界線も曖昧としたままだったのである。

（2）チリとボリビアの国境条約と太平洋戦争

　このアタカマ砂漠が、独立と時代を合わせるかのように、その経済的価値を急激に高めていくことになった。この一帯が資源の宝庫であり、その需要が産業革命後のヨーロッパで急拡大したからである。最初に注目されたのはグァノという資源であった。グァノは海鳥の糞がサンゴ礁に堆積して化石化したもので、当時は肥料として重宝され、ペルーではこれが最大の輸出品となって莫大な富が転がり込んだ。それに続いて価値を高めていったのが硝石である。硝石も当時、肥料、そして火薬の原料として貴重であり、この硝石の輸出による利益はグァノとともに、チリやボリビアの経済発展の礎となった。

　こうしたことから、チリとボリビアの国境線がどこかということが争点として浮上してくることになった。論争は、1842年にチリが法律を公布し、南緯23度線以南にあるグァノはチリが保有すると宣言したことから始まった。ボリビアは直ちにこれに抗議するとともに、南緯26度線以北が自国領であると反論した。しかしチリは1847年、これに再反論し、自国の領土がロア川まで広がるという、より強硬な主張を展開することとなった[4]。

　この対立を解消するための交渉が両国間でもたれ、それによって最初に締結されたのが「1866年条約」[5]である。その内容は、国境を南緯24度線と定め、23度線から25度線の間で採掘されるグァノの利益は折半し、またこの緯度線の範囲を両国による共同開発地帯とするというものであった。

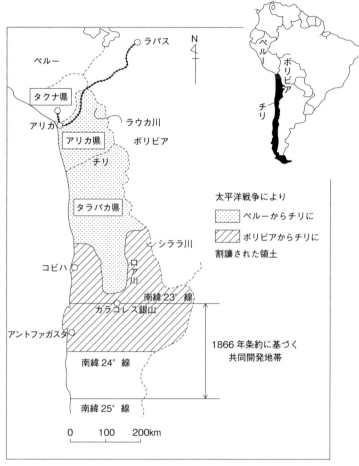

図9-1 チリ・ボリビア・ペルー国境
（出典：筆者作成）

　だが、この条約をめぐり、ほどなくいくつかの点で解釈に相違が生じること
になった。たとえば共同開発の対象として定められている鉱物（minerales）
が、金属に限られるのか、それとも硝石や硫黄、ヨードといった非金属にも及
ぶのかといったことである。また、条約締結前の1860年、領土としてはボリ
ビア側に属するアントファガスタ近郊のサラールデルカルメンで硝石鉱山が発
見され、その開発権を取得したチリ系企業が莫大な利益を上げるようになった

ことも、その恩恵に与れないボリビアにとっては新たな不満の種となった。これに加え、1870年に国境線近くのカラコレスで新たに銀の鉱脈が発見されたことで、開発権や経済的利権をめぐる問題はさらに複雑さを増した[6]。

　共同開発地帯を開発する権利は両国に等しくあったが、実際にはチリ資本の進出のほうがはるかに先行していた。ボリビアは経済権益の拡大を狙い、国境に関する条約の再交渉をチリに求めることになる。その結果、従来の国境条約に代わる「1874年条約」[7] が新たに締結された。この条約では国境を南緯24度線とすること、グァノの利益を折半することについては変更されなかったが、チリは南緯23度線から24度線の範囲の開発権を行使しないこと、ただしすでに経済活動をしているチリ系企業に対しては、ボリビアは向こう25年間、現行の課税を強化しないことなどが定められた。

　しかしながらボリビアは独立後の政治体制の安定化が遅れ、財政難に苦しんでおり、1878年、条約を反故にし、硝石生産で利益を上げていたチリ系のアントファガスタ硝石・鉄道会社への課税強化に踏み切った。チリ政府はこれに強く反発しその撤回を要求するものの、ボリビアはそれに応じないばかりか、同社を接収するとの強硬姿勢を崩さなかった。結局、これが戦争の引き金を引くことになった。同社の競売が予定されていた1879年2月14日、チリ軍がアントファガスタを占領し、太平洋戦争の火ぶたが切られることになったのである。ところでペルーはボリビアとともに、国家安定と経済成長に先んじるチリのことを警戒しており、両国の間では1873年、秘密の軍事同盟条約[8] が締結されていた。それが理由となって、ペルーはボリビアとともにチリを相手に戦争をすることになった。

（3）太平洋戦争の終結と国境の変更

　戦争は、軍事力で大きく勝るチリの圧勝で終わった。ボリビアは1880年5月には兵を撤収し、事実上、戦争を休止した。他方ペルーは、同年1月に首都のリマにまでチリ軍の侵攻を受けながらも抵抗を続けるが、1883年に降伏した。チリとペルーの間では1883年10月、「アンコン和平条約」[9] が締結され、ペルーはタラパカ県をチリに無条件に割譲し、アリカ、タクナの両県について

は10年間チリの施政下に置いた後、その帰属を住民投票で決定することになった（図9-1参照）。他方、チリとボリビアとの間では1884年4月に「休戦協定」10) が締結され、同協定が効力をもつ間、南緯23度線からロア川までの範囲がチリの施政下に置かれることになった。そして20年後の1904年10月、「平和友好通商条約」（いわゆる「1904年条約」11)）が締結され、海岸部の領土はそのままチリに割譲されることが決まり、ボリビアは内陸国となった。

　ところでチリ・ペルー間の「アンコン和平条約」に定められていた住民投票は、予定どおりには実施されなかった。有権者の範囲や投票方法をめぐる議論が紛糾したためである。両国は1922年、住民投票の手続きを進めるか否かの判断を米国大統領に委ねる議定書に署名し、それに基づいて米国代表を委員長とする三国間委員会が設置された。その後しばらく住民投票の実施が模索されるが、アリカで発生した暴動などが理由で、最終的に見送られることとなった。この問題は結局、1929年6月にチリ・ペルー間で締結されたいわゆる「1929年条約」12) により、アリカ県はチリがそのまま領有し、タクナ県はペルーに返還されることで決着した。

3．チリとボリビアの国交断絶

（1）ボリビアによるチリへの反発

　ボリビアとチリの間で締結された「1904年条約」とその「補完条約」では、チリがボリビアの首都ラパスからアリカまでの鉄道建設の義務を負い、かつボリビアに対しチリの港湾までの自由通行を認めること、ボリビアが自国の税関をアリカとアントファガスタに設置することなどが定められた。また割譲された土地に対してはチリがボリビアに資金補償することも定められた。実際、この補償金は支払われ、鉄道も建設されて1913年からボリビア側の供用に付された（写真9-1参照）。

　しかしボリビアは1920年、この条約の見直しを国際連盟の総会に対して求めた。連盟の規約の第19条にある、条約の見直しを総会が勧告できるとの規定を根拠とするものであった。ボリビアは、「1904年条約」はチリに強制され

写真9-1　チリ・ボリビア国境（チリ側）の鉄道停車場
（筆者撮影）

たものであると主張した。ただ、国際連盟は司法家委員会を設けてボリビアの請求を検討したものの、条約の修正は国際連盟ではなく当事国間でのみ行うことができるとの結論を出し、請求を却下した[13]。

　ボリビア国内における反チリ感情は社会の各層に共有されていたが、ナショナリズムを刺激した要因としてはもう一つ、外交政策に無策な白人エリート層に対して中間層が反発を募らせていたことも大きかった。「1904年条約」の前年、天然ゴムの生産地であるボリビア・アマゾン低地部のアクレ地方でブラジル人入植者の騒乱が起きたとき、政府は何ら有効な手を打てず、19万km²におよぶ領土をブラジルに割譲することを余儀なくされた。1932年から35年にかけては、豊富な石油資源が埋蔵しているとの憶測があった南東部のチャコ地方をめぐって隣国パラグアイと戦争になり（チャコ戦争）、数万人の死者を出したうえに24万km²にもおよぶ領土を奪われるとの惨憺たる結末を招いた。敗戦翌年の1936年、チャコ戦争で英雄となった混血将校らが蜂起して軍事社会主義政権と呼ばれる改革政権が樹立されたのを嚆矢に、エリート支配の打破を目指す動きが国内で強まっていくことになる。1943年には軍の急進派が政権を握り、これに中間層の利益を代弁する改革派知識人のパス＝エステンソロ（Víctor Paz Estenssoro）らが合流した。1952年にはいわゆるボリビア革命が発生し、パス＝エステンソロを首班とする、中間層や鉱山労働者、農民らを代弁する改革政権が樹立された[14]。

　この間、ボリビアはさまざまなかたちでチリとの交渉を重ね、「1904年条約」を補完するいくつかの協定が締結されていった。たとえば1937年の通行協定では、軍事物資を含むあらゆる物資が24時間、例外なくチリの港湾との間を自由通行できることが明文化された。1955年1月には、パス=エステンソロが歴代大統領のなかで史上初めてチリに足を踏み入れてアリカを訪問し、このときに締結された両国外相間の協定では、自由通行の一環としてボリビアによるアリカにおける石油精製施設の建設とアリカからボリビアまでの石油パイプラインの建設が承認された。

　しかしこの後、ラウカ川の水利権の問題をめぐって両国間の対立が強まり、1962年4月、国交が断絶されることになった[15]。ラウカ川はアンデス山中の国境地帯にある、チリ領内を水源としてボリビアの湖に流れる河川である（図9−1参照）。半乾燥地帯に流れるこの川の水は両国にとって貴重な資源であり、これを灌漑に利用することを計画したチリは1939年、ボリビアとの交渉を開始した。しかしそれがまとまらないなか、チリのアレサンドリ（Jorge Alessandri）大統領は交渉に見切りをつけて水門を開けることを命じた。これに強く反発したパス=エステンソロ大統領はその2日後、チリに国交断絶を宣言することになったのである。そのうえでボリビアはその翌日、米州機構（OAS）に対し、この問題を解決するための緊急の協議会を開催することを要請した。OASでは本件を二国間で平和的に解決することを求めるとの決議が採択されるにとどまり、その点ではボリビアは要求を満たすことができなかったが、対チリ関係の問題を多国間外交の場で議題化することには成功した。

（2）国交の一時的回復（1975〜78年）と交渉の頓挫

　1975年から78年にかけて、チリとボリビアの間の国交が一時的に回復されることになる。ボリビアでは1952年からの革命政権が財政赤字の肥大化などによって行き詰まり、その後の政治混乱を経て、1971年の軍事クーデタでバンセル（Hugo Banzer）政権が成立した。他方、チリでも1973年の軍事クーデタでピノチェト（Augusto Pinochet）政権が成立した。この二人の将軍が1975年2月、アリカとラパスの経路上にある両国国境地帯で会談し（1955年

に次ぐボリビア大統領による史上２度目のチリ訪問)、国交の回復と「海への
出口」問題の解決に向けた協議を開始することで合意したのである[16]。このこ
ろ南米南部の６か国は揃って親米保守の軍事政権下にあり、米国の支援のもと、
「コンドル作戦」として名高い左翼の活動家の組織的な取り締まりで各国は連
携関係を築いていた。

　この合意を受けて1975年８月に二国間委員会が設置され、その席でボリビ
アはアリカの北側からアンデス国境に至る帯状の領土の割譲（図９-２参照）、
およびとアントファガスタなど３港湾周辺における飛び地の創設とその割譲を
求めた。これに対しチリは、前者の提案について交渉に応じる用意があるとし
つつ、その幅を狭いものにすること、およびそれと等しい面積の別の土地をチ
リに割譲することを対案として提示した。

　ここで不可欠となったのが、ペルーからの同意の取り付けであった。という
のは、アリカとタクナで領土を分けたチリ・ペルー間の「1929年条約」に、
いずれかの国が当該の領土の全体もしくは一部を第三国に譲渡する場合にはも

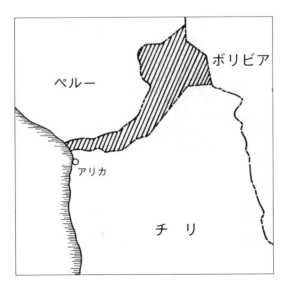

図9-2　ボリビアによるチリへの領土割譲要望案（1975年）
（出典：Carrasco Delgado, Sergio (1991) *Historia de las relaciones chileno-bolivianas,* Editorial
Universitaria, .p.283.）

う一方の国の同意を必要とすると定められていたからである。これに従いチリからペルーに対し、ボリビアへの領土の割譲案が提示されたが、それに対するペルーの回答は、アリカ市北部に三国で主権を共同管理する土地を設置し、またアリカ港を三国で共同管理するという複雑なものであった[17]。

　結局、この一連の交渉は三国それぞれによる大胆な提案の折り合いがつかないまま破綻し、1978年3月、チリとボリビアの国交はバンセル政権によってふたたび断絶された。太平洋戦争の開戦から100周年にあたる翌1979年、OAS総会の開催地はラパスであり、バンセル退陣後に暫定大統領に就いていたゲバラ＝アルセ（Walter Guevara Arze）は、開会の演説で「海への出口」問題に多くの時間を割くとともに、総会では同問題の解決のために関係国は交渉に取り組むべきであるとする決議を採択させることに成功した。これ以降OAS総会では1989年まで11年連続して、「海への出口」問題に関する決議が採択されることになる。チリは一貫して、二国間問題である本件を多国間外交の場で議論するのは相応しくないとの立場をとったが、1980年代にラテンアメリカで民政移管が相次ぐなか（ボリビアでは1982年に実現）、1990年3月まで最後の一国として軍政を維持していたチリは域内でやや孤立しており、チリの主張は前向きに受け止められなかった[18]。

4．1990年代の地域国際秩序の転換と三国間関係

（1）チリ・ボリビア関係の変化

　1990年代、ラテンアメリカは地域全体が大きな転換点を迎え、それにともない三国間の関係もより実利的なものへと大きな変化を遂げることになる。ラテンアメリカでは1980年代、政府が経済に深く介入する国家中心型の発展モデルが破綻し、財政赤字と対外債務の拡大で「失われた10年」と呼ばれる未曽有の経済危機に陥っていた。そこから脱却するため、1990年代のラテンアメリカでは、米国の主導のもと、地域全体でネオリベラリズム（新自由主義）改革が推し進められ、その一環として域内諸国の間での貿易の自由化や経済統合に積極的に取り組まれた。

　チリとボリビアの間でも1991年、「海への出口」や国交回復の問題を棚上げにして自由貿易交渉が開始され、1993年4月、二国間の「経済補完協定」が締結された。同年10月、サンチェス＝デ＝ロサダ（Gonzalo Sáhchez de Lozada）ボリビア大統領がラテンアメリカの主要国が参加する第7回リオ・グループ首脳会議に出席するため開催地のサンティアゴを訪問するが、ボリビアの大統領がチリに足を踏み入れるのは先にふれた2回（1955年と74年）だけであり、首都を訪問するのは史上初めてで、両国の歩み寄りを象徴するものとなった[19]。こうした動向に合わせてアリカとラパスを結ぶ道路も舗装され（1997年完了）、輸送にかかる所要時間は12時間から6時間に短縮された。そもそもボリビアにとっての最大の貿易港は、外交関係の曲折にかかわらず、一貫してアリカ港であった。チリ・ボリビア間の貿易に関しても、たとえばチリ北部地域では広大なアタカマ砂漠を超えてさらに南にある農業地帯からではなく、はるかに至近なボリビアから農産物を調達することのほうが、本来、理に適っていた。経済補完協定は2006年3月に拡充され、チリによるボリビアからの輸入関税は、小麦など3つの例外品目を除きすべて撤廃された。

（2）チリ・ペルー関係の変化

　ところで、チリとペルーの間では「1929年条約」で国境が画定されたものの、その「補完協定」に定められていた、ペルーが自由利用できるアリカの埠頭・鉄道駅・税関施設のチリによる供与、およびタクナ・アリカ間の自由通行の保障が未履行のまま、長らく外交的懸案として残っていた。これについて1992年、両国間に二国間委員会が設置され、1993年5月にまずその執行方法を規定する「リマ協約」が締結された[20]。そこには、港湾などの施設の運営をペルー政府が指名する企業に委ねることなどが定められた。これに並行し、自由貿易に関する交渉も進められ、1998年6月には二国間の「経済補完協定」が締結された。

　こうした関係改善が図られるなか、1999年11月、フジモリ（Alberto Fujimori）ペルー大統領がチリを公式訪問するが、これはペルー大統領による史上初めてのチリ公式訪問であった。両国間の関係がいかに冷めたものであっ

たかということ、しかしそれが変わろうとしていたことを端的に示している。このとき「1929年条約実施取極め合意」が交わされ、翌2000年2月にはチリのフレイ（Eduardo Frei）大統領がチリ大統領による34年ぶりとなるペルー公式訪問を行い、その直後、アリカ港の埠頭、税関事務所、鉄道駅などの施設管理運営権がペルーに正式に譲渡されることになった（写真9-2参照）。

　その後も2001年9月には国境地帯に埋設されていた対人地雷を撤去することを謳う共同宣言が発出され、さらに2006年8月には1998年の経済補完協定を拡大させた「自由貿易協定」が締結されるなど、二国間関係はかなりの改善を見せている[21]。

ペルーに供与された埠頭

写真9-2　チリ最北の国境となったアリカの町
（筆者撮影）

5.　21世紀以降の三国間関係

（1）チリ・ボリビア間での新たな対話の模索

　チリとボリビアは自由貿易の拡大という共通目標が一つの触媒になって、2000年2月に両国の外相間で結ばれた対話促進の合意を皮切りに、国際会議の機会などを捉えての大統領や外相の間での会談が重ねられていった。もっともボリビアではこの時期、反ネオリベラリズムを掲げる市民の抗議行動が広がり、これに反チリ感情も混じり合って、ボリビア産天然ガスのチリ港湾経由で

の輸出構想（パイプライン建設計画）が頓挫するなどの大きな混乱が続いた。これら一連の社会紛争により、二人の大統領が相次いで辞任に追い込まれている[22]。しかし、その帰結として2006年1月、貧困大衆の熱烈な支持を受けたモラレス（Juan Evo Morales）大統領が誕生したとき、チリのラゴス（Ricardo Lagos）大統領はその大統領交代式に出席し、二国間関係強化の意思を示した。その年の3月、チリでラゴス大統領からバチェレ（Michelle Bachelet）大統領に政権が引き継がれたときには、モラレス大統領もチリを訪れてその交代式に出席した。なお先にふれた「経済補完協定」の改定はこの訪問に合わせて行われたものであった。

　同年7月には、かねて議論されていた二国間関係の課題が「13項目の課題」（Agenda de 13 Puntos）[23]として取りまとめられ、実務協議が進められていくことになった。13項目の内容は経済、安全保障、麻薬対策から教育、文化まで広範にわたり、例外のない課題設定との理念のもと、「海への出口」問題もその1項目に含まれた。

　だが、その後の協議は必ずしも順調には進まなかった。「海への出口」問題に加え、13項目のうちの1項目としてあげられていたシララ川の水利権に関する問題が重くのしかかってきたのである。シララ川は国境断絶の引き金となったラウカ川とは逆に、ボリビアに源を発しチリに流れる小さな河川である。この問題の起源そのものは古く、1908年、ボリビアのポトシ県の知事が同地とアントファガスタを結ぶ鉄道会社の蒸気機関車用にその水を利用することを認可し、同社が取水のための水路を整備したことに遡る。背景には、ボリビアの財閥が自社の鉱山で採れる資源を輸出するためにこの鉄道を利用していたということがあった。ただ、この水利権が二国間の紛争の種となることはなく、これが争点として急浮上したのは1997年のことであった。この年、ボリビアが1908年の認可を取り消し、水利権を大統領令（1999年）に基づき競売にかけ、2000年4月、国内の民間会社に落札したためである。チリ政府はこれに抗議したが、ボリビアの主張は、認可当時とは異なってチリ側では鉱山会社などに水が供給されていること、そもそもシララ川はチリが主張するような国際河川ではなくボリビアの湧水であり、チリが人工的に水路を造成したためにボリビ

アの権利が侵害されているというものである[24]。

　この古くて新しい争点について、チリは2009年9月、地理的調査が進められる間、水利権として暫定的に50％を支払うことでボリビアと大筋合意し、両国間で協定案の作成が開始されることになった。ところがボリビア側ではこの方針に、保守派の野党のみならず、モラレス政権の支持基盤である現地の市民組織からも激しい反発が巻き起こった。他方、チリでは2010年3月、民政移管以来20年ぶりとなる保守派への政権交代が起こり、対ボリビア関係の改善にはそれ以前ほどには熱心に取り組まれなくなった。

（2）ボリビアとチリによるICJへの提訴

　「13項目の課題」に関する協議は2010年7月を最後に行われなくなり、翌年3月、ボリビアは「海への出口」問題に関してチリが交渉する法的義務を負うことの確認を求める提訴をICJに対して行う方針を表明、2013年に正式に提訴した。チリは2014年7月、ICJの管轄権に関して異議を唱える先決的抗弁を提出し、手続きが一時中断するが、これは否定され、2015年5月からICJでの口頭弁論が開始された。

　他方でボリビアは2016年3月、シララ川の問題についても、チリはボリビアの財産である水資源を違法に使用しているとしてICJに提訴する意思を表明した。ただしボリビアは、提訴するまでに2年間の準備期間を要するとの表現で、提訴までに時間をおく姿勢も合わせて示した。

　「海への出口」問題の提訴もシララ川問題の提訴も、太平洋戦争の英雄を讃えるボリビアの祝祭日の「海の日」（3月23日）に表明されていることに政治的意味が読み取れる。とくにこのシララ川に関する提訴の方針は、直前の2月、モラレス大統領の4選の可能性に道を開く憲法改正案が国民投票において僅差で否決され、政権が窮地に陥るなかで、国民感情に訴える思惑でなされた面が強かった。

　シララ川の問題に関し、チリはボリビアからの非難を受け続けるよりもチリが先にICJに付託することが得策であると判断し、同年6月、シララ川やその帯水層は国際河川であり、チリがその水資源を利用することは国際法に適合し

たものであるとの宣言を求めてICJに提訴した。本件は2022年1月現在、係属中である。

　「海への出口問題」に関しては、ICJは2018年10月、12対3で、チリが「ボリビアに完全な太平洋への主権的アクセスを付与する合意に至るために誠実かつ効果的にボリビアと交渉する法的義務」を負うものではないとする判決が下された。判決を聴くためにハーグを訪れていたモラレス大統領は、遺憾の意を示しつつも、判決を受け入れることを表明した。

（3）海洋国境をめぐるペルーによるICJへの提訴

　チリは今世紀に入ってから、ペルーとの間でも領海境界線をめぐり、ICJでの係争案件を抱えた。両国の陸地の国境は「1929年条約」によって確定されていたが、太平洋上の国境については主張が分かれていた。チリが条約に基づいて設置された両国の第1境界標識から緯度線に沿って引かれた200海里までの線を海洋境界と主張する一方、ペルーは両国の海岸線からの等距離線を海洋境界と主張していたのである（図9-3参照）。この争点は、チリが1997年に国連海洋法条約（1982年成立、1994年発効）を批准したことがきっかけで外

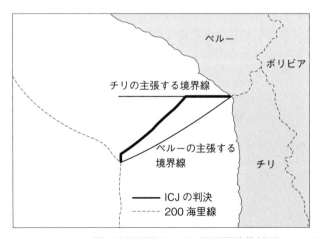

図9-3　チリ・ペルー間の海洋国境をめぐる国際司法裁判所における係争
（出典：ICJ Reports of Judgments, Advisory Opinions and Orders, Case concerning Maritime Dispute (Peru v. Chile), Judgment of 27 January 2014, p.17, p.71をもとに筆者作成）

交問題に発展した。すなわち、チリは条約に基づいて2000年に海図を寄託するが、そこで示された海洋境界線を不満とするペルーは2001年、これへの反論を国連に提出し、さらに2004年、チリに境界線画定の交渉を公式に申し入れた。しかしチリが交渉に応じなかったため、2008年1月、ペルーがICJに提訴することとなった。

　ICJは6年間におよぶ審理の末、2014年1月、第1境界標識から80海里までの緯度線に沿った線を、またその線の終点から先は海岸線からの等距離線を両国の海洋境界とする判決を下した（図9−3参照）。1954年に両国間で定められた協定に、十分な計器を装備していない小型漁船による無害で不注意な侵害が頻発していたことへの次善策として厳格な取り締まりの対象外とする水域が設定されていたのであるが、その範囲が「緯度線に沿った20海里の幅員をもつ水域」とされていたこと、またアンチョビをはじめとする漁業の海域が一般的に沿岸から60海里程度までであったことなどが根拠とされた[25]。

　チリとペルーはこの問題を抱えながらも、2011年、メキシコやコロンビアとともに太平洋同盟と称する地域共同体を設立して域内貿易の自由化を進めるなど、二国間関係は基本的には良好である。ただ、国境の問題はきわめて繊細

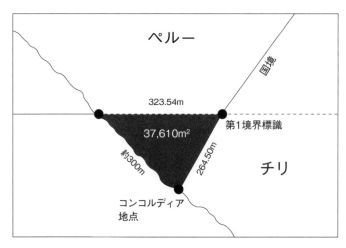

図9−4　コンコルディア地点付近に生じた新たな係争地
（出典：筆者作成）

で、ICJの判決後、海岸部の境界は陸地を含めて第１境界標識で区切られる緯線であると主張するチリと、1929年条約が定めるコンコルディア地点であると主張するペルーとの間で見解の相違が生まれ[26]、これにより３万7610m²（一辺約300m）ほどの三角形の土地（図9-4）の帰属が新たな争点となってしまっている。ペルーでは2015年10月、この土地の領有の主張を意図してラヤラダ＝ロスパロスという新しい行政単位を創設し、チリの反発を招いている。

6．おわりに

「13項目の課題」として一度は設定されながら、その対話の枠組みが決裂した翌年（2011年）６月のOAS総会で、ボリビアは、1979年の総会で採択されたチリの交渉義務（先述）を確認する決議をあらためて確認する決議の採択を求めた。ただしこれは実現しなかった。「海への出口」問題をめぐる両国の外交戦術は、端的に言えば、ボリビアが多国間外交の場で議題化することを試み、チリが二国間問題であることを主張してそれに反対するというものであった。「海への出口」問題とシララ川の問題がICJに正式に付託されたことで、域内諸国の間では、国際司法の場で解決が図られようとしている事案を多国間外交の枠組みのもとで並行して協議するのは適切でないとの考えが主流となっている。

　チリ、ボリビア、ペルー間の国境問題を振り返り、いくつかの地域的特徴を見いだすことができる。まず、この問題が百年越しのきわめて長く根深いものでありながらも、太平洋戦争を最後に、武力による解決が試みられたことはただの一度もないということである。各国はもちろん、近隣国を睨み国防力を整備し、国境地帯には軍を配備していた。とくに1980年代以前は、国家中心的な安全保障観も小さくなかった。しかし、武力紛争の危機が生じたことはなかった。

　このことは、国境問題を調停、仲裁、裁判といった国際司法的な解決を探る傾向がラテンアメリカでは強いということにも関わっていよう。「アンコン和平条約」で想定されていたチリ・ペルー間の国境確定に関わる住民投票の実施

方法が紛糾した1920年代、米国を交えた調停が試みられたことはすでに述べたとおりであるが、じつは、チリ議会の批准が得られなかったため実現しなかったものの、1898年に両国政府が住民投票に関わる調停をスペイン摂政王妃に委ねるとの議定書に署名したという事実もある[27]。ラテンアメリカには、これに類する試みが成功した事例は近年にも存在する。エクアドルとペルーの間では78kmにわたるアンデス山中の国境線をめぐる長い対立があったが、1942年に両国間で締結されていた「リオデジャネイロ議定書」に基づく保証国4か国（米国、ブラジル、アルゼンチン、チリ）による調停案が1998年10月、両国に受け入れられ、国境問題が全面的に解決された。

　ラテンアメリカには未解決の国境問題がまだいくつか存在する。ただ、国境の原則が、スペイン植民地時代の行政区画線を基準とするウティ・ポシデティスの原則に基づいていることに揺るぎはない。ラテンアメリカ諸国は言語や文化、歴史的体験を共有するいわば兄弟国であり、世界の他の地域でよく見られるような、民族的なアイデンティティや歴史的記憶が特定の土地への先住や占有の意識と結びついて領土や国境が争われるということはない。

　2021年4月、チリとボリビアの実務者協議で、2010年7月の第22回会合を最後に中断していた政治対話メカニズム（Mecanismo de Consultas Políticas）を再開し、「13項目の課題」についてあらためて協議することが合意された（チリ外務省のホームページでは「二国間関係の正常化（normalización）」との見出しが用いられている[28]。この二国にペルーを加えた国境をめぐる百年越しの軋轢は、この先も長く続くことが予想されるが、外交的そして司法的な手段によって問題の解決を探るという経験の蓄積とそれについての一定程度の共通了解が存在しているのも事実である。

【注】

1) 後述するとおりチリとボリビアとの間で「休戦協定」が締結されるのは1894年であるため、太平洋戦争の期間は1879年から84年までとされることもある。ただしこの二国間での武力紛争は1880年に事実上終結しており、一般的に太平洋戦争が終わったのはチリ・ペルーの二国間での武力紛争が終結した1893年とされることが多い。

2) Santiago Benadava, *Historia de las fronteras de Chile* (Santiago: Editorial

Universitaria, 1993), p.13.

3) 歴史家の間にあった多様な解釈については、次に具体的に紹介されている。Ibid., pp.17-18.

4) 1842年のチリでの法律制定とその後のチリ・ボリビア間の論争については、たとえば次を参照。Ibid., p.19.

5) 1826年から1929年にかけてチリ、ボリビア、ペルー間で締結された条約や協定は、その全文が次の文献に網羅的に掲載されている。Vicente Paricollo M., *Tratados Bolivia - Chile y Perú, 1826 a 1929* (La Paz: Todo Arte, 2004).「1866年条約」の本文は同書の54-56頁を参照。

6) この当時のアタカマ砂漠における利権争いについては次を参照。浦部浩之「チリにおけるフロンティアの拡大と先住民―均質社会の形成と文化的多元性のはざまで―」畑恵子・山﨑眞次編『ラテンアメリカ世界のことばと文化』（成文堂、2009年）、200-202頁。

7)「1874年条約」の本文は次を参照。Paricollo M. op.cit., pp.65-67.

8) この条約の内容は今では明らかになっている。その本文は次を参照。Ibid. pp.61-64.

9)「アンコン和平条約」の本文は次を参照。Ibid., pp.77-80.

10)「休戦協定」の本文は次を参照。Ibid., pp.84-85.

11)「1904年条約」の本文は次を参照。Ibid., pp.134-141.

12)「1929年条約」とその「補完条約」の本文は次を参照。Ibid., pp.159-162.

13) ボリビアによる国際連盟への提訴に関する一連の経緯については、たとえば次を参照。Uldaricio Figueroa Pla, *La demanda marítima boliviana en los foros internacionales* (Santiago: Editorial Andrés Bello, 1992), pp.25-41.

14) この当時のボリビアの領土喪失とその後の改革運動の流れについては次を参照。浦部浩之「ラテンアメリカにおける資源通過と紛争―ボリビアの天然ガス輸出計画と社会紛争」稲垣文昭・玉井良尚・宮脇昇編『資源地政学―グローバル・エネルギー競争と戦略的パートナーシップ』（法律文化社、2020年）、137-154頁。

15) ラウカ川をめぐる一連の問題については、たとえば次を参照。Carlos Bustos, *Chile y Bolivia: un largo camino de la independencia a Monterrey* (Santiago: RIL Editores, 2013), pp.189-209.

16) 1975年から78年までの一連の外交交渉の経緯は、例えば次を参照。Guillermo Lagos Carmona, *Historia de las fronteras de Chile; Los Tratados de Límites con Bolivia, 2 ed.* (Santiago: Editorial Andrés Bello, 1981), pp.126-132.

17) 一連の交渉の経緯については次を参照。Sergio Carrasco Delgado, *Historia de las relaciones chileno-bolivianas* (Santiago: Editorial Universitaria, 1991), 279-299.

18) チリが軍政下にあったこととOASにおいて「海への出口」問題が取り上げられたことの時期的な符号性について考察しているものとして次がある。Jaime Lagos Erazo, *Las aspiraciones marítimas de Bolivia* (Santiago: RIL Editores, 2013), pp.65-65.

19) 1990年代初頭のチリ・ボリビア間の経済関係の変化については次を参照。浦部浩之「チリの経済統合と国境地域問題」『海外事情』第44巻第2号、1996年、28-39頁。

20) 「1929年条約」をめぐる未解決条項や「リマ協約」については次に詳しい。Alfonso Benavides Correa, *Perú y Chile: Del tratado y protocolo complementario de 1929 sobre Tacna y Arica a la convención de 1993 sobre pretendido cumplimiento de obligaciones* (Lima: Talleres de Metrocolor, 1993).

21) 1990年代以降のチリ・ペルー二国間関係の進展については次も参照。浦部浩之「チリ／最北の町アリカ—地域統合と変貌する国境」『アジ研ワールド・トレンド』第89号、2003年、45-48頁。浦部浩之「チリ・ペルー・ボリビア三国間の信頼醸成の展開と国境地域秩序の再編成」『マテシス・ウニウェルサリス』第8巻第1号、2006年、101-110頁。

22) 一連の社会紛争の経緯の詳細は次を参照。浦部、前掲書、2020年。

23) 「13項目の課題」のより詳細な内容は、邦語では次で紹介されている。道下仁朗「チリの対外政策—ボリビアとのシララ水系問題と海への出口問題を中心に」『松山大学論集』第26巻第5号、2014年、55-76頁。

24) シララ川問題の起源や1990年代以降の論争については次を参照。Ronald Bruce St John, *Bolivia: Geopolitics of a Landlocked State* (London: Routledge, 2021), pp.111-112, 189-190.

25) チリ・ペルー間の海洋境界に関する訴訟の判決については次で詳細に解説されている。鈴木淳一「海洋紛争事件（ペルー対チリ）」横田洋三・東壽太郎・森喜憲編著『国際司法裁判所判決と意見—第5巻（2011 – 16年）』（国際書院、2018年）338-357頁。

26) アリカにあるジュタ川に架かる最初の端から半径10kmの円弧を両国の国境にするとの規定が「1929年条約」にあり、ペルーはこの円弧と海岸の低潮線が交わるコンコルディア地点が国境になるとの立場をとっている。

27) スペイン摂政王妃の仲介については次を参照。Benadava, op.cit., p.39.

28) https://www.minrel.gob.cl/noticias-anteriores/cancilleria-informa-sobre-la-normalizacion-de-las-relaciones-bilaterales　2021年8月27日最終閲覧。

【参考文献】

浦部浩之「チリの経済統合と国境地域問題」『海外事情』第44巻第2号、1996年、28-39頁。

浦部浩之「チリ／最北の町アリカ—地域統合と変貌する国境」『アジ研ワールド・トレンド』第89号、2003年、45-48頁。

浦部浩之「チリ・ペルー・ボリビア三国間の信頼醸成の展開と国境地域秩序の再編成」『マテシス・ウニウェルサリス』第8巻第1号、2006年、101-110頁。

浦部浩之「チリにおけるフロンティアの拡大と先住民—均質社会の形成と文化的多元性のはざまで—」畑恵子・山﨑眞次編『ラテンアメリカ世界のことばと文化』（成文堂、2009年）、195-212頁。

浦部浩之「ラテンアメリカにおける資源通過と紛争—ボリビアの天然ガス輸出計画と社会紛争」稲垣文昭・玉井良尚・宮脇昇編『資源地政学—グローバル・エネルギー競争と戦略的パートナーシップ』（法律文化社、2020年）137-154頁。

鈴木淳一「海洋紛争事件（ペルー対チリ）」横田洋三・東壽太郎・森喜憲編著『国際司法裁判所判決と意見—第5巻（2011 – 16年）』（国際書院、2018年）338-357頁。

道下仁朗「チリの対外政策—ボリビアとのシララ水系問題と海への出口問題を中心に」『松山大学論集』第26巻第5号、2014年、55-76頁。

Benadava, Santiago, *Historia de las fronteras de Chile* (Santiago: Editorial Universitaria, 1993).

Benavides Correa, Alfonso, *Perú y Chile: Del tratado y protocolo complementario de 1929 sobre Tacna y Arica a la convención de 1993 sobre pretendido cumplimiento de obligaciones* (Lima: Talleres de Metrocolor, 1993).

Bustos, Carlos, *Chile y Bolivia: un largo camino de la independencia a Monterrey* (Santiago: RIL Editores, 2013).

Carrasco Delgado, Sergio, *Historia de las relaciones chileno-bolivianas* (Santiago: Editorial Universitaria, 1991).

Figueroa Pla, Uldaricio, *La demanda marítima boliviana en los foros internacionales* (Santiago: Editorial Andrés Bello, 1992).

Lagos Carmona, Guillermo, *Historia de las fronteras de Chile; Los Tratados de Límites con Bolivia, 2 ed.* (Santiago: Editorial Andrés Bello, 1981).

Lagos Erazo, Jaime, *Las aspiraciones marítimas de Bolivia* (Santiago: RIL Editores, 2013).

Paricollo M., Vicente, *Tratados Bolivia - Chile y Perú, 1826 a 1929* (La Paz: Todo Arte, 2004).

St John, Ronald Bruce, *Bolivia: Geopolitics of a Landlocked State* (London: Routledge, 2021).

第10章

コーカサスの国境問題

1．はじめに

　ロシア、トルコ、イランという地域大国を地図上で結ぶ三角形の中心に位置する南コーカサス地域は、ジョージア、アルメニア、アゼルバイジャンという三か国で構成されている。アルメニア、アゼルバイジャン間には、ナゴルノ・カラバフと呼ばれる係争地が存在し、その領有権を巡り、両国は対立している。元来、同地域にはアルメニア系住民が多く居住していたが、ソビエト連邦（ソ連）時代にアゼルバイジャンに併合された[1]。

　1991年、ナゴルノ・カラバフはアゼルバイジャンからの独立を一方的に宣言、現在まで南コーカサス地域紛争の火種となり続けている。当然、両国間に外交関係は無く、アルメニアはトルコとも外交関係がないため[2]、陸路で外国に行く際には、南側のイランもしくは北側のジョージアを通過する必要があり、ジョージアはその恩恵を享受している国家でもある。

　アルメニアにはソ連式原子力発電[3]が稼働しており、その危険性からフランスが改修ないしは廃炉の検討を打診したが、ロシアの介入により頓挫した。また、カスピ海の天然資源を域外に輸送する世界第2位の敷設距離を誇るBTC石油及びBTE天然ガスパイプラインが東西に走っており、欧州諸国にとってはエネルギー安全保障の観点からも南コーカサスの平和と安定は喫緊の課題である。

　2020年、そのような地域に世界を驚嘆させる事案が発生した。コロナ禍で国際社会が混乱している最中、ナゴルノ・カラバフの領有権を巡り、アルメニ

ア・アゼルバイジャン間で再び武力紛争が生じ、アゼルバイジャンがその版図を広げる形で収束したのである。このようにコロナ禍は、混乱に乗じようとする政治指導者に利用されるなど、政治及び安全保障政策にも影響を与えている。

　アゼルバイジャン人は、トルコ系民族であり、政治的にもトルコの後ろ盾を得ている。一方、アルメニアの後ろ盾は伝統的にロシアであり、特にサルグシャン（Serzh Sargsyan）元大統領（元首相）時代は強力なロシアの支援を得ていたものの、政変により政権交代が生じ、サルグシャン政権に比するとリベラルな性質の強いパシニャン（Nikol Pashinyan）政権が誕生したことで、ロシアの対アルメニア政策に変更が生じたとの見方もあり、そのことが今般の武力紛争に影響を与えているという分析もある[4]。

　本章では、複雑な民族間対立を抱える南コーカサス地域のジョージア（図10 -1）にあるアブハジア、南オセチア問題に焦点を当て、現地の情勢及び今後の展望を概観し、結論部ではコロナ禍の影響を踏まえつつ同問題を考察する。

図10-1

（出典：The University of Texas at Austin. 2016. Georgia (Small Map). Accessed August 26, 2021. https://maps.lib.utexas.edu/maps/cia16/georgia_sm_2016.gif.）

2．本章の枠組み及び用語の定義

本節では、まず、長引く紛争、非承認国家という用語の本章での定義を論ずる。なお、本章では単に主権と言及した場合は、基本的に「ウェストファリア体制上の主権」（Krasner 1999）を意味する。

（1）非承認国家

我が国では、アブハジアのような分離独立派地域は、未承認国家と称されることがある[5]。これは英文のUn-recognized Statesを和訳したものであろう。一方、日本語の「未」という用語には、未だ達成されていない事項、つまり裏を返せば将来は達成される可能性のある事項であると解釈可能である。

アブハジア、南オセチアは事実上、ロシアが実効支配している地域であり、西側では被占領地域（Occupied Territories）と記述されることも少なくない。ロシアは両地域を主権国家として承認しているものの、少数の国しかロシアによる独立承認の先例にならっていない[6]。もちろん、多くの国連加盟国が両地域を国家承認していないことは、大戦後の世界秩序を武力で変更することを認めないという原則及び国際法上の観点、そしてジョージアに対する政治的な配慮からであるが、一方、南オセチアの「内政」を見ても、彼らはロシア連邦の構成国である北オセチアとの併合を望んでいるのであって、独立を志向しているのかということについては疑問符が付く。

ロシアは、実効支配している両地域の独立を承認することで、政治、経済、軍事面では事実上の影響を維持しながらも、両地域の多くの課題に対する責任を免れようとしていると考えられる。つまり、両地域がロシアに依存しているという現状にロシアは満足しつつ、ロシアにとって一線を越える課題に関しては、両地域は独立国家であるため内政には干渉しないという建前を取っている。それは2008年の武力紛争後に、国連、欧州安全保障協力機構（OSCE）、欧州連合（EU）等の国際及び地域機構が平和的紛争解決のため創設したジュネーブ会合といった枠組みにおいても、ロシアは一貫して自らは紛争の第一義的主体（Primary Party）ではないとの主張を続けており、ロシアは国際司法裁判

所でも同様の主張を展開した[7]。つまり、ジョージアがアブハジア、南オセチア問題に関して交渉すべきはロシアではなく、「主権国家」である両地域であるというレトリックである。一方、ジョージアにとり、両地域はジョージア国内の一地域であり、交渉すべきはロシアであるという態度を一貫させており、これは西側の事実上のコンセンサスである。

　以上の政治的背景を考慮すると、「未」承認国家という将来予測を含む用語よりは、「非」承認国家という、現状多くの国には承認されていない地域ないしは国家であるという事実のみを表す表現が適切であると思われる。つまり、「非」承認国家は、将来の予測を排しており、現状の事実のみを表した表現であり、将来、多くの国連加盟国が両地域の独立を承認するという事態が仮にあったとしても[8]、「非」承認国家という表現で問題は無いため、本章では非承認国家という表現を用いる。

（2）凍結された紛争と長引く紛争

　一般的に南コーカサスの紛争はナゴルノ・カラバフであれ、アブハジア及び南オセチアであれ、「凍結された紛争（Frozen Conflicts）」と表現されることが多かった[9]。しかし、旧ソ連の多くの紛争が凍結されておらず、小規模であれ定期的に犠牲者を出していることから、OSCEなどでも「長引く紛争（Protracted Conflicts）」という表現が一般的になっている。したがって、本章では凍結された紛争という表現は用いず、「長引く紛争」で統一する。長引く紛争の学問的発展過程に関しては次節で概観する。

3．アブハジア、南オセチアの歴史的背景とその長引く紛争

（1）理論的・歴史的背景

　安全保障・開発間関係（Security-Development Nexus）において、経済成長が武力紛争の予防に果たす役割を分析した論文は少なくない。たとえば、Collier（2007）は、途上国66か国を分析した結果、武力紛争を経験した社会は紛争再燃の高いリスクを抱えており、典型的な途上国が10年以内に大規模な

暴力を経験するリスクは9％である一方、武力紛争経験国の同リスクは44％であると指摘している。また、同論文は、サブ・サハラ諸国では経済成長が紛争再発リスクを減少すると結論付けている。一方、Stewart（2000）は、ケーススタディ及び計量経済学の複合分析は、武力紛争の前提条件を特定する一助となる一方、全武力紛争の過度な一般化を促進する可能性があると警鐘を鳴らしている。また、MacFalane（2004）は、旧ソ連諸国における「長引く紛争（Protracted Conflicts）」では、経済的要因が紛争の主因とは考えられず、たとえばアブハジアは、亜熱帯気候により農業に適し、観光業も盛んで、他の旧ソ連諸国に比して多様性のある経済構造を有しており、それはアブハジアの行政を司るアブハズ人も享受していたことを指摘し、同様の帰結は南オセチアにも当てはまると指摘している。そして同論文は、南コーカサスの長引く紛争の根本原因は、経済的要因よりむしろ1990年代に多数派の政治エリートがその地位を確約しようとする中で少数派エリートの地位を効果的に確約しなかったこと、さらに地域の長い歴史で民族間の相互不信が醸成されてきたことが原因であると考察している。

　「長引く社会的紛争（Protracted Social Conflicts: PSCs）」という概念は、Azar（1990）が嚆矢であり、「共同社会内の集団による安全保障、承認、政治・経済機構への平等なアクセスといった社会的に必要な根本的要件を巡り、長引き、またしばしば暴力を伴う闘争」であると定義している。その後、Rothman（1997），Fisher（2001），Ramsbotham（2005）らがPCSsの概念を発展させ、概ね人種、信仰、民族、イデオロギー、文化的アイデンティティによる分析の重要性を強調する形で議論を展開している。

　また、Korostelina（2011）は、アイデンティティは政治的紛争を生じさせるのか、もしくは政治的紛争により生じるのかを問い、アイデンティティに基づく紛争をことさら強調する識者は、紛争における政治・経済的な動機を軽視する傾向にあり、一方で政治・経済的な紛争の動機を強調する者は、アイデンティティの側面を軽視していると考察している。さらにRothman（1997）は、「すべてのアイデンティティに基づく紛争は利害闘争をはらんでいるが、すべての利害闘争がアイデンティティに基づく紛争をはらんでいる訳ではない」と

指摘している。その上で、Korostelina（2011）は、社会的アイデンティティ
それ自体が紛争の結果として生じる訳ではないが、紛争によって強化され、更
に顕著になり得る上、社会的アイデンティティは、紛争の原因でも結果でもな
く、紛争構造及び力学を完全に変容させ得る認識の形態であると理解されるべ
き旨主張している。

　確かに、経済成長の重要性を否定することは誰もできないであろうし、国家
内外の紛争分析において社会的アイデンティティの重要性を殊更強調しても、
そもそも国家という概念自体が、確かにAnderson（1983）の指摘するように
「想像の共同体」に過ぎないかもしれない。しかし、少なくとも民族、信仰、
人種等そこへの所属を信ずる者にとって、その所属意識が社会的なアイデン
ティティとして浮かび上がってくることが指摘されており、Kriesberg（2003）
が主張するように、同じアイデンティティを共有する者同士は、同じ運命と利
益を共有しており、他の集団によって引き起こされた類似の搾取や憎悪を同様
に経験すると信じる傾向がある。そのため、経済成長と富の分配といった利害
に係る側面と併せて、社会的アイデンティティが長引く紛争の構造を変化させ、
時には悪化させているというKorostelina（2011）の指摘を本章の紛争分析の
基調とする。その上で、ジョージア、そしてその分離独立派地域であるアブハ
ジア、南オセチアのケーススタディを見てみたい。

　1921年2月25日、ロシア第11赤軍がジョージアのトビリシを侵攻、ロシア
はジョージアを占領下に置いた（Carr 1950）。ジョージアの反ソ運動は1980
年代に盛り上がりを見せたものの、1989年4月9日、ジョージア人による抗議
活動をソ連軍は武力で制圧した（Goltz 2009）。1989年、独立運動が開始され、
1990年、ガムサフルディア（Zviad Gamsakhurdia）の「Roundtable Free
Georgia」政治連合が最高評議会で250議席中155議席を獲得し、また、共産
党を含む34の全政党が一点の政策について完全に一致していた。それは
ジョージアの完全なる独立であった。1991年ソ連が崩壊し、ジョージアは独
立を果たした。

　アブハジア及び南オセチアとモスクワとの関係においては、アブハジアが南
オセチアに比した場合には自由に政治的意思を表明する機会に若干恵まれてい

ると解釈可能である。その理由としてはアブハジアが独立を志向し、南オセチアがロシア内部の北オセチアとの併合を望んでいるという目的の違いに由来する点、歴史的背景が異なる点、そして地理的条件に由来する点が挙げられる。いずれにせよ、両地域の政治的な目標達成にはモスクワの支持（と指示）が必要となる。したがってモスクワの後ろ盾は両地域にとって現況、不可欠である。

　2008年のジョージア・南オセチア間武力紛争が、ロシアの介入によりジョージア・ロシア間戦争にエスカレートし、当時のEU議長国フランスのサルコジ大統領の仲介により停戦合意に至ったものの[10]、ロシアは、アブハジア、南オセチア両地域を、主権を有する独立国家として承認、両地域にロシア大使館を設置した。上述の戦争により外交関係が途絶えたジョージアの首都トビリシにはロシア大使館は無く、ジョージアの国際的に承認された国境内に、ロシア大使館が2つ（アブハジアの事実上の「首都」スフミ及び南オセチアの「首都」ツヒンバリ）設置されるという異様な事態になっている。

　次に、一般的に一括りに語られがちなアブハジア及び南オセチアの歴史、地理的条件、政策目標の相違点、及び共通点を概観する。

（2）アブハジア

　アブハズ人は、黒海沿岸に古から定住している土着の民族の一つとして知られており、そのことが黒海沿岸からエングリ川までを彼らが故郷であると主張する根拠となっているが、ジョージア文化の根がこの地に無いと考えるのは間違いであり、事実、アブハズ人とジョージア人は、古来この地を共有し、民族的、文化的交流があったことが知られている（Chervonbnaya 2014）。ソ連の統治下で、この地はアブハジア・ソビエト社会主義共和国（ASSR）として、ジョージア・ソビエト社会主義共和国（GSSR）域内に位置付けられていた。1957年、1967年、1978年と三度に亘り、ASSRはGSSRからの分離、ロシア・ソビエト連邦社会主義共和国（SFSR）との併合を望んでいたことを示すいくつかの事例があり、ソ連崩壊後の1992年8月に開始された13か月に亘る武力紛争は、ジョージア政府軍及びアブハジア居住のジョージア人による民兵組織と、アブハジア居住のアブハズ人、アルメニア人、ロシア人からなるロシアの

後ろ盾を得た分離派武装勢力間の闘争であった。結果、ジョージア側がその支配を大きく失い、1993年に分離独立派地域として現在のアブハジアが形成された。

　ソ連崩壊後のアブハジア初代「大統領」はアルジンバ（Vladislav Ardzinba）であり、2代目「大統領」バガプシ（Sergei Bagapsh）は、地域を比較的、穏健な形で統治しようと試みた。たとえば、バガプシは、赤十字国際委員会（ICRC）以外一切の国際機関の活動を認めない南オセチアとは一線を画し、アブハジア内のジョージア人居住地域ガリ以外にもUNICEFといった国際機関のプレゼンスを認め、外部からのアクセスが比較的容易な地域として政権運営を行った。しかし、同氏は2011年5月、モスクワの診療所で突如死亡した。同氏の死に関しては在ジョージア外交団内でもさまざまな憶測が飛び交ったが、真相は依然として謎のままである。

　筆者がトビリシで政府関係者を含む複数の有識者らに聞き取りを行った際、バガプシはモスクワからの指示に必ずしも忠実ではなく、ロシアは親ロシア「大統領」の擁立を望んでいたとの見方に触れた。また、別の情報提供者からは、バガプシは域内でのアブハズ人の人口率を上げるため[11]、トルコ在住アブハズ人の帰還に積極的であり、トルコがアブハジアへの影響力を増すことを嫌ったモスクワ、特に特務機関「ロシア連邦保安庁（FSB）」が関与しているとの情報を得た。更に同情報提供者は、バガプシ本人は療養の際、ドイツもしくはイスラエルでの入院を希望していたにもかかわらず、ロシア側の意向でモスクワの医院に入院したとして、院内で何が行われた克明に筆者に説明し、暗殺の可能性をほのめかした。事実、バガプシは病気の治療のためという名目で複数回、トルコを訪問していたが、その際、在トルコ・アブハズ団体代表に面会し、アブハジアへの帰還を打診したが、これがモスクワの意向に逆らったとモスクワに見なされたという見解である。

　これらの主張を裏付ける方法を筆者は持ち合わせていないが、少なくともこれらの証言から2つのことが言えるであろう。1つ目は、アブハジアを巡るロシアとトルコの綱引きである。2つ目は、アブハジア側からみて、ロシアないしはトルコといった庇護者が必要であるという点である。ソ連を構成していた

アブハジアは、ロシアを庇護者として選択することが現状最適であろうが、歴史的にはオスマン帝国の支配下にあった時期もあり、事実、2003年の国勢調査では16％ものアブハズ人が自身をムスリムと自認していると回答している[12]。2014年、ジョージアで行われた国勢調査ではムスリム自認率が3％程度であったことに鑑みると16％という数字は必ずしも小さくはない。

ロシアにとり、アブハジアの軍事的な重要性は高く、アブハジア内のオチャムチレといった軍港にロシア軍は駐留しており、これは2014年にロシアにより事実上併合されたクリミア半島から600kmしか離れていない事実からもその不凍港のロシアにとっての重要性が理解される。

アブハジアは現状維持のためにも、独立という目標達成のためにもロシアを必要としており、アブハジアもまたロシアは自分たちを必要としていると考えている。バガプシは、アブハジアがトルコとロシアを天秤にかけ、選択する十分な能力があると考えていたのかもしれないが、その意図と動きはモスクワの非常に強い反応を引き起こした可能性がある。事実、彼の後継であるアンクワブ（Alexander Ankvab）「大統領」は、アブハジア内の国際的プレゼンスに対して非常に厳しい政策を取りつつ、在外アブハズ人の帰還をトルコからではなくシリアから行った。ロシアにとり、シリアは協力国であるため、その動きに対し、何ら反応を示さなかった事実からも、バガプシの意図と行動はモスクワの意向に沿わなかったという説を裏付けると解釈可能である。また、アンクワブは、2008年の停戦合意により派遣されたEU停戦監視団（EUMM）団長に対してペルソナ・ノン・グラータを宣告したが[13]、これはロシアと共同で行った政治的動きであったと考えられる。

アンクワブ在任中、同氏に対する暗殺未遂事案は複数回発生したが、それはむしろ域内の権力闘争の結果であって、暗殺未遂事案にロシアが関与していた証拠は見当たらない。このように、バガプシがモスクワの意向に必ずしも従順でなかった反動として、ロシアは自らの指示に従順なアンクワブを「大統領」に（陰で）選任し、アブハジア内の国際的プレゼンスを徐々に排除していったと考えられる。

2014年2月、ソチ冬季五輪が開催されるに伴い、ソチに隣接するアブハジ

アでも観光客の誘致や建築工事受注などの機運が高まった。ソチは、1918年
7月から1919年5月にジョージア・ロシア間でその領有権を争った地であり、
白ロシア軍、ボリシェヴィキ赤軍、ジョージア軍が三つ巴で戦い、英国の仲裁
により現在のジョージア・ロシア間国境が画定[14]、結果、ソチはロシア領と
なった歴史があり、ジョージアにとっては因縁の地である。

　ソチ冬季五輪に関連するアブハジア内での期待は、見事にモスクワに裏切ら
れた。五輪の成功裏の実施を企図したモスクワは、アブハジアとの「国境」[15]
を閉鎖、結果、アブハジアは五輪の恩恵を全く受けることができなかった。ま
た、同時期にウクライナのクリミア半島がロシアに事実上併合されると、アブ
ハズ・コミュニティ内で、自分たちはモスクワに忘れられているのではないか、
という焦燥感が高まった。

　住民の批判の矛先は直接モスクワには向かず、住民はモスクワの指示にアン
クワブ「政権」が忠実でないために同様の事態が生じた旨主張し、アンクワブ
を失脚させる為のデモが生じた[16]。これがアブハジア「政府」・反「政府」間
での闘争に繋がり、責任を取ってアンクワブは辞任した。結果、ハジンバ（Raul
Khajimba）が次期「大統領」となり、スルコフ（Vladislav Surkov）ロシア大統
領特使が声明を発出、平和的な危機の解決を歓迎し、モスクワのアブハジアに
対する継続的な財政及び軍事的支援を再確認した。2020年にハジンバは退任し、
現在、ブザニア（Aslan Bzhania）が「大統領」を務めているが、このようにア
ブハジアは独立を志向しているものの、ロシアの後ろ盾無しには、「国家」と
して生存していくことすらままならない状況であり、アブハジア・ジョージア
間行政境界線上の検問所ですら、ロシア国境警備隊が管轄しており、これがア
ブハジア、南オセチアがロシアによる被占領地域と呼ばれる所以である。

（3）南オセチア

　アブハジアという地域に古来、アブハズ人が居住してきた史実に比較すると、
南オセチアという行政単位は1922年に形作られた比較的新しい地域であると
認識されている。もちろん、イラン系民族であるオセット人はコーカサス山脈
近くに古来定住していたものの、現在の北オセチア周辺が主たる居住地域であ

り、南オセチアという行政単位は人工的に創出された地域であると考えられている。それは、北オセチアに住むオセット人が約48万人である一方、南オセチアには約5万人しか定住していないことからも理解できる。1922年に自治州が形成された南オセチアの代表団は2度に亘りスターリンに謁見し、北オセチアとの併合を懇願したものの、スターリンはその代表団全員を処刑している（Gahrton 2010）。加えて、ジョージア国内では、ガムサフルディア初代大統領が、「ジョージア人のためのジョージア」という国粋主義的且つ排他的政治スローガンを掲げたことが、アブハジア、南オセチアがジョージアから更に遠のく一因となった（Goltz 2009）。

　ソ連時代の圧政、そしてソ連崩壊後の排斥的な動きの結果、ジョージア域内において多民族国家として共存していたアブハジア、南オセチアは徐々に社会的アイデンティティを形成もしくは強化していき、独立ないしはロシアとの併合の重要性を主張していくことになった。そのことが、1991〜92年の南オセチア紛争、1992〜94年のアブハジア紛争へと帰結した。これらの紛争は、ジョージアが広大な支配地域を失う形で収束した（IIFMCG 2009）。

　南オセチアでは、アブハジアと違いICRCを除くすべての国際機関を排除しており、基本的に、部外者は域内に入ることはできない[17]。また、南オセチアを追われ、国内避難民[18]となったジョージア人も特別な許可証を所持していなければ入域することはできず、一方、ロシア旅券を入手することで入域は容易になるものの、多くのジョージア系国内避難民は、ロシアが旅券を政争の具として利用していると考え、旅券申請をしていない。すでに述べたとおり、2015年の国勢調査では、南オセチアの人口は5万人程度と言われているが、筆者は、2013年1月夕刻、ジョージア側に特別許可を得て、EUMMと共に緊張状態にある行政境界線から南オセチアの「首都」ツヒンバリを眺めた。その際、ほとんど明かりは無く、停戦監視団の一人からは、多くの住民は職を得やすく親戚の住む北オセチアの首都ウラジカフカスにすでに移住しているとの証言を得た。一方、ツヒンバリ近郊にはロシア国境警備隊の基地が新設されており、地雷原も多く、南オセチア出身のジョージア系住民にとっての帰還の難しさが感じられた。

　ソ連崩壊後の初代「大統領」としてはチビロフ（Lyudvig Chibirov）が、2代目としてココイティ（Eduard Kokoity）が2001年12月から10年間、南オセチアを掌握した。ココイティの退陣後、数次の選挙を経て、ティビロフ（Leonid Tibilov）が選出され、2012年4月8日、「大統領」に就任した。ティビロフ「大統領」を選出する過程でモスクワの関与と域内での権力闘争が顕在化した。2011年11月の決選投票に進むまで、11の候補者の誰一人として必要十分なしきい値（thresholds）を超える票を獲得できず、最終的にビビロフ（Anatoly Bibilov）元緊急事態担当大臣とジョエワ（Alla Jioyeva）元教育大臣の一騎打ちとなったが、2011年11月27日の決選投票直前、メドベージェフ大統領はビビロフ候補と北オセチアの首都ウラジカフカスで面会し、「ロシアは南オセチアに有能なリーダーが誕生することを期待している」と述べ、「南オセチアに引き続き安全保障を提供する」とロシア大統領府が声明を発出した。つまり、この時点でビビロフはロシアの非公認候補であったと考えられる。

　第2次選挙ではジョエワ候補が勝利した。ビビロフは選挙結果に疑義を呈し、ジョエワが法執行機関関係者に銃床で殴打され入院するなど大統領選は混迷を極め、最終的にロシアが選挙に介入、ジョエワ、ビビロフ両候補が選挙から離脱することで幕引きが図られ、ティビロフ南オセチア特務機関長、サナコエフ（David Sanakoev）人権問題特別特使、コチエフ（Stanislav Kochiev）共産党党首、メドエフ（Dmitry Medoev）駐ロシア・南オセチア大使による決選投票が行われ、ティビロフが第3代「大統領」となった。当然、西側は南オセチアでの選挙及びその結果の正統性を認めないとの声明を発出した。ここまで2011〜12年の南オセチア「大統領」選につき概観したことでロシアの意向抜きでは「大統領」選すら実施できない南オセチアの現状を描写した。

　北コーカサス諸国に比べ、比較的、自由にモスクワに対して発言することが可能と考えられるアブハジア及び南オセチアであるが、ロシアが彼らの意志に同意する必要があるという前提に基づき、両地域の政治は動いている。先ほども言及したようにアブハジアは独立を、南オセチアは北オセチアとの併合を望んでいるという点では両地域は一括りにはできない。一方、政治、経済、安全保障上、ロシアの支援がなければ成り立たないという点では両地域は同じ運

命にある。

4．アブハジア・南オセチアに対するモスクワの政治的態度とロシア内政

　2014年12月、ロシアは新たな軍事ドクトリンを発表し、その中で初めて正式にアブハジア及び南オセチアとの軍事協力に言及し、在外ロシア人の保護に係る武力行使の可能性にも言及したが、アブハジア及び南オセチアの居住者の多くがロシア旅券を保持しており、このことはジョージアをはじめとする近隣諸国に対し緊張を与えた。

　ロシアにとり、アブハジア及び南オセチアは軍事上の要衝である。2006年4月、ロシアはジョージアと合意の上、ジョージア域内にあったソ連時代から続くロシア軍基地を撤退させたが[19]、ロシアはジョージア域内に「平和維持軍」として自らの軍隊を置き影響力を維持したいという意向があった。それは5,000メートルを超えるコーカサス山脈により南北に分かれた地域で有事の際に機動的にロシア軍を配備できないため、アブハジア、南オセチアにロシア軍を維持させることによって、ナゴルノ・カラバフ、ひいては中東にまでにらみを利かせる必要があるからである。したがって、ロシアは、両地域に軍を駐留させ、両地域がロシアの影響下にあるという現状に満足しており（修辞的には独立を認めても）、両地域の併合も完全なる独立も認める意向はないであろう。

　これまでアブハジア及び南オセチアの内外政を概観してきたが、角度を変え見てみると、ロシアの内外政は盤石といえるのであろうかという疑問が生じてくる。筆者が2016年モスクワで行った聞き取り調査では、ロシア人有識者の一人から「プーチン政権の外交政策には基本的に賛同しており、ソ連の中心であったロシアは共産主義というイデオロギーで結束していた。したがって、われわれも結束するためのイデオロギーないしは強いリーダーが必要である。多少のGDPの下落などソ連崩壊前後の苦難に比べれば大きな問題ではない」との言説を得た。他のモスクワ在住ロシア人からも同様の言説を得たため、これはモスクワの人びとの一般的な認識と大きくはかけ離れていないように思われ

る。事実、2014年のクリミア半島併合時にプーチン大統領の支持率は劇的に上昇した。一方、あるモスクワ在住のジャーナリストは筆者に対し「ロシアが力の信奉者と結論付けられるとは思わない。それはロシアを過度に単純化していると思われる。（中略）ロシアの脅威はいつもダゲスタン、チェチェン、イングーシといったコーカサスの位置する南方か、アフガニスタンを含む中央アジアの位置する東方からやってきた。もちろん、歴史的に全ての意思決定はモスクワで行われてきたが、仮にプーチン大統領が南方及び東方から来る脅威を適切に処理できなければ、彼の支持率は顕著に下落するであろう」と述べた。

　また、駐モスクワの外交官は筆者に対し、「レバダセンターといった世論調査を実施している機関の調査結果が本当に世相を反映しているかは不明である。ソ連時代から密告、盗聴、噂の広まりに対する懸念があり、現在でも電話調査の向こう側に誰がいるかわからない状態では、皆、警戒し政権の意向に沿った発言しかしない。したがって、個人の安全のために政権を支持しているという側面も小さくない。そのことが、世論調査で現政権の支持率が高い一因であると個人的には考えている」と述べた。

　別の駐モスクワのEU加盟国外交官は、「西側による経済制裁と石油価格の下落により、間違いなくロシアは打撃を受けている。その結果、チェチェンといった地域への助成金も減少しており、そのことが新たな火種になりかねない。アブハジア及び南オセチアに対する助成金の多寡についてはデータを持ち合わせていないが、同じ傾向であろう。ただ、ロシアは歴史的に領土に対する執着が強く、簡単にアブハジア及び南オセチアが負担となるからと言ってその影響を手放すとは考えられない」と述べた。また、同年、EU関係者は「ロシアは大統領の支持率を伸ばすために小さな戦争が必要だと考えたならば、コーカサスでそのような行動を起こす可能性は排除されない」とトビリシで筆者に述べた。これが西側のロシアに対する認識であり、事実、ロシアにこのような傾向があることは、2008年のジョージア、2014年から現在に至るウクライナでの事例を見れば疑いの余地はない。

　先述の外交官は「ロシアの外交政策に一貫性が無いように見えるときがあるが、それはロシアの内政上の問題であり、力のグループであるFSBやロシア

連邦軍参謀本部情報総局（GRU）と、よりリベラルで経済を重視する経済省
といったグループの相克の結果である。プーチン大統領であってもこの両者の
力関係をうまく調整しなければ安泰とは言えず、その結果として矛盾している
ように見える政策が実施されることがある」と述べた。

　内政のぜい弱性や不安定性は当然ロシアも抱える課題であり、ロシア内政の
不安定性が高まった際に、政権の支持率を上昇させるため対外的に厳しい政策
を実施する可能性は排除されない。ジョージアは、アブハジア及び南オセチア
の再統合を真に希求しているが、それは軍事力をもって達成可能な目標でない
ことは2008年の紛争からも明らかである。そこでジュネーブ会合、IPRM[20]、
アバシッゼ・カラシン会合[21] 等といった外交の場を最大限活用しているが、
これらが非常に円滑に機能しているとは言い難い。つまり、南コーカサスの平
和と安定に関して、外交及び軍事上、鍵を握っているのはロシア側なのである。

5．おわりに

　本章では、アブハジア及び南オセチアの長引く紛争を軸とし両地域の歴史、
政策目標、地理的条件の相違及び共通点を概観した。

　アブハジア及び南オセチアとジョージアの行政境界線は国境ではないにもか
かわらず、人びとの移動の自由を制限する事実上の「国境」として機能し、そ
こには両地域の「国境」警備隊のみならず、ロシア国境警備隊が配備されてい
る。もちろん同配備に法的な正統性は無いものの、これがrealpolitikとしての
現状である。部外者の入域に関してアブハジアは比較的寛容、南オセチアは厳
格との違いはあるにせよ、アブハジアもアンクワブ「政権」以降は、行政境界
線管理を厳格化しており、そのことが90年代の武力紛争でジョージアの支配地
域内に逃れたジョージア系国内避難民のアブハジアへの帰還にも暗い影を落と
している。

　島国である日本では実感し辛いが、この行政境界線は、国境でないために正
式な画定（demarcation）協議はされておらず、ロシアの後ろ盾を得た両地域
の意向で恣意的かつ頻繁に動くボーダーである。特に南オセチア側は有刺鉄線

を行政境界線上に張り巡らし、地雷原であることを示すどくろのマークを付した看板を並べることで行政境界線を自身に有利なように画定しようとしており、西側はこれを事実上の画定作業（borderisation）と指摘し、非難している。同課題はジュネーブ会合等、外交上の議題として挙げられることがあるが、解決策は見えていない。ロシアは前述のとおり、自身は紛争の第一義的な主体ではないとの態度で一貫しており、独立承認をしたアブハジア、南オセチアと討議すべき課題としている。

　今般のコロナ禍で、移動の自由の担保を至上命題とするシェンゲン協定加盟国内でも国境の封鎖という事案が発生した。EU加盟国は、ウェストファリア体制上の主権の一部をEU（ブリュッセル）に預けることで、国際法上の主権を担保している。したがって、国際法上の主権を担保することがウェストファリア体制上の主権を侵害することがある訳であるが、今般のコロナ禍では、ウェストファリア体制上の主権により国境封鎖が行われ、2つの主権間での相克が見られた。EUにおける国境封鎖の事例を見るとき、ボーダーコントロールの正統性はどこにあるのかという主権の問題を考える必要が生じてくる。翻って南コーカサスの問題を考えてみると、アブハジア、南オセチアの主権はどこに属しており、ボーダーコントロールを行う正統性はどこにあるのであろうか。

　2021年4月にアブハジア近郊で痛ましい事案が発生した。かつては比較的自由に往来できたアブハジア・ジョージア支配地域間の6つあったチェックポイントが2017年に1つに制限され、今般のコロナ禍でそのチェックポイントを利用することを逃れるため行政境界線上にあるエングリ川を泳いで渡ろうとした住民4名が溺死したのである[22]。チェックポイントを利用すると隔離期間が設けられ、チェックポイント以外を利用すればロシア国境警備隊に拘束され、最悪の場合、拷問及びモスクワへの移送も有り得る中でのエングリ川を渡るという決断であったのであろう。主権と正統性の問題を問い、更に市民の人間の安全保障を希求するために更なるボーダー・スタディーズ研究が必要な所以はここにある。

　以上のように、ボーダーといっても国境のみならず行政境界線のように事実

上の「国境」、むしろ事例によっては国境以上に人びとの行動を制限し、越境が難しいボーダーがある。また、法的正統性に基づくボーダーのみならず、政治、安全保障上のボーダーという概念の更なる研究が必要になってくるであろう。更に、主権は王権神授説が当然と考えられていた時代とは違い、現在は属人的な権限とは考えられていないが、ロシアのように中央集権的な国家では（内政上の力学をある程度調整する必要があるとしても）、今回のケーススタディで見たように南オセチアのボーダーが南オセチアのリーダーとその後ろ盾であるクレムリンの意向によって管理されていることもうかがわれる。では、アブハジア、南オセチアのボーダー・イシューはポスト・プーチン政権ではどうなるのであろうか。そのことを考えることは、翻って、我が国の北方領土問題を考える一助となるかもしれない。一方、昨今では物理的な空間のみならず、バーチャルな空間、特にサイバー上のボーダー研究もボーダー・スタディーズにとって喫緊の課題である。

　本章では主にアブハジア及び南オセチアの事例を考察した。本章のケーススタディが、他章で論じられているケーススタディと比較考察する上で有益であり、また、読者が各ケースを帰納法的に普遍化する試みの一助として活用してもらえば望外の喜びである。

【注】

1）元来、アルメニア系住民の多かったナゴルノ・カラバフ地域をアゼルバイジャンへ併合するとしたソ連の決定は、スターリンの意向が大きく関係していると言われている。詳しくは Svyatets, Ekaterina. 2019. *Energy security and cooperation in Eurasia: Power, profits and politics. London: Routledge.* 等を参照。

2）トルコによるアルメニア人虐殺をジェノサイドと認めるか否かが国際的な課題ともなっており、バイデン米大統領は同虐殺を認める判断を下した。CNN. 2021. *Biden officially recognizes the massacre of Armenians in World War I as a genocide.* https://edition.cnn.com/2021/04/24/politics/armenian-genocide-biden-erdogan-turkey/index.html （2021年6月15日アクセス）等を参照。

3）メツァモール原子力発電所。

4）Alexander Baunov. 2020. *Why Russia Is Biding Its Time on Nagorno-Karabakh.* Carnegie Moscow Center. https://carnegie.ru/commentary/82933 （2021年6月14日アクセス）

5）廣瀬陽子『未承認国家と覇権なき世界』NHK出版、2014年等を参照。

6）承認順にロシア、ニカラグア、ベネズエラ、ナウル、シリアが両地域を独立国家とし
　て承認している。なお、当初、両地域を承認していたバヌアツ及びツバルは、西側の外
　交的働きかけにより承認を取り消した。

7）ICJは管轄権が無いとして同問題を棄却した。

8）コソボは2021年初旬時点ですでに国連加盟国中98か国が承認している。

9）Economist, "Frozen conflicts-Europe's unfinished business," https://www.economist.
　com/news/2008/11/19/frozen-conflicts（2021年8月6日）等を参照。

10）CNN, "2008 Georgia Russia Conflict Fast Facts,". https://edition.cnn.com/2014/03/
　13/world/europe/2008-georgia-russia-conflict/index.html（2021年10月28日アクセス）

11）アブハジア「外務省」等によると、2011年の国勢調査ではアブハズ内のジョージア系
　住民は20％、アブハズ系は51％とされている一方、ソ連崩壊の前の1989年の同調査では
　ジョージア系45.7％、アブハズ系17.7％といわれており、アブハジアにとってアブハズ系
　住民の帰還は優先課題でもある。

12）Golubock, D. Garrison and Wilson, Josh, "Abkhazia, Grandeur to Ruin... and Back
　Again?" http://www.sras.org/abkhazia（2021年3月16日アクセス）

13）Radio Free Europe, "Abkhazia Declares EU Diplomat Persona Non Grata," https://
　www.rferl.org/a/abkhazia_declares_eu_diplomat_persona_non_grata/24560144.html
　（2021年10月20日アクセス）

14）ソチ紛争と呼ばれる。

15）正確にはジョージア・ロシア間国境。

16）The Guardian, "Abkhazia: the post-Soviet revolution the world blinked and missed,"
　https://www.theguardian.com/world/2014/jun/09/abkhazia-russia-post-soviet-
　revolution（2021年10月20日アクセス）.

17）地域の政治情勢に配慮し、ICRCが南オセチアに入域可能なのはロシア側からのみで、
　ジョージア側からは基本入域できない。

18）アブハジア、南オセチアは独立の主権国家として見做していない国際社会にとっては、
　彼らは「行政境界線」を越境した国内避難民であるが、両地域の独立を承認しているロ
　シア等にとって彼らは「国境」を越えた難民である。ボーダー・スタディーズにおける
　「国境」と「行政境界線」の違いがこのような形でも顕在化している。

19）2006年までソ連時代の名残としてジョージアの首都近郊のヴァジアニ等にロシア軍基
　地が存在したが、現在、同基地はジョージア軍が使用している。

20）Incident Prevention and Response Mechanism の略で、エスカレーションを予防する
　ための現場での発生事案を討議する枠組み。

21）アバシッゼ・ジョージア特使とカラシン・ロシア外務次官間の会合のことであり、安
　全保障等を除いた経済問題などを討議している。

22）Radio Free Europe, "Four Abkhazia Residents Drown In River Trying To Cross Into Tbilisi-Controlled Territory, Say Officials," https://www.rferl.org/a/georgia-four-abkhazia-residents-drown-river-crossing-quarantine-covid/31191977.html（2021年6月15日アクセス）

【参考文献】

Anderson, Benedict, *Imagined Communities: Reflections on the Origin and Spread of Nationalism* (Cambridge University Press, 1983).

Azar, E. Edward, *The management of protracted social conflicts: theory and cases* (Dartmouth Publishing Company, 1990).

Carr, E. H., *The Russian Revolution from Lenin to Stalin 1917-1929* (U.K.: Palgrave Macmillan, 1950).

Chervonnaya, Svetlana, *Conflict in the Caucasus: Georgia, Abkhazia and the Russian Shadow* (Gothic Image Publications, 1994).

Collier, Paul, *Post-Conflict Recovery: How Should Policies be Distinctive?* Centre for the Study of African Economies, Department of Economics, Oxford University, 2007.

Fisher, Ronald J., "Cyprus: The failure of mediation and the escalation of an identity-based conflict to an adversarial impasse," *Journal of Peace Research,* 2001, 38.3: 307-326.

Gahrton, Per, *Georgia Pawn in the New Great Game* (New York. Pluto Press, 2010).

Goltz, Thomas, "The Paradox of Living in Paradise: Georgia's Decent into Chaos." In Cornell, Svante E. and Starr, S. Frederick. *The Guns of August 2008, Russia's War in Georgia* (New York. M.E. Sharp, 2009).

Independent International Fact-Finding Mission on the Conflict in Georgia (IIFFMCG), *Report Volume 1,* Brussels: IIFFMCG mandated by the Council of the European Union, 2009.

Korostelina V. Karina, "Identity Conflict, Models of Dynamics and Early Warning." In Byrne, S., Sandole, D., Sandole-Staroste, I., & Senehi, J., *Handbook of conflict analysis and resolution* (Routledge, 2011).

Kriesberg, Louis, "Identity issues, Beyond Intractability." Peace Prints. Updated in Peace Prints: *South Asian Journal of Peacebuilding,* No. 3, Vol. 2: Winter, 2010.

Krasner, Stephen D., *Sovereignty: Organized Hypocrisy* (Princeton Univ Press, 1999).

MacFarlane, S. Neil, "Security and development in the Caucasus." *Conflict, Security & Development,* Volume 4, Issue 2, 2004.

Ramsbotham, Oliver, "The analysis of protracted social conflict: a tribute to Edward Azar." *Review of International Studies,* 2005, 31.01: 109-126.

Rothman, Jay, *Resolving identity-based conflict in nations, organizations, and communities* (Jossey-Bass, 1997).

Stewart, Frances, "The root causes of humanitarian emergencies." *War, Hunger and Displacement: The origins of humanitarian emergencies*, 2000, 1: 1-43.

Svyatets, Ekaterina, *Energy security and cooperation in Eurasia: Power, profits and politics* (London: Routledge, 2019).

The University of Texas at Austin. 2016. Georgia (*Small Map*), https://maps.lib. utexas.edu/maps/cia16/georgia_sm_2016.gif（2021年8月26日アクセス）

コラム　「うっかり」で動かされた国境

　事が起きたのは、2021年4月、田園風景が広がるベルギーとフランスの小さな村、エルクリンヌ（Erquelinnes）とブジニー＝シュル＝ロック（Bousignies-sur-Roc）の境である。ベルギーの農家が、農作業のためのトラクターの移動の邪魔だからという理由で林の中にあった石を動かしたのだが、それが後に、1820年のコルトレイク条約（Traité de Courtrai/ Verdrag van Kortrijk）[1] によって定められたフランスとベルギーとの間の国境線を示す国境標石であることが判明した。つまり、農家は気がつかないうちに国境線を動かしてしまったのである。

　これによって、国境標石はフランス側へ2.29m移動し、それに伴いベルギーの領土が面積にして約1,000m²「拡大」、反対にその分フランスの領土が「縮小」することになった。当然ながら、これは条約に違反する形で国境線を変更していることから、本来であれば、外交問題に発展しかねない問題であるが、ベルギー側は標石を元の位置に戻すつもりであり、フランス側も平和裡に問題を解決したい意向を示していることから、とりあえず、国境紛争の再発は回避された形となった。

　1995年3月にシェンゲン協定[2] が発効し、ヨーロッパのほとんどの国では国境の開放と人の移動の自由が実現して久しい。今回の件も、草木の生い茂る林の中にぽつんと置かれ風化の激しい石碑が、200年以上も前に条約によって設置された国境を示す重要な標石だと誰が想像したであろうか。そもそも、その位置が動かされたと気づく者がいたことに驚きである。報道に寄れば、普通であれば見落とされるであろうこの事態に最初に気づいたのは、地元の熱心な歴史愛好家グループだった

写真1、2　動かされたベルギーとフランスの国境を示す標石。設置年である "1819" が刻まれている

（提供：ベルギー・エルクリンヌ村村長、David Lavaux氏）

とのこと。年代物の地図を頼りに、この地域の国境沿いの散策をしていた際に標石の位置に違和感を覚え、地図と照らし合わせたところ、本来の位置よりもフランス側に動かされていたことに気づき、フランスとベルギーの当局へ通報をしたことがきっかけで今回の事態が発覚するに至った。

　ところで、今回の場合、農家本人が国境標石を動かしたことを認めており、その距離も短くかつそれに気づくまで時間がかからなかったことから、標石が元々置かれていた場所を特定するのは難しくなかったようであるが、その正確な位置の特定に決定的な役割を果たしたのは、歴史愛好家グループが持っていた年代物の地図であった。それでは、国際法上、領土帰属や境界画定の判断をするうえで、「地図」が果たす機能とは何なのであろうか。言い換えれば、地図単独で決まるのであろうか。どのような地図であれば法的効力が生じるのであろうか。実際のところ、国際裁判において特定の地図が「決定的な証拠」と判断されたこともある。その例として、1962年の国際司法裁判所におけるプレア・ビヘア寺院事件[3] が上げられる。

　この裁判は、カンボジアとタイの国境沿いのダンレック山脈の頂上付近の断崖絶壁に建てられた寺院とその周辺地域の帰属をめぐって両国で争われた事件であり、判決では、国境画定委員会によって作成も承認もされておらず、また関連する国境画定条約に付属していない地図が両当事国に受諾されたものとして国境線の判断に直接用いられた[4]。しかしながら、基本的に、地図は領土帰属や境界画定の判断をするうえでの「関連要素」の一つでしかなく、領土帰属や境界画定に関する条約に添付されている場合を除き、その証拠としての価値は出所、品質および作製時期など、様々な要素によって判断される[5]。はたして、歴史愛好家グループが持っていた地図というのがどのようなものであったか定かではないが、その地図を唯一の頼りに国境標石を戻すべきか慎重な判断が必要であろう。

　なお、ベルギーの地元当局は、国境標石を移動させてしまった農家に標石を元の場所に戻すよう公式文書を送付しており、農家がそれに応じれば万事解決となるが、もし応じなかった場合には刑事訴訟の対象となり、さらに、ベルギー外務省が動くことになる可能性もあるという。その場合、コルトレイク条約に基づき、当事者であるフランスとベルギーの代表で構成される境界画定委員会（la commission de délimitation）が設置されることになる。仮に、委員会が設置された場合には、1930年以来、90年以上ぶりとなるそうだが、幸い、事件から半年以上経った本稿執筆時点においてもそのような委員会が設置されたという話は聞かないことから、本問題は平和裡に解決されたのであろう。200年以上前の条約に基づき90年ぶりに設置される境界画定委員会というものは非常に興味深いものであるが、ひとまず、国境紛争の再発が回避されたのは喜ばしいことである。読者の中には、コロナ収束

後に海外旅行へ行く人もいると思うが、何の変哲もない石柱であっても「国境標石かもしれない」ということを忘れないようにして頂きたい。

【注】

1) ベルギーとフランスの間の国境線（全長620km）を定める条約。正式名称「フランス王国とネーデルラント王国との間の境界に関する条約」、全73条。フランス皇帝ナポレオン1世が、1815年のワーテルローの戦いで敗れた後の1820年3月に、当時のフランスとオランダとの間で締結された。その後、1830年にベルギーが独立し、国境線を引き継がれた。国境標石は条約締結前年の1819年に設置された。

2) 1985年に西ドイツ、フランス、ベルギー、オランダ、ルクセンブルクの5カ国が、域内国境での検問を段階的に撤廃することに合意した条約。1995年3月に発効。

3) *Case concerning the Temple of Preah Vihear (Cambodia v. Thailand), Merits, Judgment of 15 June 1962: I.C.J. Reports 1962.*

4) 深町朋子「領土帰属判断における関連要素の考慮」『国際問題』No.624（2013年9月）、40-41頁。

5) 中野徹也「領土と認められるために必要なこと」『竹島に関する資料調査報告書（平成31年度内閣官房委託調査)』、13-14頁。

第11章

「ハイブリッド戦争」と領域

1．はじめに

　国際政治学、あるいは国際関係論は、破壊的な2度の世界大戦を経験した国際社会が、同様の惨禍をどうすれば防止できるのか、理論的に模索し始めたことに端を発する[1]。そしてその誕生からほぼ数十余年を経た今日も、この問いに対する確実な回答は存在しない。すなわち「戦争」は当分野において、根源的かつ死活的なテーマであり続けている。

　昨今の潮流を踏まえれば、大戦争を防ぐことは、もはや夢物語ではない。大戦以来、世界規模の戦争は人類にとって忌避の対象となり、大破壊をもたらす戦略核兵器の登場は、大国間の武力衝突の発生確率を低下させた。これらの制約を背景にして約40年続いた冷戦構造は、リアリズムの観点からは史上稀に見る安定期と見なされた。冷戦終結後の1990年代は、自由化、グローバル化、相互依存、民主化が象徴するリベラリズムの時代となり、国連中心主義や東西和解の進展も相まって、戦争はもはや過去のものかと思われた。ところが、国際社会は戦争と無縁ではなかった。

　9.11事件に始まる「テロとの戦い」は国家と非国家主体との長期的な低強度紛争の様相を呈し、1990年代に顕出したデモや内戦、地域紛争は2010年代以降に再び世界を席巻し、国家の破綻や難民の大量発生といった悲劇を生み出した。そして新型コロナ危機を経た21年現在、世界は冷戦期以来の本格的な国家間対立、「新冷戦」の危機に見舞われている。

　永久平和を説くカントに始まり、勢力均衡、信頼醸成、民主平和論など、大

戦争の再発防止に関する探究は日々積み重ねられてきた一方で、戦争を取り巻く前提条件や価値観、環境は常に変化を続けている以上、現代の戦争は、国際政治学・国際関係論が主題とみなした大戦争からは、相当の変質を遂げているとも考えられよう。かつてない規模と速度の変化が続発する今日、それに従って生じる戦争の変容については、再考の余地がある。

　本章は、戦争の形態と変化の在り様について「領域」の観点から再考することで、こうした問題に新たな視点を提示することを試みた。あらゆる戦争はそれ自体が「領域」と密接に関連する現象である。領域には必ず境界が存在し、実行主体のパワーはこれを通過し、領域へ関与することで、初めて効果を発揮する。いくら額面上強力であろうと、パワーを領域へ関与させる手段がなければ、戦争の術とはなりえない。つまり戦争形態を論じることは、古くは国土や領海、今や人々の感情心理、宇宙・サイバー空間にまで広がった領域にどう関与し、いかなる手段で境界を超えるかを問うことでもある。

　本章は複雑化する戦争を扱うにあたり、歴史的経緯と戦争の形態に着目しつつ、それらと領域との関連性を考察する構成となっている。2節では、近代以降から現代に至る戦争形態の推移を、独自の4つの区分で紹介する。3節では、その中で最新の形態である「ハイブリッド戦争」について、全体像、および同形態で用いられる3段階の手段をそれぞれ解説する。なお、本章は内容の都合上、現在進行形の事象を多く含んでおり、これらに関する記述は2021年10月末時点の現状に依拠していることは初めにお断りさせていただきたい。

2. 戦争形態の推移

(1) 古典的戦争——国家と正規軍

　近代、特に国民国家が成立して以降の戦争は、どのようなものであったのか。19世紀、近代戦略の大家カール・フォン・クラウゼヴィッツは、戦争を『主体』間が敵対する状況において、大局的な『目的』達成のため、短期的な『目標』を実現すべく、特定の『手段』が用いられることであると定義した[2]。

　当時の場合、『主体（アクター）』は「国民国家および同盟」、『目的』は「政

治的意図の実現（利益の最大化）」、『目標』は「相手国の阻止・打倒、領域の
支配」、『手段』は「国家占有の武力（正規軍）」が該当する。正規軍の武力は、
経済力、人口、兵器と技術力に比例する、計算可能な「ハードパワー」であり、
大規模な軍を動員して領域へ侵攻、敵軍を打倒して国土を拡大し、利益を最大
化するのが当時の戦争の常であった。

　植民地主義や勢力均衡を共通の前提とする欧州諸国により形成された国際環
境を反映し、今日「古典的戦争」（表11-1）とも呼称されるこの形態は、大量
動員、戦力の均衡、同盟の存在から、時に大規模な多国間衝突へ発展した。最
たるものが二度の世界大戦であり、総力戦や兵器の進化により第一次では1,700
万人、第二次では6,000万人という空前絶後の死者数を計上した[3]。

　大戦後、米ソの戦略核抑止に基づいた冷戦環境が形成されても、古典的戦争
は依然最も重要な形態であり続けた。核の配備と使用は別問題であり、使用の
決断ができないか、戦術レベルの投入に留まれば、勝敗は通常戦で決される。
第三次大戦では東西ドイツ境界フルダ・ギャップ[4]が主戦場と想定され、数
的優位に立つソ連・ワルシャワ条約機構軍は、重火砲、空挺軍、特殊部隊らの
援護を受けた機甲軍団で西側の防衛線を突破し、後続の大軍が西欧を占領する
算段であった[5]。防戦側のアメリカ・北大西洋条約機構軍（NATO）にも、
陸空の連携教義「エアランド・バトル」、空中管制機によるC4ISTAR[6]ネッ
トワークを介した戦術、クラスター兵器「アサルト・ブレイカー」[7]や、中性
子爆弾を用いた一網打尽の阻止構想があった。

　とはいえ、大戦の経験と核戦争危機は、エスカレートの末路…文明滅亡のリ
スクを背景に、露骨な武力による領域関与の実現性を低下させ、新たな手段の
開発を強いた。そこで米ソは表向き文化・技術・生活レベル等のプロパガンダ

表11-1　古典的戦争

主体	国民国家（同盟）
目的	政治的意図の実現、国益の最大化
目標	相手国への強制・打倒、領域の支配
手段	国家正規軍、ハードパワー

（出典：筆者作成）

合戦に勤しみ、裏では武力に頼らずに支配を達成すべく、より狡猾な間接的手段を確立した。これは政治工作や反対勢力への資金・兵器提供、特殊部隊の秘密作戦などで国外領域への浸透関与を試みるもので、対象領域はしばしば勢力圏や裏庭と表現された。

　冷戦期アメリカは他国に72回の政権転覆を仕掛け[8]、ソ連も親米政府の革命打倒を企む工作活動「アクティブ・メジャー」を実施、結果として世界各地では、大国の意図が主導する内戦、衛星国間の代理戦争、正規軍とゲリラの非対称戦争などが出現している。構造の長期化ゆえ「長い平和」とも称される冷戦期ではあるが、戦争そのものが不在であったわけではない。朝鮮戦争、ベトナム戦争、中東戦争、アフガニスタン紛争等、正規軍を巻き込んだ大規模な「熱戦」は、間接的な支配の試みの結果でもあった。

（2）新しい戦争──国境なき人間中心の時代

　東西の対立解消と1991年のソ連崩壊で冷戦が終結すると、貿易や移動の自由化、グローバル化、インターネット民生解禁といった副作用も立て続けに発生した。中でも経済・人的交流と相互依存の拡大は、敵対のコストを高めて衝突の可能性を低下させ、民主主義国間の戦争を否定する「民主平和論」に従えば、旧東側諸国の民主化も戦争の予防に寄与した。同理論の戦争の定義は「国家正規軍同士の衝突かつ、1,000人以上の犠牲者を出したもの[9]」であり、古典的戦争のみに限るとはいえ、こうした環境変化は国家間の関係を改善し、国連を中心に据えた多国間協調の気風をもたらした。

　1991年の湾岸戦争では、グローバルに展開された衛星放送を介してイラクの敗退が世界に生中継され、古典的戦争の末路を再び世に知らしめた。90年時点で世界4位の規模[10]を誇ったイラク軍は約30万人を投入したが、各国は国連の下に多国籍軍を結成して対抗、特に中核として47万人を招集し、最先端のC4ISTARと空軍力を駆使する米軍の攻撃はこれを圧倒した。多国籍軍の250人に対しイラクは3万人前後の死者を計上したが、一般市民の死者は10〜20万人と更に膨大になった[11]。結果として、ハイテク・非核戦争であれ相当の大破壊は生じうる事実、そして比類なき軍事的超大国の出現が明らかとなり、

以降の国際関係では、専ら世界最強の軍隊を有するアメリカの動向が焦点となっていく。

　国家間の激突が一層稀なものとなり、戦争の『主体』が国家から非国家へ遷移したことで、「新しい戦争（New Wars）[12]」（表11-2）と呼ばれる戦争形態が登場した。これは冷戦後に急増した内戦・民族浄化・独立紛争を、古典的戦争とは異なる戦争と見なした呼称である。旧ソ連地域、ユーゴスラビア、ルワンダやコンゴ等での内戦では、大国の意図に代えて、民族や宗教など地域土着のアイデンティティが対立を引き起こし、正規軍に代えて武装した市民や非国家主体が専ら当事者となった。

　こうしたケースで高度な兵器はほぼ登場しないが、安価な小銃や軽火器（SALW）、鎌や鍬、リンチといった原始的『手段』が用いられ、大規模な戦闘よりも現地住民への苛烈な弾圧が多発した。これは飢餓や性暴力、虐殺とそれに付随する「恐怖」の感情が、人々の心身掌握や口封じに利用され、領域を支配するための低コストな武器として使用されるためである[13]。ハードパワーと異なり計算が難しい人間の感情を利用するには、残虐の限りを尽くして見せしめとする必要があった。この形態が提示する人権・人命への脅威は古典的戦争を上回る場合も多く、ルワンダでは約100万人が殺害されている。

　新しい戦争は、古典的戦争と比べて『主体』が「国家」から「非国家主体」に、『手段』が「正規軍」から「恐怖」に代替されているが、政治的意図の実現を『目的』とし、敵対者への強制や領域（国内）の支配を『目標』とする点で共通する。武力衝突による決着よりも人々の意思の如何が趨勢を左右する点からは、軍事力を人心を動かす術として扱い、目的の達成を目指す「人間の間の戦争（War Amongst the People）」[14] 概念との関連も指摘される[15]。

　人道危機に対して、法執行のための介入と平和構築の必要性を認識した国際社会は、国連平和維持活動（PKO）の派遣を拡大した[16]。アメリカもNATOを率い、旧ユーゴ等で虐殺阻止の介入を行ったが、当時の平和安定は「冷戦が終わって、なぜ縁もない場所で自国の兵士が命を懸けるのか」という冷めた世論を先進国に生じさせた。ゆえに先進国は兵士派遣に消極的であり、圧倒的な空軍力を活かした限定的空爆を多用した。米空軍の主力戦闘機F-15系列が、

表11-2 新しい戦争

主体	非国家主体
目的	政治的意図の実現、利益の最大化
目標	敵対者への強制・打倒 (民族浄化)、領域の支配
手段	恐怖 (暴力・飢餓、虐殺)

(出典：筆者作成)

今日まで空中戦で一度たりとも撃墜されていないという驚くべき事実[17] は、アメリカにとり、空爆がいかに低リスクな戦術かを物語っている。

(3) 対テロ戦争——民主化への過信

過去最大の米本土攻撃 (死者2977人) となった2001年9.11同時テロ事件は国家を再度の戦争に引きずり込んだ。9.11以前より、チェチェン等一部地域で反政府テロ活動が出現していたが、超大国中枢への直接攻撃の衝撃は大きく、国際社会はなし崩し的に国家vs.非国家の新機軸の戦争、「対テロ戦争」(表11-3) に突入する。新しい戦争で出現した非国家主体は、通信と移動の自由を介して思想と勢力を拡大、国家主体に敵対する超国家武装組織へと進化していた。

実行犯の国際テロ組織アルカイダの『目標』は、テロの恐怖によりイスラム世界からアメリカを退けることであったが、1990年代の消極姿勢をむしろ転換した米軍は、地上軍を含む大戦力を投入し、テロ支援のレッテルを張られた国々へ猛攻を行った。ハイテク・精密誘導兵器の圧倒的な火力とそれに付随する恐怖で戦意喪失・短期決着を狙う「衝撃と畏怖 (Shock and Awe)」[18] 戦術が用いられ、アフガニスタンでは第一次タリバン政権、イラクではフセイン政権が瞬く間に崩壊した。だが恐怖には恐怖の応酬が続き、現地にはテロ組織が

表11-3 対テロ戦争

主体	国家vs.非国家 (テロリスト)
目的	政治的意図の実現、利益の最大化
目標	領域の安定化vs.不安定化
手段	恐怖・求心力 (ソフトパワー)、不規則戦術 (テロ、UCAV、PMC、特殊部隊)

(出典：筆者作成)

浸透し、旧権力者と結託して占領軍を追放すべく非対称戦術で対抗、真の対テロ戦争はむしろここから始まった。

　対テロ戦争における国家主体側の『目標』は、領域の支配ではなく、領域の安定と民主化、地元政府への引継ぎによるテロの再発阻止である。一方の非国家主体の『目標』は、続発的テロと恐怖による領域の不安定化、統治の崩壊であった。不定形なネットワークで活動するテロ組織は、国境・境界に束縛されず、言語・民族・宗派アイデンティティを共有する地元では庇護の下に秘密作戦を実行しやすい。一般市民との区別も難しく、テクノロジーの恩恵を受けてインターネットで勧誘、携帯電話で指揮統制を行い、即席爆弾（IED）や無差別自爆攻撃など、不規則な『手段』で被害と恐怖をもたらすテロリストに対し、民間人の犠牲は続出し、占領軍への不満も高まった。

　こうした非対称な戦いでは、大国間戦争を想定して冷戦期に開発された高価な古典的兵器、爆撃機や巡洋艦、原潜等は無用の長物でしかない。長期の駐留に伴うコスト増から厭戦世論が高まると、アメリカもこの非対称性を「対称化」し、対テロ戦争を効率化すべく、新たな『手段』、不規則（Irregular）戦術[19]を導入した。

　領域安定の切り札と見られたのが「反乱鎮圧（COIN: COunter-INsurgency）」戦術である。古典的軍隊を新しい戦争向けに再編し、現地文化への適応とハードパワーに代わる「ソフトパワー」で住民を味方につけてテロの芽を摘むもので、戦わずして勝つ "Winning Hearts and Minds[20]" スローガンや、政府軍への教育支援活動など、総じて「人間中心（Population-Centric）」を特徴とした。治安維持、選挙遂行など民主的な国家運営の支援に一定の成果をもたらしたCOINだが、反対派からは、古典的軍隊を否定し、将来の大国間戦争の可能性を軽視しているとの批判も生じた[21]。

　反戦世論対策としては、人的・法的・経済的な面から戦争のコスト削減が図られた。無人攻撃機（UCAV）、特殊部隊、民間軍事会社（PMC）による正規軍の置換である。空対地ミサイルと光学センサー、長距離衛星通信を装備されたUCAV、今日の軍用ドローンは、有人航空機と歩兵の連携が必要であった掃討作戦を単独で代替した。現地の基地に配備され、操縦は米本土から遠隔で

行われる。搭乗員不在であり、古典的空軍と比べて人的・予算的に低コストか
つ秘密性も高く、説明責任も問われにくいが、テロリストと思しき他国民を裁
判無く殺害する点で、法人道的観点から疑問も呈されている。だが手軽さ故に、
歴代米政権は中央アジア、中東からアフリカまで暗殺作戦を拡大、数千の誤爆
が生じたとの内部告発や、被害者からの戦争犯罪訴訟も起こされながら、今日
も継続されている[22]。

　少数精鋭の特殊部隊は、困難な作戦のため訓練を受けたエリート集団で、劣
悪な環境下で小規模で活動するテロリストとの戦いに関しては、正規軍の動員
より遥かに効率的かつ隠密性にも優れる。一方、専ら都市や基地の雑務や警備
を担ったPMCは、軍関係任務を請け負う企業社員だが、法的地位が曖昧なた
め、行動や犠牲に政府の責任や補償の義務がなく、政治的コストが低い。大量
に動員されたが、一部が民間人を暴行殺害するなど、地元の反発も買った[23]。

　興味深いことに、対テロ戦争と同期して、アメリカは世界的な民主化促進を
目指す理想主義外交を本格化している。2000年代、旧ソ連圏では汚職や不況
への反発から強権政府に対する民主化デモが多発し、これらは運動ごとに特定
のイメージカラーが掲げられたため「カラー革命」と呼ばれた。アメリカは特
に旧政権の非暴力退陣が実現したジョージアのバラ革命、ウクライナのオレン
ジ革命を政治的、資金的に援助した[24]。

　ソ連崩壊後も東欧を「勢力圏」とみなすロシアは旧体制と長年結託してきた
が、これを嫌ってNATOやEUへの加盟を求める反体制派には、西側メディア
やNGO等の非国家主体が加勢した。ロシアから見れば、カラー革命は非暴力
の領域簒奪である。反体制派は自由民主的価値（ソフトパワー）を武器に、メ
ディアやインターネットを媒介手段として反対運動を形成、親ロ政権の不安定
化（民主化）という目標を達成する、人間中心の戦術を使用した。革命を支持
するアメリカの姿勢は、対テロ戦争の軍事介入姿勢、NATOの拡大と合わせ、
当初テロを共通の敵と位置付けることで成立した、米中ロの協力関係を損ねる
結果を招いた。皮肉にも民主化政策は、暴力性と主義主張を除けば、ネット
ワークを介した政治宣伝で人々の感情や意識に訴え、テロを扇動する過激派の
戦術と酷似していた。

　すなわち対テロ戦争とは、本質的に国家(政府)と非国家(民衆運動)の間で発生し、特定の価値観や恐怖、あるいは低コストな軍事力、テロといった『手段』による人間中心的な関与を行い、国家が領域の安定化、非国家は領域の不安定化を『目標』とする戦争の形態と定義できる。特に不規則戦術の導入によって非対称戦争は対称化され、長期戦の継続が可能となった。イラクに一時の平穏が訪れ、2011年にアルカイダ指導者ビン・ラディンが米特殊部隊により排除されると、アメリカは勝利を宣言、軍の撤退を始めた。だがイランや新興過激派の進出、タリバンの復活などの紆余曲折が生じ、結果的に本来の目標であった領域安定化が完遂されていない以上、国家がテロに勝利したとは言い難い。

　対テロ戦争には、正当性と定義、勝利条件が不明瞭なまま継続された点に根本的な問題があった。テロは根絶されることのない普遍的な戦術であり、「テロリスト」や「テロ支援国」も不定形な概念である。当初標的はあくまで過激派であったが、不確実なイラクの大量破壊保有疑惑や、民主主義・独裁の二分法の下に攻撃が拡大されると、弾圧と報復の応酬が世界に連鎖する。敵対エスニック集団を「テロリスト」扱いすることで暴力は正当化され、グローバルな宗教・文明・民族間の怨恨が発生した。この一因であった理想主義外交は、国益という目的に対する行動の一貫性を歪め、2011年以降もアメリカを各地への介入に誘導、その失敗が世界に混沌状態を波及させ、ロシア、中国との「新冷戦」を発生させる遠因ともなる。

（4）ハイブリッド戦争──新旧戦争の混血

　2011年初頭、チュニジアで発生した反政府運動が政権を転覆すると、エジプト、バーレーン、モロッコ等のアラブ世界全域へと瞬く間に政変が広がった。この事件は西側で「アラブの春」、あるいはカラー革命に則り「ジャスミン革命」と称され、スマートフォンとSNS、国際メディアによる国境を超えた自由の伝播、テクノロジーによる次世代の民主化であると持て囃された。特にイエメン等では、政権と反乱勢力の衝突が発生し、革命は新しい戦争へと進展する。アメリカは民主化政策の名の下に軍事行動を開始、2011年３月にリビアへ安保理決議（ロシア・中国は棄権）による空爆を行い、カダフィ政権は崩壊した。

シリアでもアサド政権と反乱勢力の内戦が苛烈を極め、都市爆撃や化学兵器の使用疑惑が浮上すると、アメリカは12年より反政府派への支援作戦を開始[25]、13年には空爆も提案したが、ロシアの猛反発によって阻止された[26]。

　ロシアは元よりカラー革命を、自国の勢力圏を切り崩し、民主化によって合法的にNATOを拡大するアメリカの企みと見なしてきた。更に民主化を口実に政権打倒の軍事介入が連発された事実は、自らも権威主義的なロシアや中国、他非西側勢力にとり、宣戦布告に匹敵する危機であった。2012年に政権に復帰したプーチンは、この時期よりアメリカこそ最大の脅威と捉え、大規模な軍改革と高官の入れ替え、戦略・戦術の刷新に踏み切った。

　軍改革でロシア軍総参謀長に就任したゲラシモフは、カラー革命を「21世紀の戦争」の一例と捉える理論を示している。曰く、こうした戦争では「非軍事的手段」が軍事力の4倍の頻度で用いられ、目標を達成する手段として、敵国で非暴力の抗議活動などを扇動し、領域の不安定化を行う。続いて情報操作や経済制裁等でこれを援助し、政権の転覆を狙う傍ら、水面下では秘密裏の軍事行動が展開される。この戦争での正規軍の役割は、専ら威嚇や最終的な駄目押しである[27]。この理論は、新しい戦争、対テロ戦争に次ぐ、人間中心の国家間戦争という新たな形態の存在を提示していた。

　アメリカが仕掛けるこの種の戦争を危惧したロシアでは、これに対応すべく対外戦略の刷新が行われ、多種多様な戦術を攻防両面で融合させた教義が出現した。特徴は、非軍事的手段の重視、および古典的な軍事力で優位に立つアメリカ（NATO）への不規則戦術での対抗であり、真正面から戦わずして勝つことを目指すものであった。非軍事的には、西側ソフトパワーの領域浸透を遮断する「防御策」、ロシアに好都合な環境を内外領域に形成する「攻撃策」が形成された。軍事的には、古典的戦争の閾値を下回る「グレーゾーン」で秘密裏に不規則戦術を遂行する手段が多数登場した。単に効率化とコスト削減の目的でグレーな手段を用いたアメリカと比べ、ソ連期の強大な軍事力を失っていたロシアの場合、作戦を隠し、関与を否定することで、最大の脅威であるNATO軍が本格的に出動する根拠を作らせない、リスク低減の狙いもあった[28]。

　2014年2月、ウクライナでユーロマイダン革命が発生、親ロシア政権への反対デモが市街戦に発展し、西側の支持を受けた反体制派がヤヌコヴィッチ大統領の追放と政権交代を宣言すると、遂に自国への戦争が布告されたと見たロシアも、新たな教義に則し、自国の利益を保護するため対外介入に出た。

　一連の軍事作戦では、ロシア系ウクライナ人が住む領域に対する介入が実行され、住民の支持を受けて容易に地域を制圧することができた。ロシア海軍の要衝、クリミア半島にはロシアから特殊部隊や空挺軍の精鋭が送り込まれ、扇動に呼応した市民や警察と結託して全土を制圧、ほぼ無血でロシア編入が票決された[29]。「人間中心」の支配の成功例であるが、クリミアはソ連時代半ばまでロシア領であり、非ロシアのウクライナ系、タタール系住民が少数派であった点は重要である。ロシアは旧ソ連圏等に最大3,000万人の在外民族を抱え[30]、関与可能な領域は比較的広い。

　ウクライナ東部ドンバスでもロシア系主体の地域が「ノヴォロシア（新ロシア）」を名乗り独立自治を宣言したが、キエフ新政府はこれをテロ組織と認定、鎮圧部隊を投入し、激戦となった。ロシアは休暇中の兵士やPMC、所属を隠した特殊部隊、最後には戦車や自走砲、最新の電子戦車両を越境させてこれを支援したとされるが、プーチンは認めなかった[31]。7月17日にはドンバスでマレーシア航空MH17便が撃墜され、ロシアが密輸した9M38M1対空ミサイル[32]による誤射であると非難された。

　この戦争で特筆すべきは、ロシアは表向き関与を明言しないことでNATOとの対決を避けつつ、非国家主体を自らの代理勢力として雇用し、領域関与の阻止（反カラー革命）、領域の奪取（クリミア）、領域不安定化（ウクライナを紛争に巻き込み、NATO・EU加盟を妨害[33]）という異なる目標を同時に、また低コストで達成した点である。西側はこの複合教義を「ハイブリッド戦略」と呼称して脅威と見るとともに、経済制裁やG8資格停止などの処分を科した。ロシアはアメリカの度重なる介入こそ戦争行為だと反発、米ロ関係は完全に決裂し、2016年大統領選挙介入疑惑、INF条約破棄、民主派の人権問題などが続発、今日に至る「新冷戦」が始まった。

　2014年は、中東における新たな危機の幕開けでもあった。アラブの春で生

まれた民主政権は、民族・党派対立で次々と崩壊し、エジプト、チュニジアで
は強権政府が復活、逆にリビア、イエメン、シリアは政府が領域の統治能力を
失った「破綻国家」[34] となっていた。米軍が撤退したアフガニスタン、イラク
でも治安は悪化、国境管理が消えた地域では、反政府勢力、テロリスト、欧州
へ逃れる難民が入り乱れる未曾有の混沌が発生した。ここで台頭したのが、既
存の国境線を否定し、新国家の建設を目指す「現代型」非国家主体、超過激派
のイスラム国（ISIS）であった。

　ISISはイラク戦争後に形成されたスンニ派アルカイダの分派に始まり、2011
年以降はシリアの無政府地域で他組織を吸収合併して勢力を拡大、米軍撤退後
の2014年にイラクに侵攻した。最盛期はオーストリアやUAEの国土に匹敵す
る約8万8,000km^{2}を支配下に収め、既存の国家・境界（サイクス・ピコ協定）
を否定、破綻国家を換骨奪胎するカリフ制国家の樹立を宣言している[35]。かつ
ての新しい戦争が内政での主導権争い、テロリストは国家の不安定化を目指し
た一方、ISISは領域と境界、そして統治システムを再定義し、望ましい形の国
家に作り変える、新機軸の非国家主体であった。類い稀な残虐行為を通した恐
怖による統治、ネット・SNS・動画メディアを用いたソフトパワー、過激思
想の求心力によるアピールなど「人間中心」の戦略にも練達し、魅力に惹かれ
た西側の市民すら遠路参加する程であった。

　紛争を逃れた難民が欧州に殺到、また反政府活動への支援が過激派に渡った
失態もあって、シリア民主化作戦は断念したアメリカだが、ISISの猛威には何
らかの軍事解決を迫られた。だが対テロ戦争で疲弊し、欧州でウクライナ問題、
アジアで大国化著しい中国への対応を迫られる中、大規模の派兵はもはや不可
能である[36]。そこで用いられたのが、ウクライナにおけるロシアと同じく、非
国家主体を代理の下部組織として用いる不規則戦術であった。アメリカは伝統
的な空爆を展開しつつ、過激化した反体制派に代えてシリアで自治を目指すク
ルド人武装勢力を訓練・支援し、シリア民主軍（SDF）としてISISとの戦い
で「雇用」したのであった[37]。ISIS「首都」ラッカの戦いで主戦力を務めた
SDFは、こうして政府の干渉を受けずにシリア北東領域を実行支配する、現
代型の非国家主体となった。

　ロシア、イランの軍事介入や有志連合の合同作戦により国家としてのISIS
は崩壊したが、その後共通の敵を失った主要国間の関係は急速に悪化し、各々
は独自の利益を追及して対外進出を本格化させた。破綻国家と化した領域では、
統治・支配権をめぐって主要国、および国家の下位組織として雇用された現代
型非国家主体による、多極的・千錯万綜の戦争模様が呈され始めた。

　2016年以降、シリアにはイランとイスラエルの代理戦争が持ち込まれ、ク
ルド人を嫌うトルコは国境を超えて北部に侵攻、反政府軍を吸収したシリア国
民軍（SNA）を設立して地域を支配、SDFを追放させた。リビア内戦ではア
ラブ連盟とロシア、フランスが支援するリビア国民軍（LNA）が国土の大半
を支配し、トルコ、カタール、イタリア、国連が支持する国民合意政府
（GNA）との激戦を展開[38]、イエメン内戦では東部をイラン派のアンサール・
アラー（フーシ派）、北部を湾岸諸国系政府、南部をUAEが支持する分離派の
南部移行評議会（STC）が占拠し、それぞれが地域を統治する異常事態に陥っ
た[39]。各当事者は米ロを模倣して不規則戦術を導入、PMCや無人機攻撃、
SNSや国営メディアを介したバッシングと偽情報を多用した。特に多くの国
家・非国家が関与したリビア紛争は「未来の戦争」の示唆[40]とすら評される、
高度な複合手段の激突となった。

　今日の戦争において、ある国にとってのテロリストは、他国にとり領域統治
を代行する「忠実な代理人」である。非国家側も、自らの教義を絶対視し、国
家を否定した「理想主義者（テロリスト）」から、国家との共生で利益増大を図
り、将来は国家への昇格を望む「現実主義者（リアリスト）」に変質している。
この点で、主権国家総体と暴力的非国家とのゼロサムゲームという対テロ戦争
の定義は崩壊したも同然である。2020年にアメリカがタリバンを信頼に足る
組織と認め、アフガニスタンでの過激派鎮圧を委任するドーハ合意がなされた
後、最終的にタリバンが政府に返り咲いたケースは象徴的な事例と言えよう。

　2021年現在、世界的な大国間の軍拡競争や新型コロナの責任追及問題、稀
にみる国家間戦争となったナゴルノ・カラバフ、世界各地に広がる政府と反体
制派の抗争、増え続ける難民など、戦争をめぐる状況は冷戦後かつてなく熾烈
を極め、全体像は複雑かつ難解である。とはいえ、古典的戦争を妨げる前提条

表11-4　ハイブリッド戦争

主体	国家（上位）・非国家（下位組織）
目的	政治的意図の実現、利益の最大化
目標	対象領域に望ましい環境を形成
手段	複合的手段（非軍事手段・不規則戦術・正規軍）

（出典：筆者作成）

件がますます一般化しつつある以上、過去に登場した新しい戦争や対テロ戦争の流れを汲む、人間中心の戦争形態が今後も主流となるであろう点に疑いの余地はない。この戦争の『目標』は、領域の支配から不安定化まで多岐にわたり、畢竟（ひっきょう）各々が望ましい環境を形成、維持することと定義できる。『手段』としては、人間中心の非軍事的手段、不規則戦術、非国家主体の雇用、正規軍といったあらゆる方法が複合的に用いられることから、この戦争は「ハイブリッド戦争」（表11-4）の名を冠する。

「混血」を意味するハイブリッドは、今日の戦争が、分離不可能なほど高度に融合した戦略に基づいて行われることを如実に表す呼称である。この戦略が、対テロ戦争、新しい戦争、冷戦あるいはそれ以前の戦争の教訓や研究を基礎として、各アクター固有の能力や環境要因、前提条件を加味して形成される「キメラ」であることを考慮すれば、その命名はまさに正鵠（せいこく）を射たものである。

Nikol Pashinyan ✔
@NikolPashinyan

A hybrid world war has started and the more the world continues to ignore it, the more it will become noticeable. This war is equally directed against Christians, Muslims & Jews. #Artsakh has become the frontline for anti-terrorism. We're with you, Vienna. Civilization must win!

図11-1　ツイートを翻訳。午後6：24・2020年11月3日・Twitter Web App
参考：第二次ナゴルノ・カラバフ戦争を「ハイブリッド世界大戦」と評し、アゼルバイジャンとトルコを糾弾するアルメニア首相パシニャン氏　https://twitter.com/NikolPashinyan/status/1323556716437508096より（2021年10月30日アクセス）

3．ハイブリッド戦争の分析

（1）3つの段階

　ここでは、現代の戦争形態たるハイブリッド戦争をより詳細に解説する。もっともこの呼称に関しては、○2006年に提唱され、以来定義が変質し続けている[41]、○ウクライナ紛争の衝撃とともに爆発的に普及し、現状特にロシア関連では濫用されやすい、○用いられる戦略が実行主体ごとに千差万別、といった懸念事項もある。これを踏まえ本章は、個々の事例分析は行わず、党派性を廃した中立的な視点からあくまで戦争の全体像を提示することに力点を置いた。

　現代戦争の形態は、古典的戦争と『目的』を共有する一方、『主体』『目標』『手段』の点は異なる。特に本形態の「ハイブリッド」たる所以は、多種多様な複合手段を機会主義的に用いるが故であり、これは古典的戦争への制約が高まる現代において、どうにか戦争をしようと試みた結果でもある。古典的な武力行使は必然的に犠牲を伴い、今や国内外の反発というコストは避けられず、指導者の責任追求や選挙での敗北、あるいは核を含む反撃のリスクがあるからだ。本節ではこの戦略を総括、3つの段階ごとに大別[42]した。これらは高度に相関関係にあるため、明確な区別は極めて困難であり、その分類にはスペクトル（パワーの強度分布）形式（図11-1）が適切と考えられる。[43]

（2）第1段階：「非軍事的手段」

　相手社会や個々人に及ぼす影響により、内発的に望ましい環境の形成を狙う。ここには軍事力を除くさまざまな手段、先端テクノロジーの主導権争い、各種メディアによる（偽）情報流布、文化や価値観のソフトパワー等で市民の心を操り、デモ等の望ましい行動に仕向ける人間中心の関与や、選挙介入、難民の押し付けによる圧力といった攻撃、大枠には政府間の利益供与、貿易戦争、エネルギー輸出制限、法的制裁、国連舞台でのバッシングやレッテル張り、国際レジームからの追放排斥等、政策レベルの関与も含む。

　ネットワーク化、グローバル化、自由化の進展と共に、こうした手段は、

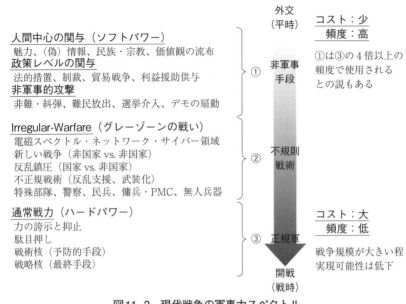

図11-2　現代戦争の軍事力スペクトル
(図は筆者作成)

人・物・金・情報の波に紛れてかつてない低コストで境界を通過し、社会や個人の領域に関与することが可能となった。軍事力を用いないゆえ反撃のリスクも低く、外交政策と区別できないため、相手に戦争の認識すら持たせない、まさに「戦わずして勝つ」を体現した高い費用対効果を誇る。非軍事的手段は現代戦争で最も手軽かつ恒久的な存在であり、何かしらの形で常に継続して実施されるため、相手がどのような手段を使用しているかを検出し、防御と反撃の手段を形成できるかが勝敗（利益の大小）を左右する。一見平和に見えて、背後では日夜こうした応酬が繰り広げられるのが第1段階の特徴である。

（3）第2段階：「不規則戦術」

　開戦の閾値を下回るグレーゾーンで、発覚、反撃、非難のコストとリスクを下げながら領域へ関与、目標達成を狙う。小回りの利かない正規軍はこの種の戦術には適さず、専ら特殊な類の軍事力が動員される。武装非国家主体の雇用と支援[43]、警察や民兵等の準軍事組織、PMCと傭兵、特殊部隊や諜報機関、

各種の無人兵器、そして宇宙での活動および電磁スペクトル領域に属する電子攻撃、サイバー攻撃も、目視での確認が難しい点でここに分類できる。これらは一様に「非対称性」と「曖昧性」が高い。非対称性は、相手の前提や想像を超えた方法で関与を行うことで、対策を妨げ、反撃を躊躇させる。曖昧性は、否定可能（Clandestine）と秘匿（Covert）を隠れ蓑として自国の関与を隠し、相手に反撃の正当性を与えない。こうした攻撃に正規の軍事力で反撃することは困難なため、不規則戦術への対処は「目には目を」、即ち同じく不規則な手段による反撃が定石である。

　現代戦争が第２段階に移行する場合としては、第１段階の有効性が低い、一方の行動が他方の許容範囲を超えた、差し迫った目標が出現した、といったケースが考えられる。いずれにせよ、この段階で既に主体間は一触即発の敵対関係に陥っていると推測される。当初から本格的な戦争を前提とすれば、グレーゾーン活動で相手領域や境界を不安定化したり、指揮統制や警備体制、インフラを麻痺させる戦術は、第３段階、つまり開戦に向けた地ならし的側面も発揮する。

（4）第３段階：「正規軍事力」

　古典的戦争で主役を務めた。今日の正規軍は陸海空のプロフェッショナル人員（非徴兵）、ハイテク・高精度の現代兵器、C4ISTAR ネットワークを始めとする高度な支援手段が要求される、極めて専門性の高い手段であり、再三述べた通り、あらゆる意味でコストの高い正規軍は滅多に動員されないのも事実である。さりとて、正規軍は決して不要ではなく、むしろ最も重要とさえ考えられる点を忘れてはならない。そもそも非軍事的手段や不規則戦術の有効性は、これらに対して露骨に報復すれば、攻撃側に正規軍を動員する根拠を与え、本格的な戦争へとエスカレートする危険そのものによって担保されている。軍事力に欠ける主体が無謀にも強国に関与を試みれば、その末路は明らかである。ゆえに強力な正規軍の存在なくして現代戦争には勝利できない。現代戦争での正規軍の役割の多くは、戦争自体への参加ではなく、戦争外の活動（MOOTW）や、演習、威嚇、偵察、警備等で自らのパワーを示すこと（抑止・

強要) となる。

　仮に第2段階が高烈度の衝突に進展し、不規則戦術では対応しきれない事態
となれば、陸海空、その他の正規軍が動員される。相手側が同様の手段に出れ
ば、本格的な軍事衝突の開始である。もっとも、正規軍の領域関与には高いコ
ストを伴う点、およびこの段階でも一定の自制が機能する点を鑑みれば、仮に
第3段階に至ったとしても、古典的戦争に類する規模の大戦争に進展する確率
は低いと考えられ、限定的な空爆や小競り合いが主体となろう。だが万が一、
不測の事態や意図の読み違えによるエスカレートが続発した場合、最終的には
戦術核、戦略核の使用可能性は現代でも排除されない。

　留意すべき点として、たとえ第3段階に至った場合であれ、第1段階の非軍
事的手段や第2段階の不規則戦術が不要となる訳では決してなく、これらは正
規軍の戦争遂行をバックアップすべく、世論操作や偽情報、禁輸や法的措置に
よる相手の妨害、あるいは秘密作戦による目標領域への浸透・不安定化などを
狙って一層積極的に使用される。即ち第3段階≠古典的戦争であり、この段階
におけるバラエティに富んだ複合的戦術の最大限の適用こそ、文字通りのハイ
ブリッド戦争を象徴する現象であると言えよう。

4．おわりに

　冷戦終結以来、国際環境に生じたさまざまな変化は、図らずも国際政治学が
本来想定してきた大規模な古典的戦争を、困難な選択肢へと追いやった。こう
した条件下で、大きな戦争に代わって出現したのが、「新しい戦争」「対テロ戦
争」であり、「ハイブリッド戦争」である。本章は各形態の特徴、そして領域
関与アプローチの詳細について、歴史的経緯に沿って解説した。

　最新のハイブリッド戦争は非軍事的手段を始めとする多様な手段によって領
域へ関与し、低コスト・低リスクで目標を達成できる利点から、今日あらゆる
主体によって日常的に実施される形態である。しかし3節（1）で述べたように、
この概念は出現してから依然日が浅く、呼称や定義、使用の是非についても紆
余曲折、賛否両論が絶えないことも事実である。その中には、論理が多くの要

素を混同し、漠然かつ洗練さを欠いている点、外交政策を含むあらゆる事象を
戦争呼ばわりする点への批判も含まれている。

　今回の内容に関しては、あくまで現状報告の域は出ず、「どうすれば（この
種の）戦争を無くせるか」という根源的な問いには回答を提示していない。し
かしながら、今日の対立・紛争の多くが、何かしらの点でこの形態との関連性
を有していることも否定はできず、複雑難解な戦争というテーマを何らかの視
点から分析する際の枠組みとしては、少なくともこの概念はある程度有用と思
われる。そのため読者においては、広大な戦争という「領域」に関心を持ち、
山積する未解決の問いに挑むにあたり、本章が何かしらの参考に供するものと
なれば幸いである。

【注】

1）佐渡友哲ほか『国際関係論〈第3版〉』弘文堂、2018年、123-127頁。

2）http://www.clausewitz-jp.com/kawamura001/kawa00102.html（2021年10月30日アク
　セス）

3）https://www.diffen.com/difference/World_War_I_vs_World_War_II（2021年10月30
　日アクセス）

4）https://pointalpha.com/en/memorial/historical-site/fulda-gap（2021年10月30日アク
　セス）

5）https://www.globalsecurity.org/military/world/russia/army-cccp-omg.htm（2021年
　10月30日アクセス）

6）Command, Control, Communication, Computer, Intelligence, Surveillance, Target-
　Acquisition, Reconnaissanceの略語であり、現代戦争を支える各種ネットワークを指す。

7）https://www.darpa.mil/about-us/timeline/assault-breaker（2021年10月30日アクセス）

8）https://www.washingtonpost.com/news/monkey-cage/wp/2016/12/23/the-cia-says-
　russia-hacked-the-u-s-election-here-are-6-things-to-learn-from-cold-war-attempts-to-
　change-regimes/（2021年10月30日アクセス）

9）麻生多聞「デモクラティック・ピース論の現在的位相」『早大比較法学』40巻2号、
　2007年。

10）https://www.ourmidland.com/news/article/Iraq-s-Army-Was-Once-World-s-4th-
　Largest-7151366.php（2021年10月30日アクセス）

11）https://www.forces.net/news/remembering-gulf-war-key-facts-figures（2021年10月
　30日アクセス）

12) メアリー・カルドー(山本武彦／宮脇昇／野崎孝弘訳)『「人間の安全保障」論』(法政大学出版局、2011年) を参照。

13) https://toyokeizai.net/articles/-/242000（2021年10月30日アクセス）ノーベル平和賞受賞者デニ・ムクウェゲは、内戦における恐怖は武器に代わる領域支配の術であると見ている。

14) "Interview with Sir General Rupert Smith," *International Review of the Red Cross,* vol.88, No.864, December 2006.

15) 小泉悠「ウクライナ危機にみるロシアの介入戦略─ハイブリッド戦略とは何か」『国際問題』No.658、2017年。

16) カルドー、前掲書、27頁。1990年初頭の8から2000年末の15へと増加。

17) https://nationalinterest.org/blog/buzz/no-one-has-ever-defeated-f-15-eagle-combat-or-not-37377（2021年10月30日アクセス）

18) https://www.airforcemag.com/article/1103shock/（2021年10月30日アクセス）

19) *U.S. Department of Defense, "Summary of the Irregular Warfare Annex to the National Defense Strategy," October 2, 2020,* 参照。米軍の教義では、一般的な戦争に当てはまらない戦争形態を総じて "Irregular Warfare" ＝不規則戦争と呼称する。

20) https://www.warhistoryonline.com/instant-articles/winning-hearts-and-minds.html（2021年10月30日アクセス）ただし成功例は極めて少なく、日本占領は数少ないケースであった。

21) 福田毅「米国流の戦争方法と対反乱（COIN）作戦」『レファレンス』59(11)、2009年

22) https://www.washingtonpost.com/local/legal-issues/daniel-hale-drone-leak-sentence/2021/07/27/7bb46dd6-ee14-11eb-bf80-e3877d9c5f06_story.html、https://www.thebureauinvestigates.com/projects/drone-war（2021年10月30日アクセス）　現在までに計1万4千回の無人機攻撃で最大1万7千人が殺害され、公式発表の誤爆は最大2,200人とされている。

23) Peter W. Singer, "The Dark Truth about Blackwater," https://www.brookings.edu/articles/the-dark-truth-about-blackwater（2021年10月30日アクセス）徴兵の廃止にともなう人手不足から、イラクには正規軍とほぼ同数の最大16万人が派遣された。

24) https://www.globalsecurity.org/intell/ops/covert-ops.htm（2021年10月30日アクセス）CIA、米国際開発庁（USAID）、全米民主主義基金（NED）などが関与したと考えられている。

25) https://www.globalsecurity.org/intell/ops/syria.htm（2021年10月30日アクセス）

26) 佐藤親賢『プーチンとG8の終焉』岩波新書、2016年、145頁。

27) フィオナ・ヒル／クリフォード・G.ガディ(濱野大道他訳)『プーチンの世界─皇帝になった工作員』新潮社、2016年、402頁。

28) Christopher S. Chivvis, "Understanding Russian "Hybrid Warfare" And What Can

Be Done About It," RAND CT-468, March 22, 2017.

29）Maksym Bugriy, "The Crimean Operation: Russian Force and Tactics," https://jamestown.org/program/the-crimean-operation-russian-force-and-tactics/（2021年10月30日アクセス）

30）https://www.rferl.org/a/1066475.html（2021年10月30日アクセス）

31）佐藤、前掲書、154頁。

32）https://www.bellingcat.com/news/uk-and-europe/2015/06/04/4010/（2021年10月30日アクセス）

33）小泉、前掲論文。

34）https://www.cato.org/commentary/rise-failed-states（2021年10月30日アクセス）破綻国家（Failed State）に明確な定義はないが、概ね国家主体が本来独占するべき領域内での法執行や統治、武力行使などの能力を失った状態を指す。

35）https://www.bbc.com/news/world-middle-east-47210891（2021年10月30日アクセス）

36）佐藤、前掲書、144頁。

37）https://www.aljazeera.com/news/2019/10/15/who-are-the-syrian-democratic-forces（2021年10月30日アクセス）ISISの打倒後、国境周辺のクルド人の増長を警戒するトルコの反発を受け、アメリカは2019年にシリア北部から後退、SDFとの関係には軋轢が生じた。

38）https://www.bbc.com/news/world-africa-13755445（2021年10月30日アクセス）2021年に和平合意と挙国一致政権が成立し、暫定停戦。

39）https://www.bbc.com/news/world-middle-east-14704951（2021年10月30日アクセス）

40）Nathan Vest, Colin P. Clarke, "Is the Conflict in Libya a Preview of the Future of Warfare?," https://www.rand.org/blog/2020/06/is-the-conflict-in-libya-a-preview-of-the-future-of.html（2021年10月30日アクセス）

41）Frank G. Hoffman, "Lessons from Lebanon: Hezbollah and Hybrid Wars," https://www.fpri.org/article/2006/08/lessons-from-lebanon-hezbollah-and-hybrid-wars/（2021年10月30日アクセス）当初は対テロ戦争の一形態とされていた。命名者の一人はトランプ政権の元国防長官、ジェームズ・マティス海兵隊中将（当時）である。

42）ゲラシモフは、軍事/非軍事の2つに大別している。

43）U.S. Army Special Operations Command, "US Unconventional Warfare Pocket Guide_v1 0_Final_6," April 5, 2016. 参照。米軍の教義では、この種の戦術を"Unconventional Warfare"＝不正規戦争と呼称する。

【参考文献】
麻生多聞「デモクラティック・ピース論の現在的位相」『早大比較法学』40巻2号、2007年
伊藤剛『公開講演会 なぜ戦争は伝わりやすく、平和は伝わりにくいのか』南山大学、2019

年

川口貴久／土屋大洋「デジタル時代の選挙介入と政治不信」『公共政策研究』19号、2019年

小泉悠「ウクライナ危機にみるロシアの介入戦略——ハイブリッド戦略とは何か」『国際問題』
　No.658、2017年

佐藤親賢『プーチンとG8の終焉』岩波新書、2016年

佐渡友哲ほか『国際関係論〈第3版〉』弘文堂、2018年

下斗米伸夫『プーチンはアジアをめざす——激変する国際政治』NHK出版、2014年

ジョン・L・ギャディス（五味俊樹他訳）『ロング・ピース』芦書房、1987年

辻一郎『湾岸戦争でテレビは何を伝えたのか』大手前大学社会文化学部論集、2001年

中山弘正「ロシア連邦とチェチェン紛争」『プライム』(17)、2003年

廣瀬陽子『ハイブリッド戦争——ロシアの新しい国家戦略』講談社現代新書、2021年

フィオナ・ヒル／クリフォード・G.ガディ(濱野大道他訳)『プーチンの世界——皇帝になった
　工作員』新潮社、2016年

福田毅「米国流の戦争方法と対反乱 (COIN) 作戦」『レファレンス』59 (11)、2009年

古川英治『破壊戦——新冷戦時代の秘密工作』角川新書、2020年

メアリー・カルドー（山本武彦／宮脇昇／野崎孝弘訳）『「人間の安全保障」論』法政大学
　出版局、2011年

吉村拓人「新冷戦の構造的分析」『政策科学』29巻1号、2021年

Bugriy, Maksym, "The Crimean Operation: Russian Force and Tactics," https://
　jamestown.org/program/the-crimean-operation-russian-force-and-tactics/（2021年10月
　30日アクセス）

Chivvis, Christopher S., "Understanding Russian "Hybrid Warfare" And What Can Be
　Done About It," RAND CT-468, March 22, 2017.

Dunlop, John B., "Aleksandr Dugin's Foundations of Geopolitics," *Demokratizatsiya The
　Journal of Post-Soviet Democratization*, No.12, January 2004.

Gerasimov, Valery, "The Value of Science Is in the Foresight: New Challenges Demand
　Rethinking the Forms and Methods of Carrying out Combat Operations," *Military-
　Industrial Kurier*, 2013, trans. Robert Coalson, October 27, 2015.

Hoffman, Frank G., "Lessons from Lebanon: Hezbollah and Hybrid Wars,"
　https://www.fpri.org/article/2006/08/lessons-from-lebanon-hezbollah-and-hybrid-wars/
　（2021年10月30日アクセス）

Singer, Peter W.,"The Dark Truth about Blackwater,"
　https://www.brookings.edu/articles/the-dark-truth-about-blackwater/（2021年10月30日
　アクセス）

U.S. Army Special Operations Command, "*US Unconventional Warfare Pocket Guide_v1
　0_Final_6*," April 5, 2016.

U.S. Department of Defense, *"Summary of the Irregular Warfare Annex to the National Defense Strategy,"* October 2, 2020.

Vest, Nathan, Clarke, Colin P., "Is the Conflict in Libya a Preview of the Future of Warfare?,"

https://www.rand.org/blog/2020/06/is-the-conflict-in-libya-a-preview-of-the-future-of.html （2021年10月30日アクセス）

"Interview with Sir General Rupert Smith," *International Review of the Red Cross*, vol.88, No.864, December 2006.

"Russian Military Reforms from Georgia to Syria," *CSIS REPORT*, November 5, 2018.

コラム　コロナで注目された検疫

1．COVID-19の流行と人や物の移動制限

　国境における感染症の防疫措置（検疫等）は、人や物の移動制限を伴う。2020年初頭より世界的に流行したCOVID-19をめぐる措置として、多くの国では旅行制限措置を以て対策を行った。国際移住機関（IOM）によれば、旅行制限のピークである2020年8月21日において、219か国（領域を含む）がいずれかの形の旅行制限を発したとされている[1]。人の移動が制限されれば、物流に関連する人間が往来できなくなることで、物の移動も制限される。世界貿易機関（WTO）によれば、2020年第2四半期の物流は、前年度比−21％を記録した[2]。

　構造的には、グローバルなレベルで感染症の拡大が生じている場合、「入国制限措置をとる国家」と、そのような国家に対し「交通や通商の維持、国際規則に従った人権の保護等を求める国際機関」といった対立的構図が見られる[3]。

　貧困の拡大やヘイトスピーチ、感染症対応のための停戦の要請等、感染症が拡大にするにあたって確認された課題は旅行制限措置だけではない。しかしこのコラムでは、国境をめぐる人や物の移動についての制限措置に伴って生じた諸問題として、検疫及び入港拒否を例に、国際法がそれらの問題に対してどれだけのものを提示できたかについて紹介したい。

2．　検疫および入港拒否

　日本政府は、2020年2月3日に横浜港へ受け入れたダイヤモンド・プリンセス号の検疫を経験した。当時、当該事例は中国国外における唯一の大量感染が認められた例であった[4]こともあり、この検疫に関して、政府の対応が場当たり的である、検疫として乗客が2週間船内にとどめられたために船内で感染が拡大したのでは（「培養皿のようだ」）、という批判が国内外から寄せられた。

　上述の通り、クルーズ船の検疫で国内外からの批判を経験し、日本はその後乗客に感染の恐れがあるクルーズ船を入港させないという判断をした[5]ほか、世界各国においても、COVID-19の感染者が認められたクルーズ船の入港拒否が相次いだ。このような場合、船は受入れを許可してくれる寄港先が現れるまで、洋上を漂うことになる。

　上記の事態は、国際法上どのように評価されるだろうか。

（1）検疫に関する国際法

　国際社会において、世界保健機関（WHO）が唯一の国際保健衛生に関する国際機関であり、検疫の対応を規律しうる。WHOは国際保健規則(IHR)と言われる保健衛生維持のための規則を採択しており、WHO加盟国はこれに拘束される。

　IHRは検疫について、権限当局が入域地点(空港や港等)の施設が衛生的な状態であることを実行しうる限り確保せねばならない(第22条(1)(a))こと、入域地点における業務提供者の監督義務(第22条(1)(g))があること、旅行者の人権を尊重し、十分な食事や水、宿泊施設を準備したり、手荷物を保全したりすること(第32条)、検疫に係る費用を請求してはならないこと(第40条)が定められている。

Handbook for management of public health events on board ships

World Health Organization　International Health Regulations (2005)

図1　船舶における公衆衛生上の事態の対処に関するハンドブック

　特に検疫の基準を示したガイドラインとして、WHOがIHRの実施指針として定めた「船舶における公衆衛生上の事態の対処に関するハンドブック(2016)(図1)」がある。これによれば、検疫措置は「感染症の場合、通常、検疫の期間は感染症が感染力を有する期間(含む潜伏期間)と同等なものである」とされ、また検疫の場所は医療施設のほか、船内、ホテル等、幅広く認められる。

　これらに照らせば、日本政府がCOVID-19の感染疑いのある乗客について行った検疫は、IHR規則を逸脱するものではなかったといえそうである。COVID-19の船舶検疫に関する前例もなく、情報も少ない2020年2月3日の時点で、乗客全員に検疫措置を行い、当初の潜伏期間とされた2週間程度船内で隔離措置が行われたこと、乗客には個室が与えられ、食糧や水の提供が行われていたこと等を考えるならば、IHRやガイドラインに十分沿った対応であったようにみえる。

（2）入港拒否に関する国際法とジレンマ

　それでは、日本がダイヤモンドプリンセス号以降、感染の疑いがあるクルーズ船の入港を拒否した件はどのように判断されるだろうか。前述のIHRは、船舶や航空機の寄港を公衆衛生上の理由によって妨げてはならない(第28条(1))と定めるが、但書において、入域地点となる港や空港が保健上の措置のために整備されていない

場合は他の最寄りの入域地点へ向かうよう求める(すなわち、入域を拒否する)ことができると規定する(第28条(1))。すなわち、公衆衛生上の理由で、十分な保健上の措置ができないと判断される場合は入港拒否が認められ得る条文の構成となっている。

上陸を拒否する代わりに上陸できる港を探す義務などはないのかとみてみると、こちらは船舶の船長あるいは航空機の機長が行う(第28条(5)(a))ことになっており、受入れ港の調整は沿岸国の義務ではない。

大前提として、国連海洋法条約(UNCLOS)に基づくならば、沿岸国は自国へ向かう船舶を入港させる義務を負っていない[6]。また国際人権条約の中に、出国の自由はあるが、入国の自由を規定するものはない。すなわち、現状において入港拒否を国際法上違法化する可能性のある国際法はIHRのみである。

日本が経験したように、一度船舶を国内へと受け入れると、沿岸国は多くの義務を負うことになる。IHRで見たように、入域後も検疫やその他の保健衛生上の措置のためには、多くの国際基準をクリアした状態で対応に当たることが沿岸国に要求される。さらにたとえば、国際人権条約のいくつかはノン・ルフルマン原則(追返し禁止)を規定しているため、迫害の恐れのある本国へ一度保護した人物を送致すると条約違反になってしまう。一時的に保護した人物を入国審査のために収容したりする場合には、もちろん人権法上の保護基準に照らして十分な措置をとることが要求される。

入域してくる人間を尊重するために作成された国際法上のルールが、逆に受入国側の一時保護のためのハードルを高くしてしまっており、そして沿岸国にとっては、入域させるよりも、入域を拒否した方が国際法違反となる可能性が相対的に少ない、という状態にある。

このような構造は難民船への対応等にも当てはまり、以前より問題視されてきた[7]。今回各国が行った入港拒否も、WHO等の国際機関や人権団体によって厳しく批判されている。しかしながら沿岸国にとって、感染症の侵入防止という公共目的、クルーズ船の乗客の検疫にかかるコスト等を考慮すれば、寄港拒否が最も合理的な選択となることは否めない。

(3) 入港拒否に対抗できる国際法規則はあるか

入港拒否の問題に対して、一定の条件の下で沿岸国の入港拒否じたいを違法化しうる国際法規則はIHRのみである。

場面を限定すれば、同意なしにクルーズ船が入域した場合に、その違法性を阻却するための規則は存在する。船舶の旗国は、自らの事態が「遭難(distress)」に該

当する場合、沿岸国の同意なしに入港をしても、国家責任法上の違法性阻却事由に該当するため、責任を負わずともよい。ただし、急迫した危険が存在する、また人命に対する危険があることが必要である[8]。COVID-19のように致死性が認められる感染症患者の人命が急迫した危険に晒されている場合、遭難を援用できる可能性はあるかもしれない。ただし、沿岸国の意思を無視して入域した後、その沿岸国で患者の治療や本国への送還といったサービスが実効的に受けられるとは限らない。

　現状において入港拒否の事例に対抗し得る国際法規則は決して多くはないといえるだろう。（２）のジレンマを解消するには、やはり受入れに伴う沿岸国のコストを軽減するための新しい国際法規則が必要である。

４．おわりに

　今回のCOVID-19に伴うクルーズ船の寄港拒否で明らかになったのは、国際法上、船中の感染症対策に責任を有する国家が定まっていないという点である。国連海洋法条約上、公海を航行中の船舶に責任を有するのは一義的には旗国であるが、その義務の内容には感染症対策のように国際的性質があるものは想定されていない。また、沿岸国に入域すれば沿岸国が管轄権を行使できるようになるが、前述のように、寄港目的地となる沿岸国のみに受け入れに際するコストを負担させるのは入港拒否の誘因となりうる。

　現在、クルーズ船のような大型の客船には、旗国、運航国（運航会社の本国）、沿岸国（寄港目的地）が関係しうる。今後の国際法の発展の方向としては、これらの国との間で責任や感染症対策、受け入れに伴うコストの適正な配分が求められていくことになるだろう。

【注】

1 ）International Organizations for Migration, "COVID-19 Analytical Snapshot 51: Travel restrictions and mobility UPDATE," https://www.iom.int/sites/g/files/tmzbdl486/files/documents/covid-19_analytical_snapshot_51_-_travel_and_mobility_restrictions_update.pdf

2 ）WTO, "How COVID-19 is changing the world: a statistical perspective volume III," https://unstats.un.org/unsd/ccsa/documents/covid19-report-ccsa_vol3.pdf., p.34. (Figure 1. "Total merchandise")

3 ）国際機関と沿岸国との保護法益の差について、大河内美香「感染症の制御における海港検疫の位置―海上交通の安定のために―」『海事交通研究』第64集、2015年、54頁。利益相反事例については、大河内美香「国際関心事項及び国内管轄事項としての検疫の

位置」『国際法学の諸相』(信山社、2015年)も参照のこと。

4）Remarks by Dr. Ryan, Michael Executive Director, WHO Health Emergencies Programme at media briefing on COVID-19 on 13 February 2020.

5）"2020年2月14日 国土交通省会見室 赤羽一嘉大臣記者会見," https://www.mlit.go.jp/report/interview/daijin200214.html

6）坂元茂樹「ダイヤモンド・プリンセス号事案と日本の役割」『Ocean Newsletter』第490号、2021年。

7）石井由梨佳「海上不法移民に対する『押戻し』措置」『国際問題』第674号、2018年、26頁。

8）西村弓「国際法からみた避難水域問題」『海洋政策研究（特別号)』2012年、10頁。

【参考文献】

石井由梨佳「海上不法移民に対する『押戻し』措置」『国際問題』第674号、2018年。

大河内美香「感染症の制御における海港検疫の位置―海上交通の安定のために―」『海事交通研究』第64集、2015年。

大河内美香「国際関心事項及び国内管轄事項としての検疫の位置」『国際法学の諸相』信山社、2015年。

坂元茂樹「ダイヤモンド・プリンセス号事案と日本の役割」『Ocean Newsletter』第490号、2021年。

西村弓「国際法からみた避難水域問題」『海洋政策研究（特別号)』、2012年。

International Organizations for Migration, "COVID-19 Analytical Snapshot 51: Travel restrictions and mobility UPDATE," https://www.iom.int/sites/g/files/tmzbdl486/files/documents/covid-19_analytical_snapshot_51_-_travel_and_mobility_restrictions_update.pdf

WTO, "How COVID-19 is changing the world: a statistical perspective volume III," https://unstats.un.org/unsd/ccsa/documents/covid19-report-ccsa_vol3.pdf., p.34. (Figure 1. "Total merchandise")

Remarks by Dr. Michael Ryan, Executive Director, WHO Health Emergencies Programme at media briefing on COVID-19 on 13 February 2020.

2020年2月14日 国土交通省会見室 赤羽一嘉大臣記者会見https://www.mlit.go.jp/report/interview/daijin200214.html

※本稿のウェブサイト注は、いずれも2021年10月31日に最終訪問したものである。

あ と が き

　立命館大学の特講「日本の国土・国境」を元に編纂された本書は、国の境界線を中心軸としたさまざまな学問分野の先生にご寄稿いただくこととなったが、とりわけ日本の国境研究を牽引してきた岩下明裕教授に本書にご寄稿いただいたことは、執筆者一同にとってたいへん光栄なことであった。

　本書に記された岩下明裕教授の言をこの場でお借りすれば、「20世紀的なステレオタイプのなかに「事実」を流し込み、似たような言説がいまだ再生産され続けるのを目の当たりにするとき、ステレオタイプを打破した枠組みを提起し、同じ「事実」が異なるストーリーで描けることを示すのは、研究に携わるもののひとつの使命」である。我々国際関係を対象とする研究者は、「ある場で起こるスモールスケールの事態が、大きなスケールでの力学に影響を及ぼし得ること、そして（……）地理を捨象することもなく、また（……）地理を絶対視することもなく、その可変性とスケールジャンプを組み合わせることで分析の土台を考える（……）緊要性」を、各々の視座から銘肝せねばならない。

　国の境界線が何のために必要とされ、国の境界線が何を分断してきたのか。国の境界線が何を意味し、何に影響を与え、どのような争いの主題となってきたのか。グローバル化、地域統合、科学技術の進展、法制度の変化、あるいはコロナ・パンデミックは、国の境界線の意味をどのように変化させ、何を変化させなかったのか。その変化の度合いが地域によって変化するならば、何が要因だったのか。

　国際法学、地域研究、国際政治学の３つの学問分野がこれら国境の問題に真摯に取り組み、国境に基づく思考法や研究手法、法制度を基台とした多様な国境問題の捉え方を示すことができたという意味で、本書は初学者から専門家まで多くの読者の研究に加功できるものになったのではないかと思う。

　なお本書で掲載した地形図については、読図しやすいように一部を改変している場合がある。その点を読者にお断りしたい。

　杉田米行教授の紹介によるASシリーズの一環として本書は世に問われる。本書に目を通していただき貴重な助言を与えていただいた杉田米行教授に深甚の謝意を表したい。

　大学教育出版、とりわけ佐藤守氏には、執筆、翻案、編集の各段階で辛抱強いご支援をいただいた。改めてここに深謝を申し上げたい。

2022年3月

編集者一同

執筆者紹介 _(執筆章順)

宮脇　昇（みやわき　のぼる）[編著者]（第1章、第1部コラム）
早稲田大学政治学研究科博士後期課程修了。松山大学助教授、モンゴル国立大学客員研究員など
を経て現在、立命館大学教授。博士（政治学）。主な著書に、宮脇昇『戦争と民主主義の国際政
治学』（日本経済評論社、2021年）、ドルジスレン，ナンジン・玉井雅隆・玉井良尚・宮脇昇編
『コロナに挑む内陸国』（志學社、2021年）、稲垣文昭・玉井良尚・宮脇昇編『資源地政学』（法律
文化社、2020年）。

岩下　明裕（いわした　あきひろ）（第2章）
九州大学大学院法学研究科博士課程単位取得退学。九州大学助手、山口県立大学助教授などを経
て現在、北海道大学スラブ・ユーラシア研究センター教授。博士（法学）。主な著書に、『世界は
ボーダーフル』（北海道大学出版会、2019年）、『入門　国境学：領土、主権、イデオロギー』（中
公新書、2016年）、『中・ロ国境4000キロ』（角川選書、2003年）、『ソビエト外交パラダイムの研
究：社会主義、主権、国際法』（国際書院、1999年）、『北方領土、竹島、尖閣：これが解決策』
（朝日新書、2013年）。

樋口　恵佳（ひぐち　えか）[編著者]（第3章、第3部コラム）
東北大学法学研究科博士課程後期課程修了。東北大学法学研究科特任フェロー、笹川平和財団海
洋政策研究所研究員、東北公益文科大学公益学部講師を経て、現在、同大学公益学部准教授。博
士（法学）。主な著書・論文に、「BBNJの保全と持続可能な利用に関する能力構築制度」坂元茂
樹など編『国家管轄権外区域に関する海洋法の新展開』（有信堂高文社、2021年）、「国連海洋法
条約における条約の実施状況把握体制―締約国会議(SPLOS)と国連総会、「権限のある国際機関」
の「分業」体制に着目して」（『日本海洋政策学会誌』10号、2020年）。

玉井　雅隆（たまい　まさたか）（第4章）
立命館大学国際関係研究科博士後期課程修了。立命館大学、高知大学、京都学園大学、関西学院
大学、横浜市立大学などの講師を経て現在、東北公益文科大学公益学部教授。博士（国際関係学）。
主な著書に、『欧州安全保障協力機構（OSCE）の多角的分析』（志學社、2021年）、山本武彦・玉
井雅隆編『国際組織・国際制度（現代国際関係学叢書第1巻）』（志學社、2017年）、『CSCE少数
民族高等弁務官と平和創造』（国際書院、2014年）。

松永　歩（まつなが　あゆみ）（第5章）
立命館大学大学院政策科学研究科博士課程後期課程修了。熊本市都市政策研究所研究員、京都大
学学際融合教育研究推進センターアジア研究　教育ユニット研究員などを経て、現在、立命館大
学非常勤講師、大谷大学非常勤講師。博士（政策科学）。主な著書・論文に、「明治期における沖
縄の女性像―実業教育をてがかりに」重森臣広など編『規範の造成学』（勁草書房、2014年）、
「地理的想像力の醸成と沖縄師範学校の修学旅行―日琉同祖論の一前提―」（『政策科学』19巻4
号、2012年）。

兎内　勇津流（とない　ゆづる）（第6章）
学習院大学文学研究科博士前期課程修了。国立国会図書館司書、北海道大学スラブ研究センター
講師などを経て、現在、北海道大学スラブ・ユーラシア研究センター准教授。文学修士。主な論
文に、「ヴァシーリー・ボルディレフと日本：1919年滞日期を中心に」（『ロシア史研究』105号、
2020年）、「第二次世界大戦期サハリン周辺海域の航行問題」（『ロシア史研究』99号、2017年）。

本田　悠介（ほんだ　ゆうすけ）（第7章、第2部コラム、第3部コラム）

神戸大学大学院国際協力研究科博士後期課程単位取得満期退学。外務省事務官、在ジュネーブ国際機関日本政府代表部専門調査員、神戸大学大学院国際協力研究科特命助教、笹川平和財団海洋政策研究所研究員などを経て、現在、神戸大学大学院海事科学研究科・海洋政策科学部准教授。修士（法学）。主な著書に、「国家管轄権区域の海洋遺伝資源へのアクセスをめぐる法的問題の諸相」坂元茂樹など編『国家管轄権外区域に関する海洋法の新展開』（有信堂高文社、2021年）、「現代海洋法における公海自由の原則の揺らぎ―BBNJ交渉の影響」浅田正彦など編『現代国際法の潮流 I』（東信堂、2020年）。

中川　洋一（なかがわ　よういち）（第8章）

J.W.G.フランクフルト大学社会科学部博士課程修了。在ドイツ日本国大使館専門調査員、立命館大学政策科学部非常勤講師などを経て、現在、立命館大学産業社会学部・関西学院大学経済学部非常勤講師。Doktor der Philosophie（Ph.D.）。主な著書・論文に、『ドイツはシビリアンパワーか、普通の大国か？――ドイツの外交政策と政策理念の危機と革新』（法律文化社、2020年）、"The rising Janus Germania. Innovations in German Foreign and Security Policy, EU Policy and its National Ideas," (*Journal of Managament Policy and Practice*, vol. 22 No.4, 2021)。

浦部　浩之（うらべ　ひろゆき）**[編著者]**（第9章）

筑波大学国際政治経済学研究科博士課程満期退学。在チリ日本国大使館専門調査員、愛国学園大学人間文化学部助教授などを経て、現在、獨協大学国際教養学部教授。修士（地域研究）。主な著書に、畑惠子・浦部浩之編『ラテンアメリカ　地球規模課題の実践』（新評論、2021年）、石井久生・浦部浩之編『中部アメリカ（世界地誌シリーズ10）』（朝倉書店、2018年）、「ラテンアメリカにおける資源通過と紛争―ボリビアの天然ガス輸出計画と社会紛争」稲垣文昭・玉井良尚・宮脇昇編『資源地政学―グローバル・エネルギー競争と戦略的パートナーシップ』（法律文化社、2020年）。

内田　州（うちだ　しゅう）（第10章）

大阪大学大学院国際公共政策研究科博士後期課程修了。在グルジア（現ジョージア）日本国大使館専門調査員、コインブラ大学EUマリー・キュリー・フェロー、ハーバード大学デイビス・センター客員フェロー）などを経て、現在、早稲田大学地域・地域間研究機構研究院講師。博士（国際公共政策）。主な著書に、"Georgia as a Case Study of EU Influence, and How Russia Accelerated EU-Russian relations." Rick Fawn. (Ed.) *Managing Security Threats along the EU's Eastern Flanks*. (Palgrave Macmillan, 2019).「自由主義的な国家建設とその限界 ローランド・パリスの論考を中心に」藤重博美・上杉勇司・古澤嘉朗編『ハイブリッドな国家建設』（ナカニシヤ出版、2019年）。

吉村　拓人（よしむら　たくと）（第11章）

立命館大学政策科学研究科博士後期課程在学。修士（政策科学）。主な論文に、「新冷戦の構造的分析」（『政策科学』29巻1号、2021年）、Noboru MIYAWAKI, Takuto YOSHIMURA et.al "Border Closures in Mongolia in the Era of Hybrid Warfare: Did the COVID-19 hit democratic regimes?" (*Journal of Policy Science*. vol.14, 2021)。

国境の時代

2022年5月30日　初版第1刷発行

■編 著 者——宮脇　昇・樋口恵佳・浦部浩之
■発 行 者——佐藤　守
■発 行 所——株式会社 大学教育出版
　　　　　　　〒700-0953　岡山市南区西市855-4
　　　　　　　電話(086)244-1268(代)　FAX(086)246-0294
■D　T　P——難波田見子
■印刷製本——モリモト印刷(株)

ISBN978-4-86692-202-7